Empfehlenswert und praktisch!

Empfehlenswert und praktisch!

Perspektiven junger Theologinnen und Theologen auf die Lebensdienlichkeit christlicher Religionskultur

Herausgegeben von Bernhard Kirchmeier

EVANGELISCHE VERLAGSANSTALT
Leipzig

Bibliographische Information der Deutschen Nationalbibliothek
Die Deutsche Nationalbibliothek verzeichnet diese Publikation in der Deutschen Nationalbibliographie; detaillierte bibliographische Daten sind im Internet über http://dnb.dnb.de abrufbar.

Printed in Germany · H 7892

Das Buch wurde auf alterungsbeständigem Papier gedruckt.

Gesamtgestaltung: Zacharias Bähring, Leipzig
Druck und Binden: Hubert & Co., Göttingen
Coverbild: © fotograffiedk – Fotolia LLC, New York

ISBN 978-3-374-04114-5
www.eva-leipzig.de

Inhaltsverzeichnis

Vorwort

Der Diskurs innerhalb der Praktischen Theologie ist vielfältig und bunt. *Geographisch* betrachtet hat man längst nicht mehr nur den deutschsprachigen Raum im Blick. *Methodisch* gesehen agiert man nicht mehr bloß hermeneutisch, sondern zunehmend auch empirisch. Es gibt neben historiographischen Verfahren auch Interaktionsanalysen, qualitative Interviewforschung, semantische Textanalysen und kulturhermeneutische Sondierungen. *Wissenschaftstheoretisch* gewendet orientiert man sich darüber hinaus an unterschiedlichen Leitbegriffen, Theoriekonzepten und Disziplinen. Beim Versuch einer Gegenstandsbestimmung spielt die Formel von der »Kommunikation des Evangeliums« ebenso eine Rolle wie die Rede von der »gelebten Religion«. Auch der Glaubens- und der Kirchenbegriff stehen zunehmend (wieder) im Fokus. Soziologische Diskurse sind ebenso im Blick wie medien- und kommunikationstheoretische, psychologische, philosophische, anthropologische und kulturwissenschaftliche. Die Autoren[1] nachfolgender Beiträge partizipieren an dieser Entwicklung. Ihre Artikel repräsentieren die Pluriformität und Multiperspektivität zeitgenössischer praktisch-theologischer Forschung. Gleichwohl ist ihr gemeinsamer Problemhorizont zu betonen, der mit folgenden Fragen umrissen werden kann:

Ist Religiosität *empfehlenswert*? Ist die christliche Glaubenskultur für das Leben unserer Zeitgenossen (noch) *relevant*? Wo und wie wird Religion im eigentlichen Wortsinne *praktisch*? Wie steht es heute um die *Lebensbezogenheit* bzw. *Lebensdienlichkeit* des christlichen Glaubens bzw. der kirchlichen Praxis?

Aus meiner eigenen Perspektive will ich hierzu einleitend festhalten: Christlicher – sollte man nicht besser sagen: christliches? – Glauben umfasst einerseits konkrete Glaubensinhalte im Sinne individueller religiöser Vorstellungswelten, zeichnet sich andererseits aber auch durch eine konkrete lebensweltliche »Form« aus: Glauben fühlt sich immer irgendwie an, konkretisiert sich in Handlungen, umfasst spezifische lebensweltliche Verhaltensweisen im weitesten Sinne. Wenn der christliche Glauben von seinem konkreten Lebensbezug getrennt wird, muss er seine Relevanz verlieren, vom Menschen abfallen und aus unserer *einen* Welt verschwinden, in der man stets vor der Herausforderung steht, ein Leben (aus Glauben) zu führen. Dass Glauben in spezifischen lebensweltlichen Kontexten im wahrsten Sinne des Wortes praktisch wird, ist daher zum einen die Prämisse der theologischen Auseinandersetzung mit ihm, zum anderen aber auch eine wichtige und bleibende Aufgabenbestimmung (praktisch-)theologischer Forschung: Glauben soll immer wieder praktisch werden

---

1 Auf die sog. inklusive Schreibweise (wie »Autorinnen und Autoren«) wird auf Wunsch des Verlages hin im Folgenden i.d.R. verzichtet, wo es nicht um Individuen in ihrer Geschlechterdifferenz geht, sondern um den Typus, der im Deutschen zumeist durch die maskuline Form bezeichnet wird.

können, in dem Sinne, dass Menschen etwas mit ihm anzufangen wissen und vom Zeichenensemble christlicher Glaubenskulturen profitieren können. Nur solcher Glauben ist empfehlenswert. Der Glauben darf nicht zum Selbstzweck erstarren, sondern soll dem Leben dienen.

In *zwei Artikeln* versuche ich daher, die religiöse Praxis von Menschen auf ihre intentionale Dimension hin zu fokussieren und entsprechend als Glaubensempfehlung zu verstehen zu geben. Auf diese Weise rückt die Frage nach dem Zweck und der Wirkung eines konkreten lebensweltlichen Glaubenslebens ins Blickfeld. Im Hintergrund steht die Überzeugung, dass religiöse Praxis niemals bloß Selbstzweck sein kann, sondern eine Funktion erfüllt: Glauben dient dem Menschen und seinem Leben.

Auch alle anderen in diesem Tagungsband versammelten Autoren nehmen den skizzierten Frage- und Problemhorizont auf ihre je eigene Weise ernst: *Stefanie Lorenzen* zeigt, dass die Frage nach dem Nutzen und der »Brauchbarkeit« von Religion gerade auch im religionspädagogischen Kontext von besonderer Bedeutung ist. Sie illustriert diese These anhand der Religiosität junger Erwachsener, die sich in besonderer Weise durch ihre pragmatische Stoßrichtung auszeichnet. *Franziska Grießer-Birnmeyer* zeigt, dass Glaubende aus dem reichen Schatz christlicher Tradition schöpfen, wenn sie sich eine Auszeit gönnen. Ausgehend von der Einsicht, dass sich das Leben im Allgemeinen (und das Glaubensleben im Speziellen) nicht nur um die Arbeit drehen soll, sowie angesichts eines weiten Spektrums zeitgenössischer Auszeit-Phänomene, plädiert sie für ein Verständnis von christlicher Kirche als Fachfrau für Unterbrechungen, die Menschen gut tun. *Thomas Scheiwiller*s Überlegungen stehen im unmittelbaren Kontext postmoderner Theoriebildung und zeichnen Perspektiven für die christliche Seelsorge der Zukunft vor Augen. Scheiwiller versucht, die Sorge um sich selbst theologisch ernst zu nehmen und Menschen für den seelsorgerlichen Kontext als individuelle Subjekte in den Blick zu bekommen. Menschen sind mehr denn je herausgefordert, sich selbst inmitten ihrer Verstrickung in verschiedensten Narrativen zu gestalten und ein eigenes Leben zu leben. Er plädiert vor diesem Hintergrund für Seelsorge als »narrative Selbstsorge«. *Katharina Payk* argumentiert, ausgehend von der bestehenden Vielfalt an sexuellen Orientierungen, Lebensformen und Geschlechtern *gegen* festgefahrene (und oftmals als ›natürlich‹ oder ›göttlich gesetzt‹ qualifizierte) Ordnungen, die sich auch in den Trauagenden und Positionspapieren der Kirchen niedergeschlagen haben. Dabei spricht sich Payk *für* (kirchliche) Lebensräume aus, in denen Menschen abseits heteronormativer, neoliberalistischer, kapitalistischer, ethnisierender und ableistischer Fixierungen als Menschen zum Vorschein kommen und in Freiheit leben und sein können. *Christian Walti* widmet sich in seinen videobasierten empirischen Erkundungen der gelebten Religion im Gottesdienst. Er macht sichtbar, dass Gebete nicht einfach erstarrte, lebensferne Formeln sind, die gedanken- und affektlos rezitiert werden, sondern dass beim Beten vielmehr komplexe, intrinsisch und extrinsisch motivierte und radikal situationsbezogene Interaktionsprozesse ablaufen, an deren Leerstellen mit

Gott als nonphänomenal teilnehmender Größe zu rechnen ist. *Robert C. Kahlert* zeichnet ein Bild des religiösen Lebens in den Anfangsjahren der Mormonenbewegung im 19. Jahrhundert. Konkret untersucht er dabei die Utopie der ›Stadt Zion‹, in der religiöse und politische Vorstellungen konglomerieren. In seiner Darstellung wird besonders deutlich, welche Auswirkungen religiöse Vorstellungen auf das Leben von Menschen haben können. Kahlert schildert darüber hinaus aber auch ein eindrückliches Beispiel für den Versuch von Menschen, gemeinsam eine religiöse Utopie zu realisieren, d. h. einen ›Nicht-Ort‹ (nach allen Möglichkeiten der Kunst) für sie zum konkreten Ort werden zu lassen. *András Szerdi* beschäftigt sich in seinem Märtyrerporträt von Zsigmond Varga mit der Frage, was es heißt, einen Glauben auch dann noch zu leben, wenn das eigene Leben und das anderer in akuter Gefahr ist. Seine These lautet, dass sich christliche Glaubenskulturen von der Aktualität und dem radikalen Lebensbezug der Bonhoeffers und Vargas inspirieren lassen sollten, weil sie im Sinne einer gemeinsamen Erinnerungskultur davon profitieren könnten.

Wenn die Leser dieses Sammelbandes am Ende ihrer Lektüre nicht nur das Problem der Lebensrelevanz der christlichen Glaubenskultur deutlicher vor Augen haben als bislang, sondern darüber hinaus auch der Vielfältigkeit der praktisch-theologischen Forschung begegnet sind, ist das Ziel dieses Buches erreicht.

Ohne die Unterstützung meines Doktorvaters Prof. Dr. Wilfried Engemann, meiner Kollegin Mag. Katharina Payk, aber auch der vom Dekanat der Evangelisch-Theologischen Fakultät Wien und von der Raiffeisen Zentralbank Österreich (EZB) zur Verfügung gestellten Mittel wäre das Symposion RELIGIÖS: empfehlenswert? praktisch? am 11. April 2014 und dieser Sammelband als unmittelbares Resultat dieses fachlichen Austausches in Wien nicht realisierbar gewesen. Daher: Herzlichen Dank! Es sei aber auch allen Teilnehmenden des Juniorsymposions gedankt, die ihren Diskussionsbeitrag für diesen Sammelband zur Verfügung gestellt haben, sowie jenen Jungwissenschaftlern, die sich andernorts mit der Fragestellung des Symposions auseinandergesetzt haben, um am entsprechenden Diskussionsprozess zumindest ›literarisch‹ teilzunehmen. Frau Vera Schirl, B.A., sei für die sorgsame Korrekturlektüre der Beiträge und die ambitionierte Vorbereitung der Drucklegung gedankt. Seitens der Evangelischen Verlagsanstalt danke ich Frau Dr. Annette Weidhas für die Aufnahme des Bandes ins Verlagsprogramm sowie Herrn Jan-Christian Buchwitz und Frau Anne Grabmann für die kompetente redaktionelle Begleitung und rasche Umsetzung des Projekts. Angesichts der z. T. schwierigen Bedingungen von Jungwissenschaftlern im akademischen Kontext ist das Erscheinen einer Publikation wie dieser keine Selbstverständlichkeit.

Wien, im Januar 2015 *Bernhard Kirchmeier*

Zweck und Wirkung religiöser Praxis

Ein Plädoyer für lebensdienliche Glaubensempfehlungen[1]

Bernhard Kirchmeier

Zusammenfassung: Wo sich der Glauben einer Person lebensweltlich realisiert und von anderen wahrgenommen wird, eröffnen sich immer auch Spielräume bzw. Möglichkeiten, die als Resultat des impliziten Empfehlungscharakters religiöser Praxis verstanden werden können. Dieser Artikel beschäftigt sich mit Fragen und Problemen im Horizont eines Verständnisses religiöser Praxis als Glaubensempfehlung und versucht auch Auskunft darüber zu geben, welcher Glauben denn überhaupt als empfehlenswert gelten könnte. Insgesamt handelt es sich um ein Plädoyer für eine stärker anthropologisch orientierte (Praktische) Theologie.

Ausgangslage

Nicht nur Predigten können als Glaubensempfehlungen verstanden werden,[2] sondern letztlich alle personal verankerten Lebensäußerungen der christlichen Glaubenskultur: Wo sich der Glauben eines Menschen in seiner lebensweltlichen Konkretion artikuliert, wird damit immer auch etwas *zu verstehen gegeben,* etwas über die Sachebene hinaus *naheleget, im Sinne einer Empfehlung* etwas *angeraten.* Wer glaubende Menschen, ihre Lebensführung und ihre religiöse Praxis wahrnimmt (d.h. auch ihre körperbildliche Darstellung im weitesten Sinn), dem eröffnen sich instantan augenfällige Möglichkeiten, die man für sich selbst entdecken, probeweise nachspielen bzw. sich als Teil der eigenen Lebensführung aneignen *könnte.* Ich schreibe *könnte,* weil eine Empfehlung nicht zwingt, sondern ›lediglich‹ etwas aufgrund seiner (potentiellen) Wirkungen als wünschenswert Beurteiltes explizit oder implizit nahelegt wird (bzw. als nahegelegt erfahren/gedeutet wird); man wird daher den Empfehlungen, die der religiösen Praxis von Menschen innewohnen, in einigen Fällen gerne folgen – in anderen (oftmals aus guten Gründen) *nicht.* Ein Verständnis der

---

1 Eröffnungsvortrag im Rahmen des Juniorsymposions »RELIGIÖS: empfehlenswert? praktisch?« an der Universität Wien am 11.04.2014 in leicht veränderter Fassung.

2 Meiner im Entstehen begriffenen Dissertation unter dem Titel »Empfehlenswerter Glaube? – Eine kritische Auseinandersetzung mit der zeitgenössischen Predigtpraxis auf Basis semantischer Predigtanalysen« (Arbeitstitel) liegt ein Verständnis von Predigt als Glaubensempfehlung zugrunde.

wahrnehmbaren religiösen Praxis von Menschen als Glaubensempfehlung ist i. Ü. bereits in den neutestamentlichen Schriften angelegt: Paulus deutet etwa im 2. Korintherbrief seine Adressaten als ein *Empfehlungsschreiben*, sieht sie als von Christus geschriebenen Text an und ist überzeugt, dass dieser von allen gelesen und verstanden werden kann.[3]

Im Hintergrund dieser Überlegungen steht nicht nur ein Verständnis von praktischer Theologie als Hermeneutik christlicher Praxis,[4] die den Glauben *nicht* in seiner grundsätzlichen, sondern in seiner spezifischen Verfasstheit zu erforschen hat,[5] sondern auch ein bestimmter Glaubensbegriff, ein bestimmtes theologisches Verständnis von Kirche, eine bestimmte Perspektive auf menschliche Kommunikationsprozesse, aber auch die ebenso wichtige wie schwierige Frage einer Kriteriologie zur theologischen Beurteilung dessen, was innerhalb einer Glaubenskultur nahegelegt werden sollte – und was nicht, sowie eine daraus resultierende, konkrete Forderung an die wissenschaftliche Theologie und ihre Disziplinen. – Ich werde auf diese fünf Problembereiche eingehen, um dadurch die Hintergründe sowie die Konsequenzen eines Verständnisses von religiöser Praxis als Glaubensempfehlung vor Augen zu führen.

1. Als Mensch in konkreten Lebenswelten sichtbar existieren – Überlegungen zum Glaubensbegriff

1.1 Birgit Weyel geht davon aus, dass es verschiedene Formen gelebten, individuellen Glaubens gibt, die bislang weder praktisch-theologisch gesichtet noch untersucht wurden, den kritischen Augen praktisch-theologischer Reflexion also bislang *völlig* entzogen waren, wenn sie für eine ›Sichtbarmachungsstrategie unsichtbarer Religion‹ im Sinne einer Evaluierung der Religion am Ort des Individuums plädiert.[6] Man wird ihrem Befund zustimmen können. Zugleich

---

[3] »Ihr seid unser Brief, in unser Herz geschrieben, erkannt und gelesen von allen Menschen! Ist doch offenbar geworden, daß ihr ein Brief Christi seid, durch unsern Dienst zubereitet, geschrieben nicht mit Tinte, sondern mit dem Geist des lebendigen Gottes, nicht auf steinerne Tafeln, sondern auf fleischerne Tafeln, nämlich eure Herzen.« (2 Kor 3,2f.); vgl. weiterführend dazu Ulrich H. J. Körtner: Historischer Jesus – geschichtlicher Christus. Zum Ansatz einer rezeptionsästhetischen Christologie. In: Klaas Huizing / Ulrich H. J. Körtner / Peter Müller: Lesen und Leben. Drei Essays zur Grundlegung einer Lesetheologie. Bielefeld 1997, 99–135 (hier: 131f.); sowie Bernhard Kirchmeier: Predigt von Angesicht zu Angesicht. Überlegungen zu Klaas Huizings Rede vom »Portrait Christi« als Beitrag zu einer physiognomischen Homiletik. Wien 2012 (v. a. 36–51).

[4] Vgl. Michael Meyer-Blanck: Theorie und Praxis der Zeichen. Praktische Theologie als Hermeneutik christlicher Praxis. In Eberhard Hauschildt / Ulrich Schwab: Praktische Theologie für das 21. Jahrhundert. Stuttgart 2002, 121–132.

[5] Vgl. Meyer-Blanck 2002 (s. o. Anm. 4), 122f.

[6] Birgit Weyel: ›Kenntnis des wirklichen Lebens‹. Von der Empirie in der Praktischen Theologie. In: Pastoraltheologie 97 (2008), 328–341 (hier: 338).

ist aber auch Wilhelm Gräb zuzustimmen, wenn er drauf hinweist, dass es immer bereits einer bestimmten theologischen Blickrichtung geschuldet ist, wie und inwieweit gelebter Glauben überhaupt sichtbar gemacht wird bzw. werden kann; so wird sich z. B. bei theologisch Forschenden mit einer traditionell-kirchlich dominierten Perspektive der Fokus tendenziell eher *verengen* und bei einer kulturtheologisch dominierten vermutlich eher *weiten*, sodass im ersten Fall weniger Phänomene *als Glauben* sichtbar gemacht werden können als im zweiten Fall.[7] Weil ich einerseits die Forderung Weyels unterstütze, andererseits aber auch die Einsicht Gräbs teile, werde ich zunächst jene theologische Perspektive skizzieren, mit der ich auf die religiöse Praxis blicke; diese hermeneutische Grundlegung ist nötig, um in einem weiteren Schritt verschiedene, auf Basis dieser Perspektive sichtbar werdende Gestalten gelebten Glaubens (bzw. religiöser Praxis) plausibel evaluieren und beurteilen zu können. Die nun folgende Beschreibung meiner theologischen Perspektive ist daher im Sinne einer Klärung der eigenen Vorverständnisse zu verstehen.[8]

1.2 Zuallererst halte ich fest, dass ich den Begriff »Glauben« gegenüber dem Begriff »Religion« vorziehe. Zur aktuellen praktisch-theologischen Kritik am Religionsbegriff verweise ich exemplarisch auf Christian Grethlein,[9] bezüglich einer – etwas pathetisch gesprochen – möglichen Renaissance des Glaubensbegriffs auf Wilfried Engemann.[10] Der deutsche Begriff »Glauben« ist mir zunächst

---

[7] Vgl. Wilhelm Gräb: Predigtlehre. Über religiöse Rede. Göttingen 2013, 160f. – Gräb spricht dabei freilich in kulturprotestantischer Manier stets von »gelebter Religion«, nicht von »gelebtem Glauben«; vgl. zum wissenschaftstheoretischen Kontext dieser begrifflichen Frage auch Hans-Günter Heimbrock: Leben. Praktische Theologie als Theorie »gelebter Religion«. In: Birgit Weyel / Hans-Günter Heimbrock / Wilhelm Gräb (Hg.): Praktische Theologie und empirische Religionsforschung. Leipzig 2013, 121–142; sowie das kritische Urteil bei Ulrich Körtner: Der Ganz Andere. Zum 125. Geburtstag von Karl Barth (Gastbeitrag vom 26.05.2011). http://science.orf.at/stories/1682926/ (letzter Zugriff: 25.05.2014).

[8] Die Notwendigkeit zur Klärung des eigenen Vorverständnisses ist in besonderer Weise Resultat der Einsicht, selbst in die zu analysierende Sache involviert zu sein; Rudolf Bultmann spricht von einem »vorgängigen Verhältnis[] zur Sache«; vgl. Rudolf Bultmann: Das Problem der Hermeneutik (1950). In: Ders.: Glaube und Verstehen (Bd. 2). Tübingen ^{5}1968, 211–235; sowie Walter Mostert: Scriptura sacra sui ipsius interpres. Bemerkungen zu Luthers Verständnis der Heiligen Schrift. In: Ders.: Glaube und Hermeneutik. Gesammelte Aufsätze. Hrsg. von Pierre Bühler und Gerhard Ebeling. Tübingen 1998, 9–41 (hier: v. a. 26f.). – Ein solches Vorverständnis ist i. Ü. vom Vorurteil streng zu unterscheiden, da es zum Verstehen führt und dieses gerade eben nicht blockiert; insofern zeichnet sich Wissenschaftlichkeit auch maßgeblich durch das bewusstgewordene Vorverständnis aus; vgl. hierzu die Einschätzung bei Hans-Georg Gadamer: Hermeneutik und Historismus (1965). In: Ders.: Wahrheit und Methode. Ergänzungen, Register (Gesammelte Werke 2). Tübingen ^{2}1993, 387–424 (hier: 406, v. a. Fn. 55).

[9] Vgl. Christian Grethlein: Praktische Theologie. Berlin/Boston 2012, 170–175.

[10] Vgl. Wilfried Engemann: Die emotionale Dimension des Glaubens als Herausforderung für die Seelsorge. In: WzM 61/3 (2009), 287–299.; sowie ders.: Lebensgefühl und

bereits dadurch sympathisch, dass er als Substantivierung eines Verbs neben Vorstellungen (Bilder) auch Verhaltensweisen nahelegt, und nicht nur theologisch, sondern auch säkular konnotiert ist. Unter einem Glauben im weiteren Sinne verstehe ich zunächst jede von einem Subjekt geleistete Relation von Bild(ern) und Verhalten(sweisen) als Ausdruck seines Selbstverständnisses; mit einem Glauben im engeren Sinne habe ich das *christliche* Glauben(sleben) im Blick – präziser formuliert:

> die lebensweltliche Existenz eines Menschen, die, explizit oder implizit, von der von ihm als Subjekt im religiösen System als Ausdruck seines Selbstverständnisses geleisteten und in einem Verweiszusammenhang mit Jesus Christus stehenden Relation von Bild(ern) und Verhalten(sweisen) geprägt ist.[11]

Das heißt, mir ist wichtig, dass christliches Glauben (1) immer mit Menschen und ihrem Lebensvollzug zu tun hat, (2) aufgrund seines Ortes in der je individuellen Lebenswelt ein Alltagsphänomen ist, (3) im Kontext des gesellschaftlichen Systems »Religion«, in dem Subjekte (inter-)agieren, anzusiedeln ist,[12] nicht vom Himmel fällt, sondern auf einer subjektiven Signifikationsleistung beruht, (5) im Kontext menschlichen Sich-Selbst-Verstehens steht, (6) sich in besonderer Weise über die nicht zu trennenden Dimensionen von Form und Inhalt beschreiben lässt,[13] und (7) ohne den gedanklichen Zusammenhang eines sich (bildlich) über Jesus Christus vermittelnden *extra nos* nicht gedacht wer-

---

Glaubenskultur. Menschsein als Vorgabe und Zweck der religiösen Praxis des Christentums. In: WzM 65/3 (2013), 218–237 (v.a. den »positiven« Teil: 230–237).

11 Diese »Formel in definitorischer Sprache« impliziert in meinen Augen eine (auch bei Rudolf Bultmann anzutreffende) dreifache Reduktion: eine *effektive* R., indem Gott nur über seine medial vermittelten *Wirkungen* erfahrbar ist (›*bildgebendes* Bild‹); eine *anthropologische* R., indem sich diese Wirkungen auf den *Menschen* beziehen; sowie eine *ästhetisch-hermeneutische* R., indem diese Wirkungen am Menschen *ausschließlich* als Resultat von *Wahrnehmungs- und Verstehensprozessen* im Sinne existentiell-involvierenden Selbst-Verstehens auf Basis von Zeichen in konkreten lebensweltlichen Kontexten zu verstehen gegeben werden. – Vgl. hierzu Hartmut von Sass: Gott als Ereignis des Seins. Versuch einer hermeneutischen Onto-Theologie. Tübingen 2013, 225–227.

12 Das Verhältnis von (glaubendem) *Subjekt* und (religiösem) *System* ist in der Homiletik lange Zeit weitgehend nur als Verhältnisbestimmung von (kirchlichem) Amt(sauftrag) und predigender Person reflektiert worden. Heute erkennt man zunehmend, dass es in einem weit umfangreicheren Sinn ein wesentliches Thema praktisch-theologischer Reflexion sein muss. Vgl. hierzu unter Bezugnahme auf Isolde Karle das Urteil bei Albrecht Haizmann: Integrierte Homiletik. Die Einheit der Predigtlehre im Begriff des Handelns. In: IJPT 11/2 (2007) 234–253 (hier: 250–252 bzw. Fn. 55).

13 Dass Glaube eine (eher) ›objektive‹ bzw. ›inhaltliche‹ Dimension sowie eine eher ›subjektive‹ beinhaltet, hat i.Ü. seine Entsprechung im Religionsbegriff Wilhelm Gräbs, der in diesem Sinne zwischen ›Religion 1‹ und ›Religion 2‹ differenziert; vgl. Wilhelm Gräb: Religion als Deutung des Lebens. Perspektiven einer Praktischen Theologie gelebter Religion. Gütersloh 2006, 53f.

den kann. Leider können die (Hinter-)Gründe für die damit benannten Aspekte im Rahmen dieses Artikels nicht im Einzelnen bzw. in der nötigen Ausführlichkeit behandelt werden; dies wird an anderer Stelle nachzuholen sein.

1.3 Um aber die Themen der Vorträge des Juniorsymposions anzusprechen: Vor dem eben skizzierten Hintergrund kann z.B. das spezifische Gefühl eines Menschen, trotz zahlreicher Unterschiede gegenüber anderen völlig »normal« zu sein (Urte Borchardt), *als ein Glauben* sichtbar werden; Gleiches gilt auch für den Fall, in dem sich jemand im Gottesdienst bestimmten Gebetshandlungen hingibt (Christian Walti); sich aufgrund verschiedener Überlegungen und Einsichten bekehrt (Katharina Krause); sich zugesteht, eine Auszeit verdient zu haben (Franziska Grießer-Birnmeyer); oder auf Trauer mit der Teilnahme an einer virtuellen Gedächtniskultur reagiert (Swantje Luthe).

Der Gedanke, dass Menschen *als glaubende Menschen* vor anderen sichtbar werden, weil *sie sich selbst als solche* sichtbar machen bzw. zu verstehen geben und/oder *von anderen als solche* wahrgenommen und verstanden werden, führt ins Herz christlicher Ekklesiologie seit Friedrich D. E. Schleiermacher.

2. Sich des Glaubens wechselseitig an- und einsichtig werden – Überlegungen zur Gemeinschaft der Glaubenden

2.1 Bei Friedrich Daniel Ernst Schleiermacher ist Kirche eine Gemeinschaft individuellen Symbolisierens bzw. eine Gemeinschaft wechselseitiger Offenbarung des christlich-frommen Selbstbewusstseins;[14] so kommen im Gottesdienst als dem schier prototypischen Ort von Kirche Menschen zusammen und stellen einander in jeweils wechselseitiger Darstellung ihr christlich-religiöses Selbstbewusstsein vor Augen, weil »keiner sich einer allseitigen und vollkommenen Auffassung Christi bewusst ist«[15] – d.h. Kirche wird als eine kommunikativ qualifizierte Gemeinschaft verstanden, in der sich Menschen ihres Glaubens wechselseitig *ansichtig und einsichtig* werden (können). Ich spreche hier von einem wechselseitigen Ansichtig- und Einsichtigwerden, man kann jedoch

[14] Vgl. hierzu die Überlegungen bei Hans Joachim Birkner: Schleiermachers christliche Sittenlehre. Im Zusammenhang seines philosophisch-theologischen Systems (Theologische Bibliothek Töpelmann 8). Berlin 1964, 114–127 (hier: v.a. 114).

[15] Friedrich D. E. Schleiermacher: Der christliche Glaube nach den Grundsätzen der Evangelischen Kirche im Zusammenhange dargestellt (Bd. 2). Hrsg. von Martin Redeker. Berlin ^{7}1960, 215 (§ 115.1); vgl. hierzu auch Michael Moxter: Urteilskraft und Intersubjektivität. Zur Eigenart theologischer Reflexion. In: Klaus-M. Kodalle / Anne M. Steinmeier (Hg.): Subjektiver Geist. Reflexion und Erfahrung im Glauben (FS Traugott Koch). Würzburg 2002, 25–36 (hier: 33–35).

ebenso gut auch von der »Circulation des religiösen Bewusstseins«[16], oder einem hermeneutisch und ästhetisch beschreibbaren Einbildungsprozess sprechen.

2.1.1 *Das Ansichtigwerden* verweist dabei auf die *ästhetische Dimension*, die der Kommunikation des Evangeliums stets zugrunde liegt: Glaubensempfehlungen setzen immer eine sinnlich wahrnehmbare Darstellung auf Seiten der Zeichengebenden voraus und können ohne Wahrnehmungsprozesse auf Seiten der Zeichenlesenden nicht gedacht werden;[17] oder anders: Kirche zeichnet sich stets durch *konkrete menschliche Ansichtsexemplare* christlichen Glaubens aus, deren sich andere Menschen ansichtig werden (können). Der Begriff des *darstellenden Handelns* bei Schleiermacher bringt diese ästhetische Dimension des Kirchenbegriffs deutlich zum Ausdruck. Ohne das darstellende Handeln von Glaubenden, die dadurch ihr christlich-frommes Selbstbewusstsein für andere zu einem sichtbaren Ausdruck bringen, ist für Schleiermacher Gemeinschaft der Glaubenden nicht denkbar; er hält fest: »Das darstellende Handeln ist die eigentliche Basis der religiösen Gemeinschaft«.[18] Bei der ästhetischen Dimension des Ansichtigwerdens ist in besonderer Weise die *optische Sichtbarkeit* von Bedeutung, wenngleich Wahrnehmen und Verstehen niemals getrennt werden können.

2.1.2 *Das Einsichtigwerden*[19] verweist auf die *hermeneutische* Dimension, die der Kommunikation des Evangeliums zugrunde liegt. Menschen nehmen in kirchlichen Vollzügen nicht nur etwas Äußeres wahr (s. o.), sondern durchlaufen dabei stets auch im Akt des Verstehens einen Prozess der individuellen Aneignung des (vermeintlich) zu verstehen Gegebenen; oder anders: Kirche zeichnet sich auch durch *(innere) Einsichten* aus, die Menschen auf Basis des

---

[16] Friedrich D. E. Schleiermacher: Die praktische Theologie nach den Grundsätzen der evangelischen Kirche im Zusammenhange dargestellt (Sämtliche Werke I/13). Hrsg. von Jacob Frerichs. Berlin 1850, 201–221 (hier: 216).

[17] Albrecht Grözinger sieht, mit expliziter Bezugnahme auf Friedrich D. E. Schleiermacher, die Hauptaufgabe der Praktischen Theologie in der Auseinandersetzung mit der ästhetischen Dimension religiöser Praxis, wie nachfolgendes Zitat zeigt: »Von Schleiermacher bis in die jüngsten Veröffentlichungen zu praktisch-theologischen Fragestellungen hinein ist die Frage nach unserer Wahrnehmung [...] das zentrale Thema der Praktischen Theologie. Es ist an der Zeit die Frage nach der Wahrnehmung von einem impliziten zu einem expliziten Thema der Praktischen Theologie zu machen.« – Albrecht Grözinger: Praktische Theologie als Kunst der Wahrnehmung. Gütersloh 1995, 65.

[18] Friedrich D. E. Schleiermacher: Die christliche Sitte nach den Grundsäzen der evangelischen Kirche im Zusammenhange dargestellt. Aus Schleiermacher's handschriftlichem Nachlasse und nachgeschriebenen Vorlesungen (Sämtliche Werke I/12). Hrsg. von Ludwig Jonas. Berlin 1843, 147 (Beilage B §6).

[19] Da Einsichten in letzter Konsequenz nicht willentlich herbeigeführt werden können, sondern sich vielmehr eröffnen, kann als traditionell-theologisches Pendant zu diesem hermeneutisch-anthropologischen Begriff der Offenbarungsbegriff gelten; vgl. hierzu auch die Überlegungen bei Ulrich Körtner: Der inspirierte Leser. Zentrale Aspekte biblischer Hermeneutik. Göttingen 1994, 43–49 (hier: 47).

Wahrgenommenen generieren. Diese Dimension wurde nicht zuletzt von Rudolf Bultmann betont, der vom Glauben als einer Weise des Sich-Verstehens sprach und daher auch als Begründer der Hermeneutischen Theologie gilt. Aber auch bereits bei Schleiermacher hat diese Dimension maßgebliche Bedeutung, kann doch die Rede vom christlich-frommen Selbstbewusstsein als Ausdruck für das *religiöse Selbstverständnis* eines Menschen interpretiert werden. Im Kontext der Dimension des Einsichtigwerdens ist in besonderer Weise das Stichwort der *hermeneutischen Sichtbarkeit* von Belang, wobei in vielen Fällen hier auch die optische Sichtbarkeit eine Rolle spielt.[20]

2.2 Die Tatsache, dass es bei Kirche stets um ein *wechselseitiges Wahrnehmen und Verstehen* dessen, was den Glauben eines Einzelnen ausmacht oder auszumachen scheint, bzw. um ein *wechselseitiges Darstellen* dessen, was für den eigenen Glauben bezeichnend ist, geht, illustriert eindrücklich sowohl die *dialogische Dimension* von Kommunikation des Evangeliums als auch die *egalitäre Dimension* protestantisch verstandener Kirche. Für den Gottesdienst heißt dies: Nicht bloß Pfarrerinnen und Pfarrer sind als Kommunikatoren des Evangeliums zu begreifen,[21] sondern ebenso auch sämtliche Gottesdienstbesucher. Allgemeiner bedeutet es: Alle, die glauben, können grundsätzlich in allen Lebenslagen zu Kommunikatoren des Evangeliums werden, ohne dafür ausdrücklich den eigenen Glauben sprachlich ins Spiel bringen zu müssen; das Aufeinanderwirken und Zusammenwirken beim kommunikativen Zusammentreten (glaubender) Menschen ist nicht nur als ein notwendiges, sondern bereits als hinreichendes Kriterium zur Bestimmung der Qualität des darstellenden Handelns zu verstehen,[22] es muss darüber hinaus nicht noch ›etwas Zusätzliches‹ oder ›etwas Besonderes‹ geschehen oder *explizit* kommuniziert werden; schließlich betont Schleiermacher, dass glaubende Menschen stets »in dem gesamten tätigen Leben das darstellende Handeln fort[]setzen, dem gesamten tätigen Leben diesen Charakter auf[]drücken«,[23] sodass »Ansichtsexemplare christlichen Glaubens« eben nicht bloß dort zu finden sind, wo explizit vom Glauben die Rede ist, sondern vielmehr überall dort, wo glaubende Menschen *als solche* wahrgenommen

---

20 Zur Unterscheidung von optischer und hermeneutischer Sichtbarkeit, vgl. Claudia Welz: Menschenwürde, Blickwechsel und Schamgefühl. Ethische Implikationen menschlicher Un-Sichtbarkeit. In: Zeitschrift für Evangelische Ethik 58 (2014), 21–39 (hier: 21.24–29).

21 Vgl. hierzu etwa – auf Ernst Lange Bezug nehmend – Michael Klessmann: Das Pfarramt. Einführung in Grundfragen der Pastoraltheologie. Neukirchen-Vluyn 2012, 155–157.

22 »Die christliche Kirche bildet sich durch das Zusammentreten der einzelnen Wiedergebornen zu einem geordneten Aufeinanderwirken und Miteinanderwirken.« – Friedrich D. E. Schleiermacher: Der christliche Glaube nach den Grundsätzen der Evangelischen Kirche im Zusammenhange dargestellt (Bd. 2). Hrsg. von Martin Redeker. Berlin 1960, 215 (§ 115.1).

23 Schleiermacher 1843 (s. o. Anm. 18), 536.

werden (können). Kirche als Ort wechselseitigen An- und Einsichtigwerdens des Glaubens ereignet sich daher (auch und gerade) im alltäglichen, lebensweltlichen Kontext, sodass Kirche (auch und gerade) als ein Phänomen (inmitten) der Welt zu begreifen ist.[24] Kirche kann nach Schleiermacher keinesfalls auf die christliche Kirche im engeren Sinn beschränkt werden; Kirche ist, aufgrund ihrer Koppelung an den Glauben als ein menschliches Lebens- und Kulturphänomen, zunächst gar kein spezifisch christlicher, kein theologischer, sondern ein ethisch-kulturphilosophisch-soziologischer Begriff.[25]

> Im Grunde macht Schleiermacher, indem er von einer *so verstandenen* Kirche *ausgeht*, sie in der Welt erst *dadurch als solche* (wieder) *sichtbar*.[26] Schleiermacher ist sich dieser letztendlich subjektiven »Setzung« bzw. – vorsichtiger ausgedrückt – seiner Perspektivierung bewusst, wie folgender Textbeleg eindrücklich zeigt: »[Es wird manche meiner Zeitgenossen irritieren], daß ich immer so rede als gäbe es noch Gemeinden der Gläubigen und eine christliche Kirche; als wäre Religion noch ein Band, welches die Christen auf eine eigentümliche Weise vereinigt. Es sieht allerdings nicht so aus, als verhielte es sich so: aber ich sehe nicht, wie wir umhin können dies dennoch vorauszusetzen. [...] Vielleicht kommt auch die Sache dadurch wieder zu Stande, dass man sie voraussetzt; wenigstens gibt es nichts Verderblicheres für unsere religiösen Vorträge, als das Schwanken zwischen jenen beiden Ansichten, ob wir als zu Christen reden sollten, oder als zu Nichtchristen.«[27]

Das bedeutet, man muss *nicht* – auch in der Predigt nicht – explizit von Gott reden, auf ihn verweisen, von seinen Spuren in der Welt erzählen und sein konkretes Wirken im eigenen Leben und in der Gemeinde benennen, damit Evangelium kommuniziert bzw. ein Glauben empfohlen werden kann, was immerhin traditionell als Voraussetzung dafür gilt, dass Kirche (neu) entstehen kann; man muss auch *nicht* dazu *auffordern*, dass Christen um der Kirche willen etwas von ihrem Glauben zeigen;[28] schließlich wird Evangelium bereits immer auch schon dort kommuniziert, wo glaubende Menschen *ihr Leben* schlichtweg *leben*; in der gesamten Lebensführung eines Menschen kann einem ein Glauben im Sinne

---

24 Wenn Birgit Weyel zu bedenken gibt, dass man – anders als dies Strategiepapiere zu Mission und Evangelisation nahelegen – auch außerhalb der Institution Kirche mit religiösen Symbolisierungen rechnen müsse, die angemessen das beschreiben, was »Evangelium« meint, schlägt sie in diese Kerbe; vgl. hierzu Birgit Weyel: Mission oder Kommunikation? Zur prinzipiellen Wechselseitigkeit protestantischer Kommunikationskultur. In: Gräb Wilhelm / dies. (Hg.): Praktische Theologie und protestantische Kultur (Praktische Theologie und Kultur 9; FS Peter C. Bloth). Gütersloh 2002, 249–266 (hier: 256f.).

25 Vgl. Birkner 1964 (s. o. Anm. 14), 115.

26 Vgl. analog hierzu auch meine Ausführungen weiter oben zum Glaubensbegriff.

27 Friedrich D. E. Schleiermacher: Vorrede zur 1. Sammlung seiner Predigten (1801). In: Ders.: Predigten. Neue Ausgabe (Bd. 1). Berlin 1843, 3–8 (hier: 6f.).

28 Anders: Reiner Knieling im Kapitel »Zeugnis wagen« seiner Homiletik; vgl. Reiner Knieling: Was predigen wir? Eine Homiletik. Neukirchen-Vluyn 2009, 174–177.

eines christlich-religiösen Selbstbewusstseins ansichtig und – so man ihn auch *als Glauben* versteht – auch als ein *eigener* Glauben einsichtig werden. Dies ist der Grund, weshalb Schleiermacher sich nicht zu einer pädagogischen oder missionarischen Aufgabe im engeren Sinn berufen sieht. Die *erbauliche Funktion*[29] der Kommunikation des Evangeliums liegt dem darstellenden Handeln immer schon zugrunde, sodass Kirche *stets* auch über (scheinbar) bestehende Grenzen hinausgreift; oder anders: Darstellendes Handeln *impliziert* immer schon wirksam-verbreitendes Handeln (i. Ü. auch wirksam-reinigendes).[30] Man wird in der Tradition Schleiermachers davon ausgehen müssen, dass überall dort, wo Menschen den gelebten Glauben eines anderen mit- bzw. auch nacherleben können, auch Evangelium kommuniziert, Glauben im Sinne einer Empfehlung artikuliert und so Kirche (neu) realisiert wird.

> Im Übrigen betont auch der Systematiker *Ingolf Dalferth*, dass Evangelium immer schon dort kommuniziert wird, wo (1) christlich Glaubende ihren Glauben einfach leben; erst dann auch dort, wo (2) christlich Glaubende ihr Leben anderen ausdrücklich als Glaubensleben zu verstehen geben; und zuletzt dort, wo (3) christlich Glaubende das Evangelium dezidiert als *Grund* ihres Glaubens zu verstehen geben und diesen (d. h. den auf diese Weise spezifizierten) Glauben explizit *dergestalt* sprachlich artikulieren. Wo Glaubende die zuletzt genannte Interpretation bzw. Symbolisierung vornehmen, kommunizieren sie Evangelium zwar *explizit* als Evangelium und nicht mehr »nur« – wie in den anderen beiden Fällen – *implizit*, jedoch nicht mehr/weniger bzw. besser/schlechter.[31]

3. Empfehlungen aussprechen und wahrnehmen – Überlegungen zum Kommunikationsbegriff

Die bisherigen Ausführungen verweisen bereits auf einen zweiten Problembereich: Meine These lautet, dass durch einen sichtbar gewordenen Glauben, ein Glauben *empfohlen* wird. Da Empfehlen ein spezifischer Kommunikationsmodus ist, ist diese These auch kommunikationstheoretisch zu plausibilisieren; umso mehr, als sich die zeitgenössische Praktische Theologie nunmehr weitgehend am Leitbegriff der Kommunikation des Evangeliums (alternativ auch: des Glaubens) orientiert.[32]

---

29 Vgl. hierzu Schleiermacher 1850 (s. o. Anm. 16), 201–221 (hier: 216f.).

30 Vgl. Schleiermacher 1843 (s. o. Anm. 18), 526.

31 Vgl. Ingolf U. Dalferth: Malum. Theologische Hermeneutik des Bösen. Tübingen 2008, 336.

32 Wenngleich die Kommunikation des Evangeliums seit Ernst Lange als praktisch-theologischer Leitbegriff dient und Christian Grethlein diesen Begriff sogar zum Strukturprinzip seines *opus magnum* macht, begegnet einem mancherorts auch die Rede von der Kommunikation des Glaubens. Grethlein (als wohl z. Z. prominentester Vertreter in Bezug auf die Rede von der Kommunikation des Evangeliums) spricht selbst von »Evan-

3.1 Die verschiedenen, zunehmend semiotisch orientierten Kommunikationstheorien stimmen zunächst in der Ansicht überein, dass Kommunizierende im weitesten Sinn immer versuchen, über etwas »Sichtbares« (i. e. der Signifikant) anderen etwas nicht »Sichtbares« (i. e. das Signifikat) zu erschließen;[33] wenn es also stimmt, dass Glauben lebensweltlich sichtbar ist bzw. sichtbar werden kann, weil man ihn, in der Sprache der theologischen Tradition formuliert, mit aller Konsequenz als etwas, das *fides quae und fides qua* umfasst, versteht und nicht auf eine »ewige Wahrheit« (d. h. *fides quae* in Reinform) reduziert (s. o.), dann lässt sich nicht nur (vage) *über ihn* (im Sinne eines Signifikats), sondern auch unmittelbar *durch ihn* (d. h. im Sinne eines Signifikanten) *kommunizieren* – d. h. Glauben kann sowohl als *Kommunikationsmedium* wie auch als (potentieller) *Kommunikationsinhalt* praktisch-theologisch reflektiert werden.[34] Darüber hinaus ist Glauben aber auch als (beabsichtigter) *Zweck* und (mögliche) *Wirkung* jenes Kommunikationsgeschehens in den Blick zu nehmen, an der die praktisch-theologische Forschung i. Ü. nicht nur im Bereich der Homiletik seit jeher interessiert ist; ich erinnere an den bereits geschilderten Aspekt des wirksam-verbreitenden Handelns bei Schleiermacher (s. o.). Kommunikation des Evangeliums kann schließlich, alles bisher Gesagte berücksichtigend, als das (implizite) Bemühen eines Zeichengebenden verstanden werden, *durch* sein/(konkretes, eigenes) Glauben/(Signifikant) ›einen Glauben‹ (Signifikat) auszudrücken, um so – im Sinne dessen, was Schleiermacher unter Erbauung versteht – (konkretes, fremdes) Glauben auf Seiten eines (potentiell) Zeichenlesenden zu ›bewirken‹ (Zweck).[35]

3.2 Damit sind wir – allerspätestens jetzt – bei der »Gretchenfrage« der zeitgenössischen Kommunikationswissenschaft, der Frage nach der *Intention* der

gelium« nicht zuletzt deshalb, weil dieser Begriff das erschließe, was *für den Glauben* von zentraler Bedeutung sei. Er schreibt: »›Evangelium‹ führt inhaltlich in die Mitte des christlichen Glaubens. [...] Evangelium als Zentrum christlichen Glauben[s] erschließt sich Menschen in Form von Kommunikation« – Grethlein 2012 (s. o. Anm. 9), 9f.

33 Wilfried Engemann hält zur Semiotik fest: »Ihr erster Hauptsatz könnte etwa lauten: Menschen verstehen etwas bzw. verständigen sich ausschließlich durch Zeichen. Ihr zweiter Hauptsatz: Zeichen fungieren nur insofern als Zeichen, als (a) etwas wahrgenommen und (b) mit etwas anderem, nicht (in derselben Weise) Wahrnehmbaren, verbunden wird.« – Wilfried Engemann: Predigen und Zeichen setzen. Eine homiletische Skizze mit Beispielen. In: Uta Pohl-Patalong / Frank Muchlinsky (Hg.): Predigen im Plural. Homiletische Perspektiven. Hamburg 2001, 7–24 (hier: 8).

34 Friedrich D. E. Schleiermachers ekklesiologische Überlegungen (s. o.) liegt in meinen Augen eine derartige Reflexionsbemühung bereits implizit zugrunde, wenngleich er vom Kommunikationsbegriff des 20./21. Jahrhunderts freilich noch nichts wusste.

35 Vgl. hierzu auch Bernhard Kirchmeier: Drei Kommunikationsmodi – eine Funktion? Erwägungen zum Zweck der Kommunikation des Evangeliums. In: Michael Domsgen / Bernd Schröder (Hg.): Kommunikation des Evangeliums. Leitbegriff der Praktischen Theologie (FS Christian Grethlein; APrTh 57). Leipzig 2014, 33–48 (hier: 33–36).

Kommunizierenden, angelangt.[36] Für die Problemstellung dieses Artikels ist sie v. a. aus zwei Gründen relevant: Zum einen, weil der Verfasser ein Verständnis der (religiösen) Praxis von Menschen als Glaubens*empfehlung* nahelegt und der Begriff ›Empfehlung‹ bereits *ein intentionales Momen*t konnotiert; zum anderen, weil er auch solche personalen Lebensäußerungen der Glaubenskultur als Glaubens*empfehlungen* verstehen will (s. o.), in denen der Sprechende sich *gar keiner Absichten bzw. Intentionen bewusst* ist, mit seinem Verhalten also gewiss niemand anderem (bewusst) eine Empfehlung aussprechen *will*; der zentrale Streitpunkt bei der Frage der Intention lässt sich darstellen, indem die zwei maßgeblichen, konkurrierenden Positionen, die dieser Debatte in verschiedenen Variationen zugrunde liegen, grob skizziert und erläutert werden. *Die erste Position lautet:* Unter Kommunikation ist immer ein *intentionales* Verhalten zu verstehen. Das bedeutet, dass Kommunikation ohne eine *Absicht* des »Sprechenden« (im weitesten Sinn) nicht gedacht werden kann. Hier wird die »Gretchenfrage« mit einem engeren Kommunikationsbegriff beantwortet; die Intention wird zum Kriterium von Kommunikation überhaupt. Liest man Definitionen wie etwa jene Rudi Kellers, der Kommunikation als ein intentionales Verhalten verstanden wissen will, das in der Absicht vollzogen wird, anderen durch Zeichen etwas zu erkennen zu geben, so hat man einen eindrücklichen Beleg für diese Position vor Augen.[37] – Als Vertreter dieser Position dann kann man, so scheint es, *nicht* davon ausgehen, dass dort ein Glauben kommuniziert bzw. *empfohlen* – im Sinne eines spezifische Modus von Kommunikation – wird, wo jemand z. B. lediglich das Gefühl, trotz zahlreicher Unterschiede gegenüber anderen völlig »normal« zu sein, verspürt – zumindest dann nicht, wenn man Gefühl als spontanen ›Affekt‹[38] versteht; bereits die Ausgangsthese dieses Artikels scheint dann aber bereits fehlzugehen und muss Widerspruch provozieren. *Die zweite Position lautet:* Kommunikation findet bereits dort statt, wo der »Sprechende« überhaupt nichts nahelegen *will*, eventuell nicht einmal »spricht«, sondern sich bloß (im weitesten Sinne) *verhält*. Die verbreite und meist auf Paul Watzlawick zurückgeführte Behauptung, dass man nicht *nicht* kommunizieren könne, illustriert diese Position eindrücklich.[39] – Teilt man diese Position, so kann selbstverständlich auch ein Mensch, der bloß das Gefühl verspürt, trotz Unterschieden gegenüber anderen völlig »normal« zu sein, als jemand, der kommuniziert und damit etwas nahelegt bzw. empfiehlt, gedacht werden. Man wird die »Gretchenfrage« der Kommunikationswissenschaft viel-

---

36 Vgl. das Urteil bei Jo Reichertz: Kommunikationsmacht. Was ist Kommunikation und was vermag sie? Und weshalb vermag sie das? Wiesbaden 2009, 124.

37 Vgl. die Definition bei Rudi Keller: Zeichentheorie. Zu einer Theorie semiotischen Wissens. Tübingen 1995, 104f.

38 Im Englischen spricht man von ›Affekten‹ auch als ›occurring emotions‹; dieser Ausdruck zeigt, dass es sich um spontane Gefühle handelt, die einem *passieren*.

39 Vgl. Reichertz 2009 (s. o. Anm. 36), 124–132, wo i. Ü. eindrucksvoll gezeigt wird, dass besagte These bereits *vor* Watzlawick mehrfach vertreten wurde, etwa von Jürgen Ruesch und Gregory Bateson.

leicht so beantworten können, dass beide Ansichten etwas für sich haben – jedoch nur, wenn man sie als in spezifischen Kontexten stehende Perspektiven wahrnimmt: Zunächst kann in Bezug auf die zweite Position erläuternd festgehalten werden, dass nicht jedes Verhalten eines Menschen bereits schon *eo ipso* Kommunikation ist; wenn nämlich wirklich jedes Verhalten bereits als Kommunikation zu begreifen wäre, dann hätte es gar keinen Sinn mehr, ein Verhalten überhaupt als »kommunikativ« zu bezeichnen, da schier alles immer als Kommunikation zu qualifizieren wäre;[40] man muss insofern die Position, wie sie geschildert wurde, dahingehend korrigierend erläutern, dass Kommunikation immer erst dort stattfinden kann, wo das Verhalten eines Menschen (A) von einem anderen (B) *wahrgenommen* wird (oder werden könnte) und sich A dieser (potentiellen) Wahrnehmung auch gewahr ist; erst in dieser Situation kann er nicht mehr *nicht* kommunizieren; schier alles, was A in dieser Situation tut, kann (von B) als kommunikatives Handeln verstanden werden – ungeachtet dessen, ob das entsprechende Verhalten nun von A intendiert war oder nicht;[41] ein (potentiell) beobachtender Mensch (B) würde/wird nämlich beginnen, (vermeintlich) gesetzte Zeichen zu »dechiffrieren«. Andererseits – und hier kommt die erste Position zu ihrem Recht – wird der (möglicherweise) beobachtete Mensch (A), wenn er wahrnimmt, (potentiell) wahrgenommen zu werden, immer auch beginnen, *bewusst* Zeichen zu setzen; sobald er bewusst Zeichen setzt, verfolgt er damit *immer (auch) einen Zweck* und will sein Gegenüber (B) in bestimmter Weise *beeinflussen*.[42] An dieser Stelle ist es wichtig, zu sehen, dass das Kommunikationsgeschehen nicht auf die bewusst gesetzten Zeichen reduziert werden kann; der sich immer irgendwie verhaltende Mensch (A) setzt zwar bewusst Zeichen, mit denen er bestimmte Zwecke verfolgt, zugleich setzt er aber immer auch unbewusst weitere Zeichen; mehr noch: *Alle* grundsätzlich an ihm beobachtbaren Verhaltensweisen können (und werden) als Zeichen *verstanden* werden – selbstverständlich auch solche, die *nicht bewusst* gesetzt wurden; würde man diese ›anderen‹, ›mitgesetzten‹ bzw. ›lediglich wahrgenommenen‹ Zeichen nicht ebenfalls als wichtigen Teilbereich von Kommunikation begreifen, müsste man der entsprechenden Forschung nicht nur Einseitigkeit attestieren, sondern auch die dabei zugrundeliegenden Paradigmen *Macht* und *Machbarkeit* kritisieren, da dem Zeichengeber damit letztlich Verfügungsgewalt über das Kommunikationsgeschehen eingeräumt würde.[43]

---

40 Vgl. den Einwand bei Hans Hörmann: Meinen und Verstehen. Grundzüge einer psychologischen Semantik. Frankfurt a. M. 1976, 319.

41 Vgl. Reichertz 2009 (s. o. Anm. 36), 132–137 (v. a. 136f.).

42 Vgl. Reichertz 2009 (s. o. Anm. 36), 198f.

43 Die Forderung nach dem Tod des Autors/der Autorin hat in diesem Problemkontext ihren Ort; vgl. hierzu etwa die Aussage Umberto Ecos »Der Autor müsste das zeitliche segnen, nachdem er geschrieben hat. Damit er die Eigenbewegung des Textes nicht stört.« – Umberto Eco: Nachschrift zum Namen der Rose. Übers. von Burkhart Kroeber. München 1984, 14; vgl. dazu auch Roland Barthes: La mort de l'auteur. In: Ders.: Oeuvres complètes. Edition établie et présentée par E. Marty (Bd. 2). Paris 1994, 491–495.

3.3 Es kann festgehalten werden, dass die erste Position maßgeblich von der Perspektive der »Sprechenden« bzw. der Zeichengebenden getragen ist: Sie macht deutlich, dass Menschen, die etwas empfehlen, immer auch etwas *erreichen wollen*, weil sie sich von dem dabei als wünschenswert Nahegelegtem positive Wirkungen versprechen. Sie verfolgen mit den Zeichen, die sie setzen, immer auch einen Zweck. Im Unterschied dazu, hat die zweite Position die Perspektive der »Hörenden« bzw. der Zeichenlesenden stärker im Blick: Jedes Verhalten kann zum kommunikativen Zeichen werden, wo es als solches wahrgenommen (und verstanden) wird.

Die in der Literaturwissenschaft verbreitete Unterscheidung von *intentio auctotris* und *intentio lectoris* entspricht diesen beiden soeben skizzierten Perspektiven; wenn der Kommunikationssituation allgemein attestiert wird, dass sie an sich verschiedenste Zeichen umfasst, ohne dass man zwischen bewusst gesetzten, unbewusst (mit-)gesetzten bzw. vom Leser »lediglich« wahrgenommenen Zeichen unterscheidet, bewegt sich Argumentation auf der Ebene der *intentio operis*.

Eine theologisch verantwortete Homiletik wird immer *beide Perspektiven* aufgreifen müssen. Neben der ersten Perspektive auch die zweite zu ihrem Recht kommen zu lassen, bedeutet im homiletischen Kontext nicht zuletzt auch, sich darum zu bemühen, die Hörenden als je und je am Kommunikationsprozess Predigt beteiligte Instanz nicht aus dem Blick zu verlieren, und die Homiletik entsprechend nicht als eine Wissenschaft, die »bloß« den Predigern (und ihren Interessen) dient, misszuverstehen.[44] Entsprechend muss das eingangs und aus der Perspektive der Zeichensetzenden formulierte Verständnis von Kommunikation des Evangeliums ergänzt werden um folgende definitorische Formel: Kommunikation des Evangeliums beschreibt (auch) das Wahrnehmen von *konkretem, fremden Glauben* (Signifikant) und Verstehen als ›Glauben‹ (Signifikat) durch das zeichendeutende Subjekt, sodass die Aneignung als konkretes, eigenes Glauben erfolgen *kann* (Wirkung).

[44] So macht etwa Michael Meyer-Blanck bereits bei den Begriffsklärungen am Beginn seiner Gottesdienstlehre unter Bezugnahme auf Luther klar, dass »unter der homilia oder der ›predicatio‹ der gesamte Predigt*vorgang* einschließlich des Höreranteils [...] zu verstehen ist – und nicht etwa bestimmte Meinungen oder Formulierungen einer einzelnen predigenden Person.« – Michael Meyer-Blanck: Gottesdienstlehre. Tübingen 2011, 6; vgl. auch Engemann 2001 (s. o. Anm. 33), 7–24 (hier: v. a. 8–12).

4. Alles prüfen und behalten, was gut ist (1 Thess 5,21) – Zur Lebensdienlichkeit und Menschengerechtheit religiöser Praxis

Nachdem die These, (religiöse) Praxis sei als explizite oder implizite Glaubensempfehlung zu begreifen, nun auch in Bezug auf den Aspekt der Empfehlung als kommunikationstheoretischer Frage nach der Intention reflektiert wurde, will ich mich nun der Frage nach dem Kriterium zur Beurteilung einer solchen Glaubensempfehlung zuwenden: Auf welcher Grundlage sind Glaubensempfehlungen als Kommunikationsprozesse, die sowohl explizit (aus der Perspektive Zeichengebender) wie auch implizit (aus der Perspektive Zeichenlesender) auf Glauben abzielen, praktisch-theologisch zu beurteilen?

4.1 Die Frage nach einem leitenden Kriterium zur Beurteilung religiöser Praxis im Sinne einer (impliziten) Glaubensempfehlung resultiert *erstens* aus der »empirischen« Erfahrung, dass christliche Glaubensempfehlungen tagtäglich abgelehnt werden, und *zweitens* aus der theoretischen Bestimmung der Aufgabe praktisch-theologischer Forschung, die religiöse Praxis kritisch zu begleiten.

Ad Erstens: Jeder, der konkrete Formen religiöser Praxis wahrnimmt, stellt sich nicht nur die (semantische) Frage, womit er sich hier eigentlich konfrontiert sieht (»*Was bzw. welcher Glauben* wird mir hier eigentlich empfohlen?«), sondern auch die (pragmatische) Frage, wie er sich dazu verhalten soll (»*Wie reagiere ich* auf diese Glaubensempfehlung?«),[45] wobei die Antworten auf *beide* Fragen vom fragenden Subjekt abhängig und zudem ergebnisoffen sind; *ergebnisoffen* und *subjektiv* im ersten Fall nicht zuletzt aufgrund der faktischen Ambiguität von Zeichen im Allgemeinen und im zweiten Fall v. a. auch aufgrund der Tatsache, dass selbst Machtworte für sich allein nichts erzwingen können; selbst korrekte, klare, absichtsvolle Aussagen bewirken nicht immer das, was sie bezwecken; oder anders: Häufig sind Sprechakte zugleich als ›gelungen‹ und ›nicht erfolgreich‹ zu bezeichnen.[46] – Das heißt also: Glaubensempfehlungen werden stets, wo sie sichtbar werden, nicht nur Annahme, sondern auch Ablehnung provozieren. – Dass es sich um eine Grunderfahrung des Christentums handelt, dass »die Botschaft des Neuen Testaments« auf Verständnis *und* Unverständnis bzw. Zustimmung *und*

---

[45] Im Kontext der Homiletik hält Hennig Luther fest, dass die Frage von Hörenden nicht nur lautet ›Welches *Deutungsangebot* macht der Prediger?‹ sondern auch ›Welche *Handlungsaufforderung* enthält die Predigt?‹; er geht davon aus, dass Hörende diese Fragen nicht nur stellen, sondern sie auch beantworten können; vgl. hierzu Henning Luther: Predigt als Handlung. Überlegungen zur Pragmatik des Predigens. In: Albrecht Beutel/Volker Drehsen/Hans Martin Müller (Hg.): Homiletisches Lesebuch. Texte zur heutigen Predigtpraxis. Tübingen ²1989, 222–239 (hier: 233).

[46] Vgl. Reichertz 2009 (s.o. Anm. 36), 242–246; sowie im homiletischen Kontext, Engemann 2011 (s.o. Anm. 32), 40–43.

Ablehnung stößt, gibt nicht zuletzt auch Ulrich Körtner zu bedenken, der in einer Tradition mit Bultmann, den Glauben als eine Weise des Verstehens expliziert. Insofern ist bei ihm ›Verständnis‹ als Reaktion auf die christliche Botschaft systematisch-theologisch *als Glauben* im Sinne eines überwundenen, vorgängigen ›Unverständnisses‹ – verstanden *als Unglauben* – zu fassen.[47]

Friedrich Nietzsche gilt gemeinhin als *das* Paradebeispiel für einen Menschen, der den impliziten Glaubensempfehlungen seiner Mitmenschen immer wieder *nicht gefolgt* ist und sie mit Vehemenz auch *abgelehnt* hat. Angesichts konkreter Glaubensempfehlungen, die er an religiösen Menschen wahrgenommen hat, kam er zum Schluss, sich den von ihm jeweils wahrgenommenen Glauben besser nicht (weiter) anzueignen. Häufig zitiert wird eine Stelle aus »Also sprach Zarathustra«, in der Nietzsche meint, dass er durchaus glauben würde, wenn die Christen bloß erlöster aussehen und bessere Lieder singen würden.[48]

> Von Friedrich Nietzsche kann man durchaus lernen, dass sich Menschen, die mit religiöser Praxis konfrontiert werden, sich auch heute noch Fragen stellen wie »Will ich diesen Glauben haben, der mir gerade jetzt ansichtig wird in den Gesichtern dieser schweigenden Menschen, die frühmorgens verschlafen in die Kirche trotten?« oder »Will ich diesen Glauben für mich entdecken, der mir in diesen ständig lachenden Gesichtern von Menschen entgegentritt, die scheinbar von Gitarrenschlägen und Jesusbekenntnissen leben können?« – Muss es angesichts solchen Fragens nicht von besonderem Interesse sein, zu evaluieren, *welchen* Glauben »wir« vor unseren Zeitgenossen – sprachlich, körperlich oder auf andere Weise medial vermittelt – eigentlich zur Darstellung bringen und wie (wenig/viel) lebensdienlich »unser« Glauben eigentlich *erscheint*? Ist es nicht gerade auch aus der Perspektive der organisierten Kirchen, deren Praxis die Praktische Theologie (auch) kritisch begleitet, höchst besorgniserregend, wenn Menschen Glauben z. B. als »morgendliches Zur-Kirche-Trotten« verstehen und ferner gar nicht lange nachdenken müssen, um sich *gegen einen solchen Glauben* zu entscheiden, wenn sie sich ihre Wahlmöglichkeiten für den Sonntagvormittag – Gottesdienstbesuch, Skifahren, Ausschlafen, u. a. M.[49] – vor Augen führen? Muss man sich angesichts derartiger Situationen nicht *abseits*

---

[47] Vgl. Ulrich H. J. Körtner: Der inspirierte Leser. Zentrale Aspekte biblischer Hermeneutik. Göttingen 1994, 43–49.

[48] »Bessere Lieder müßten sie mir singen, daß ich an ihren Erlöser glauben lerne: erlöster müßten mir seine Jünger aussehen!« – Friedrich Nietzsche: Also sprach Zarathustra. Ein Buch für Alle und Keinen. In: Ders.: Werke in drei Bänden (Bd. 2). Hrsg. von Karl Schlechta. München 1954, 274–560 (hier: 349).

[49] Vgl. hierzu Fritz Stolz: Weltbilder der Religionen. Kultur und Natur, Diesseits und Jenseits, Kontrollierbares und Unkontrollierbares (Theophil 4). Zürich 2001, 232; sowie Meyer-Blancks Feststellung: »An die Stelle des Gottesdienstbesuches tritt für viele das Ritual von Tennis und Jogging am Sonntagvormittag.« – Michael Meyer-Blanck: Inszenierung des Evangeliums. Ein kurzer Gang durch den Sonntagsgottesdienst nach der Erneuerten Agende. Göttingen 1997, 30.

> *konkreter Zahlen* zu Gottesdienstbesuchen und Kirchenmitgliedern fragen: *Was* empfehlen wir da eigentlich (implizit), mit dem, *wie* wir unseren Glauben *leben*?

In dieser Aussage Nietzsches erkenne ich nicht bloß *Spott* gegenüber der christlichen Glaubenskultur an und für sich,[50] sondern sehe darin vielmehr eine *eigenverantwortliche Haltung*, die in diesem Fall ihren Höhepunkt in der Ablehnung konkreter Formen wahrgenommener, religiöser Praxis gefunden hat. Dieses ablehnende Verhalten ist in meinen Augen als *Resultat* eines auf Gründen basierenden *Urteils* zu verstehen. Die Frage lautet dann aber: Welche »Prinzipien« stehen bei derartigen Beurteilungen der verschiedenen Glaubensempfehlungen explizit/implizit im Hintergrund? Und: Sind die solchen Urteilen zugrundeliegenden Kriterien auch aus praktisch-theologischer Sicht zulässig?

Ad Zweitens: Nach Michael Meyer-Blanck kommt die Praktische Theologie stets von der christlichen Praxis her und zielt auf eine neue, veränderte christliche Praxis.[51] – Wenn dies der Fall ist, wird man sich als Vertreter dieser Disziplin darum bemühen müssen, dass die neue Praxis gegenüber der alten eine *Verbesserung* mit sich bringt – oder zumindest keine Verschlechterung. Es stellt sich dann aber die Frage, welche ethischen bzw. auch praktisch-theologischen Kriterien zur Beurteilung der »Güte« religiöser Praxis herangezogen werden können. Mittlerweile scheint weitgehend ein Konsens darüber zu bestehen, dass *theological correctness* allein, die bloße Richtigkeit theologischer Aussagen – etwa in der Predigt –, nur sehr bedingt den praktisch-theologischen Anforderungen gerecht wird.[52] Die Zeiten der dialektischen Theologie, in denen die Sachgemäßheit das alles dominierende Kriterium war, sodass man »die Sache mit der Sache« bei praktisch-theologischen Analysen stets im Hinterkopf behalten musste, sind weitestgehend vorbei.[53] Mancherorts

---

[50] Zum protestantischen Motiv von Nietzsche als großem Spötter; vgl. etwa Ottokar Basse: Von der Meisterung des Lebens/Taufe. Predigt über Römer 12,12 (17.1.1993). In: Ders.: Das Evangelium in Zeit und Ewigkeit. Ausgewählte Predigten (Bd. 2). Hrsg. von Ursula Basse-Soltau. Münster 2003, 44–46 (hier: 45); sowie Eugen M. F. Rosenstock-Huessy: Die Sprache des Menschengeschlechts. Eine leibhaftige Grammatik in vier Teilen (Bd. 4). Heidelberg 1963, 209; Ottokar Basse war i. Ü. Oberkirchenrat in Württemberg, Eugen M. F. Rosenstock-Huessy evangelischer Rechtshistoriker und Soziologe.

[51] Vgl. Meyer-Blanck 2002 (s. o. Anm 4), 124.

[52] »Predigen Sie nichts, was Ihnen nichts bedeutet, nur weil es theologisch richtig ist.« – Diesen Rat soll Wilfried Engemann den österreichischen Pfarrern bei ihrer Jahrestagung im Jahr 2012 gegeben haben; vgl. Evangelische Kirche Online: Engemann: »Predigt darf kein lauer Kompromiss sein«. Predigen Sie sich selbst, rät der Praktische Theologe. Wien 2012, http://www.evang.at/themen/nachrichten/detail/article/engemann-predigt-darf-kein-lauer-kompromiss-sein/ (letzter Zugriff: 23.05.2014).

[53] Vgl. Ulrich H. J. Körtner: Die Sache mit der Sache oder Wovon in der Theologie (nicht) die Rede ist. Ein Beitrag zum Gespräch mit Falk Wagner. In: Martin Berger/Michael Murrmann-Kahl (Hg.): Transformationsprozesse des Protestantismus. Zur Selbstreflexion einer christlichen Konfession an der Jahrtausendwende (FS Falk Wagner). Gütersloh 1999, 144–165.

gewinnt man den Eindruck, dass sich zur Beurteilung der religiösen Praxis von Menschen nunmehr das Kriterium der »Lebensdienlichkeit« durchgesetzt hat. Aber: Stellt dieser doch recht nebulöse Begriff[54] tatsächlich auch ein *geeignetes* Kriterium dar?

4.2 Es kann angesichts dieser beiden Perspektiven zunächst beschreibend und dem noch zu Sagenden z. T. etwas vorgreifend festgehalten werden: ›Lebensdienlichkeit‹ bleibt – trotz einer beachtlichen Verbreitung des Begriffs im akademischen Kontext – als Kriterium für theologische Urteile immer noch strittig, und die Bedeutung des Begriffs ist schwer zu fassen; zugleich wird allerdings im akademischen Kontext kaum mehr bezweifelt, dass sich Menschen auf dem Markt der religiösen Möglichkeiten alltäglich genau dieses Kriteriums bedienen, um sich für oder gegen bestimmte Angebote der verschiedenen Glaubenskulturen zu entscheiden.[55] Die in diesem Artikel vertretene und in den nachfolgenden Abschnitten dieses Kapitels zu entfaltende These lautet: Glaubenskulturen können sich dem »Spiel der Traditionen« (Grözinger), bei dem sich der einzelne Mensch nur solchen (religiösen) Traditionen anschließt, »die für das eigene Leben als Bereicherung und als Stütze erfahren werden«[56], nicht entziehen; dies gilt ebenso für jene Glaubenskultur, die mit dem Begriff ›Protestantismus‹ im Blick ist, wie für jene, die mit dem Begriff ›Praktische Theologie‹ in den Fokus rückt. Dies soll nun näher erläutert werden, indem zunächst der Ursprung des Begriffs ›Lebensdienlichkeit‹ geklärt, anschließend der Fokus auf die vielfältige, zeitgenössische Verwendung des Begriffs geworfen und zuletzt eine eigene Position skizziert wird.

4.2.1 Das Kriterium der Lebensdienlichkeit geht maßgeblich auf den bereits eingangs erwähnten Friedrich Nietzsche zurück;[57] seine fundierte Religionskritik kann nicht zuletzt vor dem Hintergrund der Frage nach dem

---

54 »Bei alledem ist der Umstand der Beachtung wert, dass mit dem Begriff des Lebensdienlichen sich nicht die Vorstellung verbindet, es stünde bereits in jedem Falle und in jeder Situation fest, was das Lebensdienliche sei.« – Christian Walther: Eschatologie als Theorie der Freiheit. Einführung in neuzeitliche Gestalten eschatologischen Denkens (Theologische Bibliothek Töpelmann 48). Berlin/New York 1991, 43; derartige Feststellungen, wonach ›Lebensdienlichkeit‹ als *Kriterium* in schier paradoxer Weise als etwas zu verstehen gegeben wird, das sich durch *mangelnde Präzision* auszeichnet, müssen unbefriedigend bleiben.

55 Vgl. hierzu etwa Albrecht Grözinger: Homiletik. Lehrbuch Praktische Theologie (Bd. 2). Gütersloh 2008, 31–36; sowie die Einschätzung bei Wilhelm Gräb: Die Bibel und die Predigt. Homiletische Hermeneutik zwischen Textauslegung und religiöser Selbstauslegung. In: Wilfried Engemann (Hg.): Theologie der Predigt. Grundlagen – Modelle – Konsequenzen (APrTh 21; FS Karl-Heinrich Bieritz). Leipzig 2001, 323–336 (hier: v. a. 324).

56 Grözinger 2008 (s. o. Anm. 55), 32.

57 Vgl. Friedrich Nietzsche: Vom Nutzen und Nachtheil der Historie für das Leben. In: Ders.: Werke in drei Bänden (Bd. 1). Hrsg. von Karl Schlechta. München 1954, 209–285; sowie das entsprechende Urteil bei Kurt Röttgers: Kritik der kulinarischen Vernunft. Ein Menü der Sinne nach Kant. Bielefeld 2009, 89 (Fn 81).

›Lebensdienlichen‹ verständlich gemacht werden. Für den mit ›Subjektivität‹ konnotierten Begriff der ›Lebensdienlichkeit‹ ist bereits seit den Anfängen seiner Verwendung im wissenschaftlichen Kontext ein eigentümliches Verhältnis gegenüber dem (traditionell mit ›Objektivität‹ konnotierten) Begriff der ›*Wahrheit*‹ kennzeichnend: Lebensdienlichkeit und Wahrheit schienen sich schlichtweg nicht zu vertragen; oftmals wurde beklagt, dass Nietzsche mit dem Kriterium der Lebensdienlichkeit das Kriterium der Wahrheit überflüssig gemacht habe;[58] entsprechend scheint auch heute noch, wer ›lebensdienlich‹ sagt, nicht mehr zugleich in der Lage zu sein, etwas als ›wahr‹ bezeichnen zu können. Dennoch findet das von Nietzsche maßgeblich geprägte Kriterium der Lebensdienlichkeit als Beurteilungskriterium für die (religiöse) Praxis von Menschen längst nicht mehr nur in der philosophischen Religionskritik Anwendung. Dies soll nun deutlich werden.

4.2.2 »Lebensdienlichkeit« begegnet in (1) Kontexten wie der Soziologie und der philosophischen Ethik, in (2) dogmatischen Entwürfen und im Kontext theologischer Ethik, in (3) offiziellen Stellungnahmen kirchlicher Organisationen und in Schulbüchern konfessionellen Religionsunterrichts, aber auch (4) im Rahmen praktisch-theologischer Reflexion, die bekanntlich auf Perspektiven aus nicht-theologischer Wissenschaftskulturen nicht verzichten kann[59] und stets zwischen systematisch-theologischer Reflexion einerseits und der empirischer Glaubenskultur andererseits zu vermitteln sucht.

Ad (1): Insgesamt wird die steigende *Bedeutung des Kriteriums der Lebensdienlichkeit* in Theorie und Praxis bei gleichzeitigem *Bedeutungsverlust des Wahrheitskriteriums* (s.o.) nicht zuletzt im Kontext eines seit der Moderne zunehmend funktional bestimmten Verständnisses gesellschaftlicher Systeme – dazu gehört auch die Religion – bzw. als dessen Resultat plausibel gemacht;[60] entsprechend verbindet der Philosoph Hermann Lübbe mit dem Kriterium der Lebensdienlichkeit die Erwartung, durch seine Anwendung zu einem pragmatischen Umgang mit den verschiedenen – auch *religiösen* – Wahrheits*ansprüchen* zu kommen, was letztlich für ein gutes Leben notwendig wäre. Er hält fest: »Als Kriterium dient [...] die Lebensdienlichkeit religiöser Orientierung – ob

---

[58] Habermas' Urteil lautet entsprechend: »Aus der Reduktion von Wahrheit auf Lebensdienlichkeit folgert Nietzsche nicht nur die Unbrauchbarkeit des Korrespondenzbegriffs der Wahrheit, sondern des Wahrheitsbegriffs als solchen. [...] Wir können nur Interpretationen geben, deren Geltung auf eine in Wertschätzungen ausgedrückte ›Perspektive‹ bezogen, also grundsätzlich relativ ist.« – Vgl. hierzu Jürgen Habermas: Zu Nietzsches Erkenntnistheorie. In: Ders.: Kultur und Kritik. Verstreute Aufsätze. ²1977, 239–263 (hier: 256f.).

[59] Dies belegt eindrücklich der heute prägende praktisch-theologische Leitbegriff der »Kommunikation des Evangeliums«, der dezidiert einen Begriff der biblischen Tradition mit moderner Kommunikationstheorie verbindet.

[60] Vgl. Hermann Lübbe: Religion nach der Aufklärung. München ³2004, 219–255; vgl. dazu auch das Urteil bei Michael Weinrich: Religion und Religionskritik. Göttingen ²2012, v.a. 221f.

sie befreie oder beenge, ob sie uns zum Fanatismus verführe, die Heuchelei begünstige oder, auf der anderen Seite, uns zu einem pragmatischen Umgang mit Wahrheitsansprüchen befähige, ob sie uns, zusammengefasst gesagt, zu einem guten Leben tauglich mache oder nicht.«[61] Der Soziologe Franz-Xaver Kaufmann nimmt auf diese Sichtweise Lübbes in seinem Werk ›Religion und Modernität‹ unmittelbar Bezug: Er bezweifelt, dass sich über das, was ›gutes Leben‹ bedeute, im Horizont der zeitgenössischen, individualisierten und pluralisierten Kultur ein Konsens finden lasse und entlarvt die allgemein vorgetragene Sicht Lübbes als subjektiv; darüber hinaus weist er auch allgemein auf die in erheblichem Maße stets und in besonderer Weise subjektiven Wertungen hin, die der Rede vom ›guten Leben‹ und dessen Merkmalen zugrunde liegen. Kritisch hält er in seinem Werk ›Religion und Modernität‹ unter direkter Bezugnahme auf eine bei Lübbe zitierte Stelle fest: »Das klingt gut, aber [...] läßt sich über das, was ›gutes Leben‹ bedeutet, im Horizont einer individualistischen und pluralistischen Kultur überhaupt noch ein Konsens finden? Beinhalten derartige Bezüge nicht doch in erheblichem Maße subjektive Wertungen [...]?«[62] – Angesichts dieser Anfrage ist es freilich besonders interessant, was Kaufmann selbst zur Kriteriologie der Lebensdienlichkeit zu sagen hat: Er sieht *den einzelnen Menschen*, wie er sich *selbst* versteht, als maßgebliches Kriterium für das, was als lebensdienlich gelten kann (und was nicht), an. Gerade weil Menschen sich zunehmend ihrer kulturellen Selektionskriterien beraubt vorfinden, müssen sie sich quasi selbst als Kriterium aufrichten, so Kaufmann. Wörtlich heißt es: »Eindeutiger kultureller Selektionskriterien beraubt, ist der Einzelne mehr und mehr auf ›sich selbst‹ als Kriterium der Lebensdienlichkeit zurückgeworfen.«[63] – Wäre als lebensdienlich damit nicht letztlich all das im Blick, was dem einzelnen Menschen angesichts seines Selbstbilds »passend« erscheint – und letztlich *beliebig*? Wären Menschengerechtheit und Lebensdienlichkeit auf diese Weise nicht zudem schier synonym zu verstehen? Und: Ist es ausreichend, wenn die Frage nach der Geltung dann tatsächlich ›nur‹ mehr am Ort des Individuums als Frage an das *eigene* Menschsein gestellt und beantwortet wird? – Kaufmanns These kann als Ausdruck der besonderen Schwierigkeit einer Kriteriologie der Lebensdienlichkeit unter zeitgenössischen Bedingungen verstanden werden.[64] Weil den Menschen *alle sicheren* Selektionskriterien verloren gegangen sind, müssen sie sich, zunehmend *verunsichert*,[65] *selbst* als *instabile und letztlich be-*

---

[61] Lübbe 2004 (s. o. Anm. 60) 251.

[62] Franz-Xaver Kaufmann: Religion und Modernität. Sozialwissenschaftliche Perspektiven. Tübingen 1989, 229f.

[63] Kaufmann 1989 (s. o. Anm. 62), 261.

[64] Kaufmann selbst nimmt im unmittelbaren Kontext seiner These auf die ›postmoderne Diskussionslage‹ Bezug und thematisiert etwa die Frage nach dem Verlust eines ›welttranszendierenden Glaubens‹ im Rahmen (post-)moderner Kultur. Vgl. Kaufmann 1989 (s. o. Anm. 62), 260f.

[65] Unsicherheit ist ein Kennzeichen postmoderner Lebenswelt. Der Soziologe Stuart Hall hält fest: »Postmoderne ist der aktuelle Name, den wir der Unsicherheit geben, in

liebige Kriterien für das, was lebensdienlich sein könnte, ›setzen‹. Auch Peter Ulrich stellt das Kriterium der Lebensdienlichkeit explizit ins Zentrum seiner ethischen Überlegungen, die sich vornehmlich mit den im wirtschaftsethischen Kontext angesiedelten Formen menschlichen Handelns auseinandersetzen. Er versteht das Kriterium der Lebensdienlichkeit dabei als »Mittel im Dienste höherer buchstäblich *vitaler* Zwecke[, die] nur aus dem *Ganzen* einer subjektiv richtigen, kultivierten Lebenspraxis bestimmbar«[66] seien. Bei Ulrich wird so sichtbar, was auch Christian Walther gesehen und als die kritische Funktion des Lebensdienlichen bezeichnet hat: die Annahme, mit diesem Begriff einen Beitrag zur Unterscheidung der Zwecke leisten zu können.[67] Zudem wird bei Ulrich deutlich, dass Lebensdienlichkeit und Menschengerechtheit in einem engen semantischen Zusammenhang stehen. Als lebensdienlich ist nach Ulrich schließlich das anzusehen, wovon man *erwarten* kann, dass es *das Leben von Menschen positiv beeinflusst*. Im Mittelpunkt soll der Mensch mit seinen Bedürfnissen nach Lebenserhaltung und Lebensqualität stehen.[68]

> Die Rede von »vitalen Zwecken« bezieht sich in diesem Kontext ausschließlich auf das menschliche Leben – das Leben von Pflanzen und Tieren scheint Ulrich nicht unmittelbar im Blick zu haben, schließlich hat er eine subjektiv verankerte und spezifisch kultivierte Lebenspraxis vor Augen; zunächst ist nur der Mensch Subjekt und Kultur ein Phänomen, das ohne Menschen nicht zu beobachten wäre.

Ulrich betont, dass dabei stets das *Ganze* individuellen Lebens im Blick sein müsse. Dieses Ganze erschließt sich stets nur *Einzelnen*; oder genauer: einem lebenden *Subjekt*, das bereits immer schon eine spezifische Vorstellung vom subjektiv richtigen Leben hat; schließlich steht dieses Subjekt immer schon, *bevor* es überhaupt über das Ganze seines Lebens nachdenken kann, vor der Herausforderung, das eigene Leben zu leben. – Dieser Gedanke liegt aus meiner Sicht der Rede vom ›Ganzen einer *subjektiv* richtigen(!), kultivierten Lebenspraxis‹ (s. o.) notwendigerweise zugrunde.

---

die sich die [] alten Sicherheiten seit 1900 verwandelt haben.« – Stuart Hall: Cultural Studies. Ein politisches Theorieprojekt (Ausgewählte Schriften 3). Hrsg. u. übers. von Nora Räthzel. Hamburg 2000; auch für Jean-François Lyotard gibt es Forschung nur mehr als ein *Erforschen der Instabilitäten* im Sinne lokaler Sprach*spiele*; vgl. hierzu Jean-François Lyotard: Das postmoderne Wissen. Ein Bericht (Edition Passagen 7). Hrsg. von Peter Engelmann. Wien [6]2009, v. a. 131–143.

66 Peter Ulrich: Integrative Wirtschaftsethik. Grundlagen einer lebensdienlichen Ökonomie. Bern [3]2001, 208.

67 »Desweiteren hat der Begriff des Lebensdienlichen eine kritische Funktion. Handeln wird von Zwecken geleitet. Aber nicht jeder verfolgte Zweck ist lebensdienlich. Als Kriterium soll ›Lebensdienlichkeit‹ zur Unterscheidung der Zwecke dienen.« – Walther 1991 (s. o. Anm. 45), 42f.

68 Vgl. Ulrich 2001 (s. o. Anm. 66), 11f.

Ad (2): Basieren womöglich sogar die Urteile Gottes auf dem Kriterium der Lebensdienlichkeit? – Diese Frage kann angesichts eines ebenso bemerkenswerten wie irritierenden Beitrags von Brigitte Boothe und Philipp Stoellger gestellt werden, in welchem sie die These vertreten, dass Gott selbst als Souverän des Gesetzes auf Basis des Kriteriums der Lebensdienlichkeit das Gesetz relativiert habe.[69] Weniger aufsehenerregend ist da wohl die Rede vom Lebensdienlichen in der Ethik Wilfried Härles. Härle koppelt im Kontext seiner Überlegungen zu partnerschaftlichen Lebensformen das Lebensdienliche semantisch mit dem *Liebensdienlichen*, um die besondere Bedeutung von Geborgenheit, Nähe und geschlechtlicher Liebe für eine ethische Beurteilung von Lebensformen auszudrücken.[70] Auch Ulrich Körtner äußert sich zur Lebensdienlichkeit, wenngleich er diesem Kriterium gegenüber – nicht zuletzt aufgrund der Vagheit des Begriffs – eher skeptisch gegenübersteht. Er gibt als Systematiker zu bedenken, dass man dort, wo man Lebensdienlichkeit als Kriterium für die Beurteilung der christlichen Glaubenskultur heranziehen wolle, »die Lebensdienlichkeit [...] des christlichen Glaubens gerade nicht über die Moral als solche, sondern über die Unterscheidung [...] zwischen Evangelium und Gesetz einsichtig zu machen«[71] habe. Zahlreiche Ethiker und Dogmatiker bedienen sich des Kriteriums der Lebensdienlichkeit zudem weitestgehend implizit und nur an wenigen Stellen explizit: Als Beispiel hierfür kann die katholische Moraltheologin Hedwig Porsch und ihre sexualethische Positionierung zum Phänomen menschlicher Homosexualität gelten. Porsch plädiert dafür, dass in diesem Fall das Kriterium der Lebensdienlichkeit – nicht jenes der Fortpflanzungsfähigkeit – anzuwenden sei, welches sich theologisch aus dem Gebot der Gottes- und Selbstliebe ableite. Wie eine derartige Ableitung aussehen könnte und was dabei genau als ›lebensdienlich‹ im Blick sein soll, erschließt sich aber freilich nicht von selbst.[72]

Für Martin Honecker ist aus dezidiert protestantischer Perspektive i. Ü. nicht die Lebensdienlichkeit, sondern die *Menschengerechtheit* (neben der Sachgerechtheit)

---

[69] »Der Geber des Gesetzes bleibt Souverän dessen und hat es in der Geschichte Jesu überschritten mit dem Kriterium der Lebensdienlichkeit: Um des Lebens willen gibt es das Gesetz, und wo es dem nicht dient, ist es zu überholen – nach Maßgabe des Lebens Jesu als Grundfigur der christlichen Lebensform.« – Brigitte Boothe/Philipp Stoellger: Einleitung. In: Dies. (Hg.): Moral als Gift oder Gabe? Zur Ambivalenz von Moral und Religion. Würzburg 2004, 1–15.

[70] Wilfried Härle: Ethik. Berlin/New York 2011, 347f.

[71] Ulrich Körtner: Evangelische Sozialethik. Grundlagen und Themenfelder. Göttingen 2012, 40; vgl. i. Ü. auch ders.: Religion und Gewalt. Zur Lebensdienlichkeit von Religion in ihrer Ambivalenz. In: Adel Theodor Khoury/Hans-Peter Müller (Hg.): Krieg und Gewalt in den Weltreligionen. Fakten und Hintergründe. Freiburg i. Br. 2003, 99–124.

[72] Hedwig Porsch: Sexualmoralische Verstehensbedingungen. Gleichgeschlechtliche PartnerInnenschaften im Diskurs. Stuttgart 2008, 128–129.

das zentrale ethisch-theologische Kriterium für eine vernünftige Moral.[73] Die ethische Reflexion dürfe in den Augen Honeckers nicht einfach auf die Liebe als Inbegriff moralischen Handelns und Verhaltens verweisen, sondern müsse stattdessen immer wieder konkret nach *menschengerechten* und *sachgerechten* Strukturen und Institutionen fragen.[74] – Dass die Kriterien ›Menschengerechtheit‹ und ›Lebensdienlichkeit‹ durchaus in enger Verbindung stehen (können), haben die Überlegungen zu Kaufmann und Ulrich (s. o.) gezeigt; eine solche Relation bei Honecker im Detail nachzuweisen, würde diesen Rahmen sprengen.

Ad (3): Das Kriterium der Lebensdienlichkeit begegnet einem explizit in offiziellen kirchlichen Stellungnahmen: Besonders deutlich wird dies in einer von der Evangelischen Kirche von Kurhessen-Waldeck im Jahr 1998 publizierten Thesenreihe unter dem Titel »Was dem Leben dient. Familie – Ehe – andere Lebensformen«. Darin wird das Kriterium »Lebensdienlichkeit« zum zentralen Orientierungspunkt der angestellten Überlegungen. Auf insgesamt 56 Seiten wird der Begriff »Lebensdienlichkeit« nahezu 30-mal genannt und bereits im Vorwort von Bischof Christian Zippert besonders hervorgehoben.[75] Freilich war bereits in der im Jahr 1996 unter dem Titel »Mit Spannungen leben« publizierten Orientierungshilfe des Rates der EKD »Lebensdienlichkeit [...] das zentrale Kriterium für die Bewertung von Formen des Zusammenlebens«[76]. In der 2013 erschienen, vom selben Gremium verfassten und bis zuletzt vehement diskutierten Orientierungshilfe »Zwischen Autonomie und Angewiesenheit« ist, so weit ich sehe, nur mehr an *einer* Stelle explizit von Lebensdienlichkeit die Rede. Dort wird festgehalten, dass Gewalt *in jeglicher Form aller* Lebensdienlichkeit widerspreche. Wörtlich lautet die Feststellung folgendermaßen: »Durch ihre zerstörerische Kraft widerspricht Gewalt *in jeglicher Form aller* Lebensdienlichkeit.«[77] Es ist durchaus bemerkenswert, dass man sich einerseits

---

[73] Vgl. den gleichlautenden Artikel bei Martin Honecker: Orientierung am Menschengerechten. Zur Entstehung evangelischer Sozialethik. In: Die Politische Meinung 441 (2006), 9–14.

[74] »Sozialethik als Strukturenethik hat die strukturellen Bedingungen daraufhin kritisch zu prüfen, ob sie menschengerecht und sachgerecht [...] sind.« – Martin Honecker: *Evangelische Sozialethik*. In: Historisch-Politische Mitteilungen 8 (2001), 33–44 (hier: 36); ders.: Evangelische Ethik als Ethik der Unterscheidung. Mit einer Gesamtbibliographie von Martin Honecker (Ethik im theologischen Diskurs 20). Berlin 2000, 297f.; sowie das Urteil bei Stefan Grotefeld: Religiöse Überzeugungen im liberalen Staat. Protestantische Ethik und die Anforderungen öffentlicher Vernunft. Stuttgart 2006, 76–91 (hier: v. a. 81f.).

[75] Was dem Leben dient. Familie – Ehe – andere Lebensformen. Hrsg. von der Theologischen Kammer der Evangelischen Kirche von Kurhessen-Waldeck (Didaskalia 49). Kassel 1998.

[76] Mit Spannungen leben. Eine Orientierungshilfe des Rates der Evangelischen Kirche in Deutschland zum Thema »Homosexualität und Kirche«; online abrufbar unter: http://www.ekd.de/familie/spannungen_1996_3.html (letzter Zugriff: 20.03.2014).

[77] Zwischen Autonomie und Angewiesenheit. Familie als verlässliche Gemeinschaft stärken. Eine Orientierungshilfe des Rates der Evangelischen Kirche in Deutschland.

auf das Kriterium ›Lebensdienlichkeit‹ kaum mehr explizit bezieht, andererseits zugleich aber doch mit derartigem Nachdruck darauf pocht. Im unmittelbaren Kontext der Debatte um diese Orientierungshilfe begegnet der Begriff der Lebensdienlichkeit wesentlich häufiger – gerade auch explizit.[78] Die Frage der Lebensdienlichkeit spielt aber auch im Religionsunterricht der Gegenwart eine Rolle: Schülerinnen und Schüler sollen »Kriterien entwickeln, die Lebensdienlichkeit einer Religion festzustellen«,[79] so lautet etwa ein Lernziel im Lehrerhandbuch zu einem im deutschsprachigen Raum verbreiteten Schulbuch. Dem entspricht die These von Uta Pohl-Patalong, wonach es eine zentrale Aufgabe des Religionsunterrichts sei, die Lebensdienlichkeit der tradierten christlichen Glaubenskulturen für Schüler einsichtig zu machen.[80]

Ad (4): Bei einigen Vertretern der Praktischen Theologie, darunter auch Alexander Deeg, begegnet einem ›Lebensdienlichkeit‹ nur als ein Kriterium unter anderen, wobei auch traditionelle, inhaltlich dominierte Kriterien wie etwa die Einheit der Schrift aus Altem und Neuem Testament im Blick sind.[81] Anders verhält es sich im stark kulturtheologisch dominierten Strang der zeitgenössischen Praktischen Theologie: Hier wird die Lebensdienlichkeit zunächst allgemein als zentraler Angelpunkt zeitgenössischer religiöser Bedürfnisse verstanden, sodann aber auch zum wichtigsten Kriterium der akademischen Beurteilung der religiösen Praxis erhoben. Schließlich versteht man den zeitgenössischen Menschen als ein auf sich selbst zurückgeworfenes Individuum, das als Lebensdeuter in eigener Sache unterwegs ist und sich als wertender und

---

Gütersloh ²2013 (hier: 114; Hervorhebungen v. B. K.); online abrufbar unter: http://www.ekd.de/EKD-Texte/orientierungshilfe-familie/familie_als_verlaessliche_gemeinschaft.html (letzter Zugriff: 02.04.2014).

78 Im offiziellen Dokument der EKD, das die kritische Rezeption der Orientierungshilfe ausführlich dokumentiert, ist explizit in den Beiträgen von Wilfried Härle (2-mal; 14), Peter Dabrock (2-mal; 40.42), Ulrich Eibach (5-mal; 61.62), Alexander Foitzik (1-mal, 95) von ›Lebensdienlichkeit‹ die Rede; alle Zitate beziehen sich auf: Zwischen Autonomie und Angewiesenheit. Die Orientierungshilfe der EKD in der Kontroverse. Hrsg. vom Kirchenamt der EKD. Hannover 2013; online abrufbar unter: http://www.ekd.de/download/dokumentation_debatte_orientierungshilfe_ehe_familie.pdf (letzter Zugriff: 02.04.2014).

79 Alfred Weymann: Religion wahrnehmen und deuten. In: Gerd-Rüdiger Koretzki / Rudolf Tammeus (Hg.): Religion entdecken – verstehen – gestalten (Werkbuch 11+). Göttingen 2003, 33–45 (hier: 35).

80 »Insofern lautet meine zweite These: *Aufgabe des Religionsunterrichts ist es, die Lebensdienlichkeit der christlichen Tradition erfahrbar werden zu lassen.*« – Uta Pohl-Patalong: ›...sed vitae discimus‹. Religionsunterricht zwischen Religiosität und christlicher Tradition – didaktische Orientierungen. In: IJPT 11/2 (2007),173–192 (hier: 186; Hervorhebungen im Original).

81 »[Es scheint] mir aber unerlässlich, neben den Kriterien der unmittelbaren Lebensdienlichkeit oder Verstehbarkeit [...] auch andere Kriterien zum Zuge kommen zu lassen: Die Einheit der Schrift aus Altem und Neuem Testament oder die Möglichkeit der Herausforderung durch beim ersten Hören nicht-verstandene Texte [...].« – Alexander Deeg: Das äußere Wort und seine liturgische Gestalt. Überlegungen zu einer evangelischen Fundamentalliturgik. Göttingen 2012, 501.

wählender Kunde auf dem religiösen Markt immer häufiger der individuellen Lebensdienlichkeit als Beurteilungskriterium zur Prüfung des Angebots bedient; mit diesem Menschenbild geht die Stärkung der *biographie*-integrativen Funktion von Religion (gegenüber einer traditionellerweise sozial-integrativen Funktion) sowie die Stärkung der Rolle des religiösen Subjekts in einem weitestgehend ökonomisierten Kontext einher.[82] Wilhelm Gräb bringt seine Position folgendermaßen – zunächst allgemein formuliert und dann konkret auf die Predigtlehre angewandt – auf den Punkt:

> Es kommt darauf an, dass die religiösen Deutungsgehalte [...], in einer bestimmten Lebenssituation als lebensdienlich erscheinen, nicht ob sie sich ohne Widerspruch zusammendenken lassen. [...] Was die Predigt zu sagen hat, wird nach Maßgabe des in existentiell nachvollziehbaren Lebenssituationen förderlich, dienlich, gut Erscheinenden verstanden und bewertet.[83]

Abschießend kann festgehalten werden, dass sowohl in der wissenschaftlichen als auch in der alltäglichen Auseinandersetzung mit religiöser Praxis dem Kriterium der Lebensdienlichkeit bei der Beurteilung ein bemerkenswert großer Stellenwert zukommt. Was jedoch dabei als ›lebensdienlich‹ im Blick ist, variiert z. T. erheblich.

4.2.3 Wenn Christian Walther daher auf den Umstand hinweist, dass nicht allgemein für jeden Fall und für jede Situation gesagt werden kann, was ›lebensdienlich‹ meint,[84] so erscheint mir diese Aussage nicht nur unbefriedigend, sondern auch völlig plausibel (um nicht zu sagen: ›wahr‹) – nicht erst angesichts des eben gezeichneten Befundes. Unter zeitgenössischen Bedingungen lässt sich nicht (mehr?) allgemein festlegen, was *›überhaupt‹* und *›immer‹* als lebensdienlich gelten kann, weil diese Frage in ganz besonderer Weise mit der *eigenen Subjektivität und Kontextualität*, d. h. mit der Faktizität des *eigenen* menschlichen Lebens, kollidiert. Man wird das, was Lebensdienlichkeit meint, nur *dann* und nur *so* wirklich erfassen können, wenn man vom gelehrten Versuch einer allgemeinen, ›wissenschaftlichen‹ Definition Abstand nimmt und sich zunächst dem eigenen Leben in seiner Gesamtheit und dem, was es dafür braucht, *fragend* zuwendet. In meinen Augen sollte man insofern von Ulrich und Kaufmann (s. o.) lernen, dass dann, wenn von Lebensdienlichkeit die Rede ist, immer einzelne Subjekte *zur Beurteilung* dessen, was *ihrem* Leben dient bzw. dienen könnte, herausgefordert sind; sie müssen sich mit ihrer *eigenen Existenz* auseinandersetzen, ihr Leben als Ganzes in den Blick nehmen und sich *dazu* verstehend verhalten; das hat Wilhelm Gräb als prominenter Verfechter des Kriteriums der Lebensdienlichkeit (s. o.) deutlich gesehen, wenn er seine

---

82 Vgl. Jürgen Schönwitz: Religion – Identität – Bildung. Ein Konzept religiöser Selbstbildung (Praktische Theologie und Kultur 23). Freiburg i. Br. 2012, 161–165.

83 Gräb 2001 (s. o. Anm. 55), 324 (Hervorhebungen v. B. K.).

84 Vgl. Walther 1991 (s. o. Anm. 54), 43.

Kollegen innerhalb der (Praktischen) Theologie dazu auffordert, den Maßstab ihrer Kritik nicht in offenbarungspositivistischer Manier von außen an die gelebte Religion heranzutragen.[85] Auch Nietzsche, auf den der Begriff ›Lebensdienlichkeit‹ schließlich zurückgeht, hatte im Blick, dass manche Dinge *nur* dann richtig verstanden werden können, wenn man sich dem *eigenen Leben* und dem *eigenen subjektiven Erleben* zuwendet und nicht einfach auf tradierte Begriffe zurückgreift und sich den Überlegungen anderer anschließt.[86] Kritisch äußert er sich gegenüber folgendem Zustand:

> [D]er junge Mensch hat mit einem Wissen um die Bildung, nicht einmal mit einem Wissen um das Leben, noch weniger mit dem Leben und Erleben selbst zu beginnen. Und zwar wird dieses Wissen um die Bildung als historisches Wissen dem Jüngling eingeflösst oder eingeführt; das heisst, sein Kopf wird mit einer ungeheuren Anzahl von Begriffen angefüllt, die aus der höchst mittelbaren Kenntnis vergangener Zeiten und Völker, nicht aus der unmittelbaren Anschauung des Lebens abgezogen sind. Seine Begierde, selbst etwas zu erfahren und ein zusammenhängend lebendiges System von eigenen Erfahrungen in sich wachsen zu fühlen – eine solche Begierde wird beteubt.[87]

Damit illustriert Nietzsche nicht nur den problematischen Zustand des ›Wissenschaftsbetriebes‹ – unter dem er i. Ü. selbst litt[88] –, sondern auch jenes Problem, das bei der Frage nach der Lebensdienlichkeit in ganz besonderer Weise zu Tage tritt. Der von Nietzsche selbst eingeläutete *Aufstieg des Kriteriums der Lebensdienlichkeit,* der mit dem *Abstieg des Wahrheitskriteriums* einhergeht, für die zeitgenössische, zunehmend funktional bestimmte Religionskultur kennzeichnend und diesem Zitat eingeschrieben ist, betrifft auch die (religiöse) Frage nach der Lebensdienlichkeit *selbst*: Es kann keine allgemeine, ›wahre‹ Aussage über das, was ›lebensdienlich‹ ist, (mehr) getroffen werden, sondern (höchstens) ›bloß‹ eine subjektive Aussage darüber, dass das, was *angesichts des eigenen Lebens* ›lebensdienlich‹ *erscheint,* ›lebensdienlich‹ *sei* – und daher auch von anderen als ›lebensdienlich‹ erlebt werden *könnte.*

---

85 Vgl. Wilhelm Gräb: Religion als Deutung des Lebens. Perspektiven einer Praktischen Theologie gelebter Religion. Gütersloh 2006, 24.

86 Auch Klaas Huizing warnte zuletzt vor der ›Gefahr begrifflicher Petrifizierung‹, die vom ›dogmatischen Zitatkartell‹ und anderen ›protestantische[n] Begriffsgangstern‹ vorangetrieben werde; vgl. hierzu Klaas Huizing: Die Weisheit als Kanon-Hermeneutin. Über die Lektoralisierung religiöser Erfahrung. In: Christof Landmesser/Andreas Klein (Hg.): Normative Erinnerung. Der biblische Kanon zwischen Tradition und Konstruktion. 101–130 (hier: 106).

87 Friedrich Nietzsche: Vom Nutzen und Nachtheil der Historie für das Leben. In: Nietzsche Werke. Kritische Gesamtausgabe (KGW) III/1. Hrsg. von Giorgio Colli/Mazzino Montinari. Berlin/New York 1972, 241–330 (hier: 323).

88 »Meine Philosophie wird zur Tragödie. Die Wahrheit wird dem Leben, dem Besseren feindlich. Die Frage bleibt: ob man bewusst in der Unwahrheit bleiben könne? [...] Das ganze Menschliche Leben ist tief in die Unwahrheit eingesenkt: man kann es nicht herausziehn ...« – KGW (s. o. Anm. 87) IV/4, 174.

4.2.4 In diesem Artikel habe ich mich dazu entschlossen, diesem Umstand besondere Bedeutung zukommen zu lassen. Ich versuche aus der Not eine Tugend zu machen und will folgende Position darstellen: *Mir* erscheint die Frage nach der Lebensdienlichkeit *als subjektive Frage* nach dem eigenen Leben, seinen konstitutiven Bedingungen und Erfordernissen *als solche* bereits ›lebensdienlich‹, weil sie geradezu *Ursprung* aller potentiell als lebensdienlich zu qualifizierenden Möglichkeiten menschlichen Lebens überhaupt ist; schließlich kann erst durch sie sichtbar werden, was für einen selbst lebensdienlich sein könnte. In meinen Augen liegt das zentrale Kriterium für Lebensdienlichkeit also darin, dass *nach ihr* von einem Subjekt *gefragt* wird. Entsprechend gilt auch: Ein Glauben, bei dem die Frage nach der Lebensdienlichkeit nicht mehr gestellt wird, weil sie ihm z. B. verboten wurde, ist gewiss kein Glauben, der als ›lebensdienlich‹ gelten kann. Wer will, kann i. Ü. mit Wilhelm Gräb noch einen Schritt weitergehen und sich der These anschließen, dass ein Glauben, der nicht mehr nach der Lebensdienlichkeit fragt, nicht nur nicht ›lebensdienlich‹, sondern eigentlich auch gar kein Glauben mehr – sondern *schlichtweg ›tot‹* sei. Wenn es nämlich beim Glauben unter zeitgenössischen Bedingungen tatsächlich darum geht, dass Menschen Klarheit über sich selbst und über die eigene Art zu leben gewinnen, sowie um den Versuch, einerseits die Gefährdungen, die dieses zerbrechliche Leben immer bereits mit sich bringt, und andererseits die Möglichkeiten, die sich darin zeigen, einigermaßen in Schach zu halten,[89] dann muss die Frage nach der Lebensdienlichkeit, die freilich von den individuellen Subjekten stets auf unterschiedliche Weise beantwortet werden wird, geradezu ein ›Wesensmerkmal‹ individuellen Glaubens darstellen. Alle Versuche, den Glauben vom Leben zu trennen und damit auch die für das Führen eines solchen Lebens notwendige Frage nach dem, was diesem Leben dienen kann, zu unterdrücken, haben vor einem solchen Hintergrund keine Plausibilität für sich.[90]

---

[89] Vgl. zuletzt die Überlegungen bei Wilhelm Gräb/Christian Modehn: Theologie für die Öffentlichkeit? Ein Interview mit Prof. Wilhelm Gräb, Theologe an der Humboldt Universität zu Berlin (21.03.2014). In: Religionsphilosophischer Salon (Online): http://religionsphilosophischer-salon.de/5194_theologie-fuer-die-oeffentlichkeit-ein-interview-mit-prof-wilhelm-graeb_fundamental-vernunftig-religios-aus-freier-einsicht-interviews-mit-prof-wilhelm-grab (letzter Zugriff: 01.04.2014); ähnlich auch Walther: »Es (= das Kriterium der Lebensdienlichkeit, Anm.) beinhaltet nicht nur die Abwendung von Lebensgefährdungen der verschiedensten Art, sondern es erstreckt sich gerade auch auf die Schaffung von neuen Möglichkeiten für Verbesserung der Lebensmöglichkeiten« – Walther 1991 (s. o. Anm. 54), 44.

[90] Ich verweise exemplarisch auf die These von Michael Korthaus: »Der Glaubende [...] bedarf keiner ›weltlichen‹ Sicherung und keines Relevanzaufweises dieses Glaubens. Anders gesagt: wer nach der ›Relevanz des Glaubens‹ fragt, nach seiner vermeintlich notwendigen Beglaubigung in Erlebnis, Erfahrung oder sonstiger Lebenspraxis, glaubt noch nicht wirklich« – Michael Korthaus: Kreuzestheologie. Geschichte und Gehalt eines Programmbegriffs in der evangelischen Theologie (BHTh 142). Tübingen 2007, 218. Wo derart schroff um des reinen, losgelösten Glaubens willen – wohl verstanden als dogmatische Lehre – die persönliche, lebensweltliche Existenz eines Menschen ausgeklam-

4.2.5 Wenn es zudem zutrifft, dass jene, die (Praktische) Theologie betreiben, sich nicht nur mit Gestalten ›gelebten Glaubens‹ als Teile (zeitgenössischer) Glaubenskulturen *beschäftigen*, sondern als ›praktisch-theologische *Existenzen*‹ auch selbst Gestalten ›gelebten Glaubens‹ (und Teil einer Glaubenskultur, die sich Theologie nennt) *sind*,[91] so stellt sich die Grundfrage der Religion »Was ist das eigentlich für ein Leben, das wir da als Menschen leben müssen?« und die damit einhergehende Frage nach der Lebensdienlichkeit *als Konsequenz* der dabei immer schon *bestehenden* Herausforderung, das (eigene) Leben leben zu müssen (und es i. Ü. auch zu *können*), nicht nur auf der Ebene des Analysegegenstandes, sondern zuallererst auch auf der Ebene der analysierenden Subjekte – und hier gerade um der zu analysierenden Sache willen; oder wie Christoph Schöbel in Anlehnung an die Rede vom ›christlichen Glauben als denkenden Glauben‹ (Ratschow) festhält: »Das Denken des Glaubens gewinnt seinen Gegenstand *am Leben* im Glauben und das Leben im Glauben kann nur im denkenden Glauben bewältigt werden.«[92]

5. Eine Forderung

Nun läge es nicht zuletzt an uns Theologen, sich den verschiedenen Gestalten gelebten christlichen Glaubens als Ausdruck einer umfangreicheren Glaubenskultur zuzuwenden, um sie zu beschreiben, zu verstehen, zu kontextualisieren – aber auch das, was sie explizit und implizit nahelegen, nicht zuletzt auf Basis des Kriteriums der ›Lebensdienlichkeit‹ (subjektiv) zu beurteilen. Es ist eine besondere Herausforderung, aber auch dringliche Aufgabe praktisch-theologischer Forschung, sich nach dem Sichtbarmachen von gelebtem Glauben immer wieder auch die Frage zu stellen: Kann man solchen Glauben wirklich guten Gewissens anderen empfehlen? – Eine praktische Theologie, die sich selbst am Schnittpunkt zwischen Wahrnehmungs- und Handlungswissenschaft verortet und das Handeln der Kirche und ihrer Glaubenssubjekte kritisch-reflexiv zu

---

mert und damit *Glauben als Lebensleben* negiert wird, muss der Glaube vom Menschen abfallen und als lebensweltliches Phänomen verschwinden. Es ist kritisch zu entgegnen: Wird sich der Glaubende seines Glaubens nicht vielmehr nur dort ansichtig, wo dieser als *Glaubensleben* Relevanz gewonnen hat? Wie kann denn etwas, das für das Subjekt und seine Existenz keinen Sinn macht und nichts mit seinem Leben zu tun hat geschweige denn diesem dient, ein Glauben sein?

[91] Martin Harants Dissertation ist »von der These geleitet, dass sich das Ineinander von Kultur und Theologie *als Religion* [...] herausarbeiten lässt.« (Hervorhebung v. B. K.) – Martin Harant: Religion – Kultur – Theologie. Eine Untersuchung zu ihrer Verhältnisbestimmung im Werke Ernst Troeltschs und Paul Tillichs im Vergleich. Marburg 2008, 27.

[92] Christoph Schwöbel: Christlicher Glaube im Pluralismus. Studien zu einer Theologie der Kultur. Tübingen 2003, 159 (Hervorhebungen v. B. K.).

begleiten hat,[93] darf sich in meinen Augen dieser Aufgabe unter keinen Umständen entziehen; um sie zu bewältigen, ist sie freilich auf Subjekte angewiesen, die selbst das Ganze ihres Lebens (aus Glauben) im Blick haben. Vor diesem Hintergrund plädiere ich für eine praktisch-theologische Forschung, die bei der Reflexion ihres Gegenstandes die anthropologischen Problemhorizonte stärker in den Blick nimmt; die sich nicht davor scheut, für diesen Zweck verstärkt auch auf Erkenntnisse aus benachbarten Wissenschaften zurückzugreifen; die sich nicht mehr zuallererst *abstrakt* als ›*die* Praktische Theologie‹, sondern als kontextuell bedingtes Kommunikationsgeschehen zwischen konkreten Subjekten versteht, die ihrerseits mit ihrem Leben stets an verschiedenen (Glaubens-) Kulturen partizipieren, und die sich verstärkt kritisch-reflexiv mit dem impliziten Empfehlungscharakter gelebten, zeitgenössischen Glaubens in all seinen Facetten auseinandersetzt.

---

93 Vgl. Klaus Raschzok: Kunstlehre der Gestaltung des Glaubens. In: Georg Lämmlin/ Stefan Scholpp (Hg.): Praktische Theologie der Gegenwart in Selbstdarstellungen. Tübingen/Basel 2001, 297–315 (v. a. 307).

›Was bringt mir das?‹ oder die Sehnsucht nach dem ›Halt im Leben‹

Religiosität junger Erwachsener als Schwellenphänomen

Stefanie Lorenzen

1. »Was bringt mir das?« – Pragmatische Religiosität im Religionsunterricht

»Was bringt mir das?« – Unterrichtspraktiker kennen diese Schülerfrage, die sich nicht nur auf Hausaufgaben, Kurvendiskussionen und Theaterbesuche bezieht, sondern auch auf das Phänomen Religion in seinen vielfachen Ausprägungen. Das kann das Schulfach Religion betreffen, die Kirche als Institution, aber auch den christlichen Glauben an sich. Wenn es, wie bei der letzten Möglichkeit, »ums Ganze« geht, reagiere ich als Religionspädagogin oft konsterniert, manchmal auch hilflos: Wie soll man auf so eine Frage antworten? Sollte man praktische Empfehlungen aussprechen, zum Beispiel derart, dass Religiosität die Gesundheit fördere und eben deswegen »empfehlenswert« und »praktisch« sei?

Vermutlich werden sich die Wenigsten auf so eine Argumentation einlassen, hat man doch spontan den Eindruck, dass es sich hierbei um eine »falsche« Frage handele, wenn es um so etwas wie Religion geht, einen Gegenstand, der keinesfalls nach seinem Nutzen für den Einzelnen beurteilt werden darf. Andere Begründungsformen scheinen besser zu passen, zum Beispiel die der Tradition (»Es gehört dazu«), die der Offenbarung (»Ich glaube«) oder – vielleicht am verführerischsten im Kontakt mit Schülern – die der Ästhetik (»Es ist schön«). Die Frage nach dem persönlichen Nutzen oder der »Brauchbarkeit« von Religion wird dagegen leicht als nicht eigentliche, weil nur pragmatische Herangehensweise, und als Zeichen einer negativ konnotierten Patchwork-Religiosität abgetan.

Im Folgenden möchte ich zeigen, dass es sich aus religionspädagogischer Perspektive durchaus lohnt, der Frage der »Brauchbarkeit« von Religion intensiver als bisher nachzugehen, um dieses Motiv besser verstehen und auf dieser Grundlage auch didaktisch konstruktiv damit umgehen zu können.[1]

---

[1] Die grundsätzliche Frage, die sich in diesem Zusammenhang stellt, hier aber nicht beantwortet werden kann, betrifft also den Umgang mit der Wahrheitsfrage: Wie kann es im Religionsunterricht gelingen, das »pragmatische« Wahrheitsverständnis der Schüler mit dem christlichen Offenbarungsbegriff in Verbindung zu bringen? So, in etwas anderem Kontext, auch Rudolf Englert: Von der Katechese zur Salutogenese? Wohin steuert

Diese These möchte ich explizieren, indem ich, mit Hilfe qualitativ analysierter Interviewausschnitte aus meinem Forschungsprojekt,[2] zeige, dass das Kriterium der »Brauchbarkeit« von Religion in der Phase des jungen Erwachsenenalters[3] einen prominenten Stellenwert besitzt, weil Befragte mit ganz unterschiedlichen (nicht-)religiösen Hintergründen es als zentrale Begründungsfigur für Veränderungen ihrer Positionierungs- und Partizipationsprozesse gebrauchen (a) und zwar vornehmlich, indem sie Religion als Mittel der Subjektstabilisierung verstehen – eine Vorstellung, die verschiedentlich als »Halt im Leben« verbalisiert wird (b). Damit verbindet sich die Beobachtung, dass das Auftreten dieses »nutzenorientierten« subjektivistischen Argumentationsduktus typisch für »Schwellendiskurse« zu sein scheint (c). Anders gesagt: Die Frage nach dem je persönlichen »Nutzen« wird weder von Teilnehmern des Zentrums einer religiösen Tradition[4] noch von »Fremden« ernsthaft gestellt. Sie scheint vielmehr ein Phänomen des Übergangs, des »Grenzverkehrs« zwischen »außen« und »innen« zu sein, wobei die Alltagswelt das entscheidende Bezugsfeld dieses »Grenz-Diskurses« darstellt – allerdings unter der Voraussetzung, dass diese Alltagswelt im eigenen oder fremden Erleben als brüchig und das Subjekt als nicht souverän erfahren wurde.

---

die religiöse Erwachsenenbildung? In: Stephan Leimgruber/Rudolf Englert (Hg.): Erwachsenenbildung stellt sich religiöser Pluralität (Religionspädagogik in pluraler Gesellschaft 6). Gütersloh/Freiburg 2005, 92f.

2 Es handelt sich um ein Zwischenergebnis meines Habilitationsprojektes, das sich auf empirischer Basis mit religiösen Positionierungsprozessen junger Erwachsener beschäftigt, um davon ausgehend den Begriff der »religiösen Entscheidung« kritisch zu betrachten und für die Religionspädagogik fruchtbar zu machen. Methodologisch beziehe ich mich dabei auf die Grounded-Theory-Methodologie. Die folgenden Überlegungen sind in diesem Rahmen lediglich als Hypothesen zu betrachten, die in noch umfangreicherem Maße an kontrastiven Belegen »getestet« werden müssen, um als Theorie gelten zu können. Bislang wurden 14 Befragungen durchgeführt, acht davon sind bereits transkribiert und vollständig codiert. Sie wurden mit Blick auf möglichst unterschiedliche Positionierungsverläufe ausgewählt. In auffallend vielen Interviews taucht das Motiv des »Nutzens« als Begründungsfigur auf, sodass mir die folgende Fokussierung gerechtfertigt erscheint.

3 Als junges Erwachsenenalter betrachte ich, in Anlehnung an das v.a. in den USA stark diskutierte Konzept der »Emerging Adulthood«, die Altersspanne von 18 bis 29 Jahren. Vgl. Jeffrey J. Arnett/Marion Kloep/Leo B. Hendry u.a. (Hg.): Debating Emerging Adulthood. Stage or Process? Oxford 2011.

4 Ich verwende den Begriff der »Tradition« in Anlehnung an den Wissenschaftstheoretiker Paul Feyerabend, der als Vertreter eines radikalen Relativismus deutlich macht, dass es keine der Praxis vorgängigen Theorien gebe, sondern »nur« Theorien vorgängiger gesellschaftlicher Praktiken, die sich gegenseitig beeinflussen bzw. beurteilen. Vgl. Paul Feyerabend: Erkenntnis für freie Menschen. Frankfurt a.M. ²1981, 37ff.

2. Religiöse Positionierung und die Frage nach dem »Halt im Leben« – Wechselseitige Abhängigkeiten

Im Rahmen meiner bisherigen Ergebnisse gehe ich davon aus, dass zwischen der subjektiven Plausibilität und der Art und Weise, wie sich die Befragten gegenüber dem Phänomen Religion positionieren, ein wechselseitiger Zusammenhang besteht. Wie bereits dargestellt, scheint der Figur des »subjektstabilisierenden Nutzens« dabei eine besondere Rolle zuzukommen.[5] Mit dem Begriff der Positionierung bezeichne ich hier das Zusammenwirken dreier reflexiver Komponenten: Die Definition der eigenen (nicht-)religiösen Zugehörigkeit (»Ich gehöre – nicht – dazu«), der Einbezug oder Ausschluss des »Selbst«[6] im Umgang mit der religiösen Tradition im Sinne einer beobachtenden oder teilnehmenden Perspektive[7] (»Sich selbst – nicht – einklammern«) sowie die Einnahme einer spezifischen Haltung[8] gegenüber dem Phänomen Religion machen zusammen die jeweilige Positionierung aus.[9] Eine religiöse Tradition kann zum Beispiel als eigene oder fremde angesehen werden; man kann sie »von außen« beobachten, d. h. sich selbst »einklammern«, oder selbst als »Mitspieler« involviert sein, d. h. mehr oder weniger selbstverständlich nach ihren Regeln handeln. Und natürlich kann man diese Perspektiven auch ständig wechseln und etliche Zwischenpositionen einnehmen, zum Beispiel, indem die Teilnahmeposition als eine »probeweise« gekennzeichnet wird. Abhängig von dieser unterschiedlichen Involviertheit des »Selbst« kann man Religion dann beispielsweise skeptisch, interessiert, kritisch oder fasziniert betrachten oder sich als begeisterte, aktive, überzeugte, gläubige oder widerwillige Teilnehmerin darstellen.[10] Diese Zusammenhänge möchte ich im Folgenden mit Hilfe dreier Fallbeispiele näher darstellen.

---

5 Die Befragten gehen verschiedentlich auch auf das Motiv des materiellen Nutzens ein, z. B. in Bezug auf die Geschenke bei Kommunion oder Konfirmation. Diese Art von Nutzen wird aber meist negativ beurteilt oder nicht ernst genommen.

6 Ich verwende den Begriff im Anschluss an George H. Mead, der die Identität zwischen »I« und »Me« kennzeichnet. Vgl. George H. Mead: Geist, Identität und Gesellschaft aus der Sicht des Sozialbehaviorismus. Frankfurt a. M. 1968.

7 Mit dieser Unterscheidung wird derzeit u. a. im Rahmen der performativen Religionsdidaktik gearbeitet. Vgl. z. B. Bernhard Dressler: Performanz und Kompetenz. Überlegungen zu einer Didaktik des Perspektivwechsels. In: ZPT 1 (2008), 74–88. Ich lehne mich hier an die Definition des Wissenschaftstheoretikers Paul Feyerabend an. Vgl. Feyerabend 1981 (s. o. Anm. 4), 42–45.

8 Vgl. Karlo Meyer: Glaubend. Forschend. Suchend. Haltungswechsel im Religionsunterricht. Erscheint in: ZPT (2015).

9 Auf einer anderen, mit der reflexiven Positionierung in Zusammenhang stehenden Ebene siedle ich die Frage der »tatsächlichen« Partizipation an, d. h. die Frage, ob und wie ich an einer als religiös definierten Situation teilnehme.

10 Eine Aufgabe des Habilitationsprojektes besteht in einer Differenzierung dieser Positionierungsmöglichkeiten.

2.1 »Den Leuten gibt das Halt« – Von »kritisch-beobachtender« zu »interessiert-teilnehmender Nichtzugehörigkeit«

Das folgende Ankerbeispiel soll den Zusammenhang zwischen religiöser Positionierung und der Auffassung von Religion als möglichem »Halt im Leben« illustrieren. Es stammt aus einem Interview mit einem 21-jährigen Auszubildenden, der ohne konfessionelle Zugehörigkeit aufgewachsen ist. Gleich zu Anfang des Interviews kommt er im Rahmen seiner religiös-biographischen Stegreiferzählung auf die für ihn entscheidende Veränderung seiner religiösen Position zu sprechen:

> B: [...] Ähm, in meiner Ausbildung, äh, die ich in XY-Stadt gemacht hatte, die erste, das war an einer katholischen Privatschule.
> I: Oh (überrascht)!
> B: Ich hab da auch in einem Wohnheim gewohnt, was von einer Schwester geleitet wurde. Und da bin ich eigentlich so richtig das erste Mal mit Religion in Kontakt gekommen, hab da auch viele Vorurteile abgelegt, die man vorher einfach hatte, weil ich mich damit nicht auseinandergesetzt hab.
> I: Mhm. Wie alt waren Sie da?
> B: Da war ich siebzehn. Da war ich siebzehn, bis ich neunzehn war, war ich da. Und ähm, da hab ich eigentlich wirklich das erste Mal Kontakt ja dazu gehabt, hab mir zwar selbst keinen Glauben angeeignet oder angefangen, aber, äh, einfach so verstanden, um was es überhaupt geht also oder zumindest den Menschen darum ging, die da gelebt haben, also gerade auch mit der Schwester habe ich mich viel dadrüber unterhalten und habe das, nehme das seitdem eigentlich als was sehr Positives wahr, was in meinem Leben aber keine große Rolle spielt für mich selbst.
> I: Mhm. Ähm, was für welche Erkenntnisse zur Religion hatten Sie denn da jetzt sozusagen mitbekommen neue, in der in dieser Schule?
> B: Überhaupt weswe/wa/warum Menschen glauben oder was es denen, wa/also, inwiefern das jemandem weiterhelfen kann oder hilft oder Halt im Leben gibt, was für mich vorher völlig unverständlich war, weil ich das immer als Zwang angesehen habe. Ich hatte immer das Gefühl, das hat immer was mit Zwang und und noch mehr Regeln zu tun und (.) hab da dann gemerkt, nein, das ist, den den Leuten gibt das da Halt, die (.) glauben dadran und, äh, das ist was Positives. [...]
> I: Mhm, und (.) was ist jetzt positiv (.) für Sie?
> B: Ähm, positiv ist halt eben, dass ich einfach gesehen ja, MENSCHEN kennengelernt habe, die einfach GLAUBEN für sich selbst.

Folgende Phasen religiöser Positionierungsprozesse, die sich in ähnlicher Weise auch in anderen Interviews finden, lassen sich an dem Beispiel zeigen: Die Erzählung beginnt mit der Darstellung[11] eines (in anderen Fällen phasenweise) distan-

---

11 Bei biographischen Interviews ist es notwendig, zwischen der Ebene der »realen« biographischen Ereignisse und ihrer »inneren« Verarbeitung als Erlebnisse und Erfah-

zierten Verhältnisses, das in diesem Beispiel stark ausgeprägt ist und als »kritisch-beobachtende Nichtzugehörigkeit« beschrieben werden kann (= Phase 1). Diese stark kritisch-distanzierte Perspektive verändert sich erst, als der Befragte als »fremder Teilnehmer« in Kontakt mit religiösen Menschen in einem religiös definierten Umfeld kommt, an ihnen »ablesen« kann, was Religiös-Sein bedeutet und dadurch zu einem distanzierten, anfangs noch skeptisch eingestellten »Mitspieler« wird (= Phase 2: »skeptisch-teilnehmende Nichtzugehörigkeit«). Durch Kommunikation mit der leitenden Ordensschwester, also einer religiösen Repräsentantin, erkennt er die seines Erachtens für sie entscheidende Glaubensmotivation: Religion bzw. Glaube bringt Menschen »Halt im Leben« – eine offensichtlich für ihn selbst nachvollziehbare, an seine Vorstellungen anschlussfähige Verheißung religiöser Kontexte. Erst in dem Moment, in dem er die Motivation der Teilnehmenden für ihre religiöse Zugehörigkeit nachvollziehen und dadurch seinen »Rahmen«[12] im Blick auf Religion verändern kann, ist es ihm auch möglich, die Teilnahme an diesem Kontext, d. h. vor allem das Einhalten der damit verbundenen spezifischen »Spielregeln«, als etwas potentiell Selbstförderliches zu verstehen. Die damit einhergehende Möglichkeit, religiöse Partizipation als autonom motiviertes Verhalten zu deuten, das nicht in der Gefahr steht, übergriffig zu werden (vgl. »Glauben für sich selbst«), ist wiederum die entscheidende Voraussetzung dafür, es positiv bewerten zu können: Der Standpunkt wandelt sich von »skeptisch-teilnehmender Nichtzugehörigkeit« zur »interessiert-teilnehmenden Nichtzugehörigkeit« (= Phase 3).

---

rungen der Dimension der autobiographischen Erinnerungen sowie derjenigen der sprachlichen Äußerung, zu unterscheiden. Vgl. z. B. Theodor Schulze: Biographieforschung in der Erziehungswissenschaft. Gegenstandsbereich und Bedeutung. In: Heinz-Hermann Krüger/Winfried Marotzki (Hg.): Handbuch Erziehungswissenschaftliche Biographieforschung. Wiesbaden ²2006, 36–57. Das bedeutet, dass biographische Interviews eigentlich »nur« Hinweise geben auf die Art und Weise, wie Erlebnisse und Erfahrungen vom Subjekt in der aktuellen Interviewsituation präsentiert werden. Das allerdings geschieht nicht unabhängig von der Erfahrungsebene, die daher die Schilderungen maßgeblich beeinflusst. Anders als bei Auswertungsverfahren biographisch-narrativer Texte, z. B. in Anlehnung an Fritz Schütze, geht es bei der Auswertung im Rahmen von Grounded-Theory-Methodologie nicht um das Herausarbeiten einer individuellen Fallstruktur, sondern um das einzelfallübergreifende Zusammenfassen von codierten »Ereignissen«.

12 Mit Bezug auf Goffman gehe ich davon aus, »daß wir gemäß gewissen Organisationsprinzipien für Ereignisse [...] und für unsere persönliche Anteilnahme an ihnen Definitionen einer Situation aufstellen; diese Elemente [...] nenne ich ›Rahmen‹. [...] Mein Ausdruck ›Rahmen-Analyse‹ ist eine Kurzformel für die entsprechende Analyse der Organisation der Erfahrung.« Vgl. Erving Goffman: Rahmen-Analyse. Ein Versuch über die Organisation von Alltagserfahrungen. Frankfurt a. M. 1980, 19. Goffman bezieht seine Analysen auf »direkte« Interaktionssituationen. Im vorliegenden Fall handelt es sich um die retrospektiv-reflexive Rekonstruktion von »Rahmen« in der besonderen Interaktionssituation des Interviews.

Diese Perspektive böte ihm theoretisch die Möglichkeit, das bislang immer noch »eingeklammerte Ich« als »echten Mitspieler« im religiösen Partizipationsrahmen in Betracht zu ziehen, dadurch in eine interessiert-beobachtende Zugehörigkeit zu wechseln und die an den Anderen erkannte religiöse Verheißung auch für sich selbst auszuprobieren (= Phase 4). Das allerdings geschieht nur ansatzweise und wird ohne Erfolg abgebrochen, und zwar unter anderem deswegen, weil das von ihm selbst beanspruchte Authentizitätserleben, also zum Beispiel eine spürbare Begeisterung bei der Teilnahme an Gottesdiensten oder das Sich-vorstellen-Können religiöser Glaubensinhalte, sich trotz einiger Probedurchläufe nicht einstellt. Er bleibt daher weiter der interessiert-beobachtende Außenstehende. Ein Grund für dieses Verbleiben in der Beobachterperspektive liegt seiner Ansicht nach in seiner Persönlichkeit – anders gesagt: es hat mit seinem Selbstbild zu tun, wie am folgenden Ausschnitt deutlich wird:

> I: Mhm. Und, wenn ich mich richtig erinnere, war das, was Sie so als, mhm, das positive Merkmal der Religion hervorgehoben haben, dass sie den Leuten Halt gibt [...].
> B: Genau, ja genau, Halt geben, ja. Weil ich für mich selbst sage, ich bin, äh, ich brauche das nicht so sehr viel, ich lege sehr viel Wert auf meine guten Freunde, von denen ich eine Handvoll habe, also wenige, aber das bezeichne ich als richtig gute Freunde, und halt mich selbst, also, mhm, bin so ein Kämpfertyp dann eher, und das gibt mir genug Halt, aber ich habe auch Menschen kennengelernt, denen bringt das nicht viel, aber durch den Glauben an irgendwas dran haben den Halt. Ich finde, das ist das Wichtigste im Leben, dass man sich auch an irgendwas einfach festhalten kann, weil ...

Der mit Religion verbundene »Halt im Leben« kommt für den Befragten nicht in Frage, weil er ihn »nicht braucht«, d. h. weil er das Gefühl hat, die Dinge selbst oder mit Unterstützung seines sozialen Umfelds regeln zu können. Als »Kämpfertyp« zeigt er sich unabhängig von sozialen Bindungen, die er nur mit ausgewählten Personen eingeht. Dennoch betrachtet er mittlerweile auch »Glaube« als eine mögliche Ressource, die die erwünschte Stabilität bieten kann. Dabei bleibt der Inhalt des Glaubens grundsätzlich unbestimmt (»irgendwas«), betont wird dagegen der Vollzug selbst. Zugespitzt formuliert: Die »Form« des Glaubens wird hypostasiert, während man sich inhaltlich nicht festlegen möchte. Daraus spricht einerseits eine prinzipielle Hochschätzung und vielleicht auch Sehnsucht nach tragfähigen Bindungen, andererseits das Bewusstsein, konkrete Festlegungen zu vermeiden, um sich selbst offen für weitere Entwicklungen halten zu können. So nimmt der Befragte bezeichnenderweise wenig später im Interview auch selbst die folgende Korrektur vor: »Ich denke immer, wenn man bei einer Sache, nein, bei einer Sache bleiben, man verändert sich ja auch immer, aber wenn man bei irgendwas bleibt und davon nicht abweicht, nur weil irgendjemand was anderes sagt, oder Druck ausgeübt wird, ich finde, DAS ist für mich Charakterstärke. Also irgendwas treu zu bleiben, loyal.«

Das hier abzulesende Ideal einer authentischen Zugehörigkeit und Bindung, die aber realiter daran scheitert, dass die eigene Subjektivität alleiniger Maßstab bleibt, ist bereits andernorts als Topos religiöser Kommunikation und »neues religiöses Bildungsdilemma« bezeichnet und diskutiert worden.[13]

Diejenigen Befragten, die sich nach einer Distanzierungs- und nachfolgenden Probephase darauf einlassen, sich als der religiösen Tradition zugehörige Teilnehmer anzusehen (= Phase 5), sind entweder schon in dieser religiösen Tradition sozialisiert, oder werden in der frühen Pubertät Mitglied einer bindungsstarken religiösen Jugendgruppe, innerhalb derer sie diese Sozialisation »nachholen« können. Es könnte also sein, dass das »Authentizitätsdilemma« in diesen Fällen durch starke soziale »Anziehungskräfte« abgeschwächt wird.

2.2 »Der Gedanke dadran war da schon ganz hilfreich« – Punktuelles Wechseln von Beobachter- und Teilnehmerperspektive im Rahmen von Zugehörigkeit

Das folgende Fallbeispiel steht für ein punktuelles, sporadisches Heraustreten aus dem eigenen »Traditions-Rahmen«, das aber letzten Endes doch immer der Teilnahmeperspektive verpflichtet bleibt. Dabei erweist sich dieses Heraustreten als notwendiger Bestandteil der Positionsfindung, denn nur aus der Beobachterperspektive kann die »Frage nach eigenem Glauben« gestellt und mit Blick auf das »Außen« plausibel beantwortet werden. Die folgende Erzählung eines 20-jährigen evangelischen Auszubildenden steht auch hier am Beginn des Interviews:

> B: Und zwar, ähm, klar, man ist ja auch in den Konfirmandenunterricht und so immer gegangen.
> I: Mhm.
> B: Und man hat sich ja dann auch irgendwann schon gefragt klar, was soll das Ganze [...] Und, äh, ja, da ist es so, klar hat man sich dann auch schon mal gefragt, mhm, was macht man da, man konnte auch manchmal, muss ich ganz ehrlich sagen, ähm, mit den Gesprächen, ich will nicht sagen, nicht so wirklich anfangen, manchmal war‘s schon
> I: Ja.
> B: Manchmal war’s schon ein bisschen schwer gewesen
> I: Ja.

[13] Vgl. Armin Nassehi: Erstaunliche religiöse Kompetenz. Qualitative Ergebnisse des Religionsmonitors. In: Bertelsmann Stiftung (Hg.): Religionsmonitor 2008. Gütersloh 2007, 113–132. Die mit dem Authentizitätsmodus religiöser Rede einhergehende Inkonsistenz, die Nassehi konstatiert, nimmt Bernhard Dressler zum Anlass, von einem neuen »Bildungsdilemma« zu sprechen. Vgl. Bernhard Dressler: Inkonsistenz und Authentizität. Ein neues religiöses Bildungsdilemma? Bildungstheoretische Überlegungen zu Armin Nassehis religionssoziologischen Beobachtungen. In: ZPT 2 (2012), 121–135.

B: Auch als, äh, ja, junger Mensch jetzt mit acht oder so[14] da irgendwie reinzukommen oder das so ein bisschen zu verstehen, aber ähm, ja, dann muss ich sagen, ähm, klar hat man auch mal gedacht, mhm, Gott, gibt's den, und, klar, wie, wie stellt man das fest, für einen selbst oder so...

[...]

B: Dann, ähm, klar, dann, sag ich mal so mit vierzehneinhalb, ähm, das war dann ja klar Konfirmation gewesen, dieser Punkt, ich will nicht sagen, aber das war so, ah ja, beibehalten, das war einfach, es hat sich nicht viel verändert.

I: Ja.

B: Bis dann halt, ähm, ähm, der Punkt mit meiner Schwester kam, wo ich dann auf einmal mir schon so Gedanken gemacht habe, mhm, irgendwie, kann da was nicht stimmen, irgendwie, äh, in dem Fall eben negativ, wenn man sich eben frägt, äh, was soll das (lacht) ...

Das »Mitmachen« im Rahmen der eigenen religiösen Tradition geschieht während der Kindheit zunächst mehr oder weniger selbstverständlich, oder wie es der Befragte an anderer Stelle ausdrückt, »es war halt da«. Dennoch hat er Probleme, »da reinzukommen«, Religion wird ab einem bestimmten Zeitpunkt und in bestimmten Zusammenhängen unzugänglich, so dass immer wieder punktuell die Frage nach der subjektiven Plausibilität aufkommt: »Wie stellt man das fest, für einen selbst oder so?« Dazu kommen persönliche Krisenerfahrungen, in diesem Fall die schwere Krankheit der Schwester, die zunächst als die eigene Tradition irritierend aufgefasst werden und ebenfalls für ein punktuelles »Aussteigen« aus dem religiösen Traditions-Rahmen sorgen. Allerdings hält diese Perspektive nicht lange an, sondern wird mit Hilfe von Antworten aus der Teilnehmerperspektive bearbeitet:

B: Und dann kam eigentlich, muss ich sagen, so eine Situation. Das war jetzt, ähm, in dem Fall 20XX gewesen bei uns, wo mein Onkel gestorben ist. Und das muss ich sagen, das war dann schon irgendwie, ja, das (lacht), klar, geht ja nicht spurlos an einem vorbei. Und da fragt man sich auch, dann irgendwie, ähm, warum gerade er, warum, äh, wie soll ich sagen, veranlasst das Gott oder oder, ähm, denkt dann auch, wa/ was passiert jetzt weiter, was geschieht mit ihm, und denkt dann schon irgendwie, ja, hoffentlich geht's ihm da oben besser. Und, äh, ja, ich will nicht sagen, dass man sich das vielleicht so ausmalt, aber, die, ähm, der Gedanke dadran, dass es jetzt im Himmel was, äh, geben könnte, wo er hinkommt, und, äh, vielleicht auch noch mal Verwandte trifft oder wo's ihm zumindest besser geht wie jetzt hier auf der Erde mit seiner Krankheit, die er gehabt hat, war das schon ganz hilfreich. Wo ich gedacht habe, gut, vielleicht gibt's doch irgendwie was, etwas, ähm, ja, das irgendwie vielleicht das Ganze steuert.

[...]

---

14 Der Konfirmandenunterricht beginnt in der Gemeinde des Befragten bereits in diesem Alter.

I: Mhm.
B: Und, äh, ich eigentlich die Vorstellung jetzt irgendwie, dass da vielleicht, dass da noch was geben kann, äh, eigentlich recht schön finde. Wo ich auch so denke, vielleicht hat man da irgendwie nicht so irgendwie Angst vorm Sterben oder denkt halt, dass das jetzt besser ist für ihn wie jetzt hier auf der Erde zu bleiben. Und, äh, das hat das schon ein bisschen dann, ähm, wie soll ich sagen, ähm, nicht meine Einstellung geändert, aber ähm, wo ich dann plötzlich immer gedacht habe, ähm (...), vom, wie soll ich sagen, davor wusste ich damit nicht so wirklich was anzufangen und da hat sich das dann irgendwie alles so ein bisschen gesetzt, und man hat gedacht, so könnte das für mich sein, oder so finde ich die Vorstellung schön.

Bedingung für die beschriebene Sedimentierung[15] religiösen Wissens und die damit verbundene Einstellungsänderung ist eine Krisenerfahrung, zu deren Bewältigung der Befragte auf tradierte Wissensbestände zurückgreift, die er auf die »Bewährungssituation« anwendet und sie auf diese Weise »testet«. Kriterium für das Bestehen dieser Probe ist die Fähigkeit der tradierten Vorstellung, dem Subjekt neue Perspektiven zu erschließen, mit Hilfe derer es die Situation für sich einordnen und ihr Sinn verleihen kann. Interessant an diesem Beispiel ist, dass die persönliche Akzeptanz der Vorstellung auch durch ihre »Schönheit« veranlasst wird. Die christliche Jenseitsvorstellung ist stimmig und kann als »authentisch« und damit subjektiv gültig erfahren werden, weil sie »schön« ist und eben dadurch hilft, Krisen zu meistern bzw. »Halt im Leben« zu erlangen. Erst diese »Bewährungserfahrung« bewirkt dann retrospektiv einen Einstellungswechsel, der sich vielleicht als Festigung der reflexiv gewordenen Teilnahmeperspektive beschreiben lässt.

Im Gegensatz zum obigen Beispiel verbindet sich hier mit der Übernahme des Traditionselements eine Einschränkung der Autonomievorstellung: Für den Befragten erscheint es möglich, dass diese Welt »gesteuert« wird, dass man also nicht alles selbst in der Hand hat. Der Beleg kann als weiterer Hinweis dafür gelten, dass die Akzeptanz religiöser Vorstellungen auch von der Stärke des persönlichen Autonomiebedürfnisses abhängt.

Die »Brauchbarkeit« der christlichen Jenseitsvorstellung erweist sich für den Befragten allerdings nicht nur »nach innen«, sondern auch »nach außen«, als er versucht, seiner Cousine in ihrer Trauer »beizustehen«. In der Art und Weise, wie er diese Versuche schildert, wird deutlich, dass das Nach-außen-Tragen seiner Vorstellungen eine Hürde darstellt, die ihn unsicher werden lässt, die sich aber letztendlich bewährt. Die Frage, ob und wie man seine religiöse

---

15 Vgl. dazu die von Thomas Luckmann und Peter Berger mit Bezug auf Alfred Schütz dargestellte Deutung, bei der Modernisierung des Bewusstseins handele es sich um einen »Verlust der ›Tiefen‹«, d. h. einen Verlust des »Selbstverständlichen«, der besonders die Religion betreffe, die zu einer Angelegenheit der Wahl werde und damit nicht mehr selbstverständlich sei. Vgl. Thomas Luckmann/Peter Berger: Modernität, Pluralismus und Sinnkrise. Die Orientierung des modernen Menschen. Gütersloh 1995, 50f.

Position nach außen zeigt und versucht, sie anderen gegenüber darzustellen, scheint ein wichtiger Aspekt im Rahmen religiöser Positionierungs- und Entscheidungsprozesse zu sein. Gelingt es, die eigene Position nach außen hin zu plausibilisieren, trägt dies zu ihrer Festigung und damit natürlich auch zu einer Selbst-Stabilisierung bei. Das aber bedeutet, dass die »Bewährung« christlicher Vorstellungen sowohl eine Innen- als auch eine Außenseite hat.[16]

2.3 »Wenn Gott mir helfen kann, dann muss ich das ja auch machen« – Von der »interessiert-teilnehmenden Nichtzugehörigkeit« zur »selbstverständlich-teilnehmenden Zugehörigkeit«

Im Vergleich mit den vorangegangenen Fallbeispielen zeichnet sich das kommende Interview dadurch aus, dass der bereits im ersten Fall beschriebene Weg von der nichtteilnehmenden Beobachterperspektive in die Peripherie der teilnehmenden Beobachtung hier fortgesetzt wird und (zumindest zunächst) in einer aktiven Teilnahme mündet. Gleichzeitig wird im Unterschied zu den beiden anderen Beispielen aber auch deutlich, wie sich diese Perspektive mit Beginn des jungen Erwachsenenalters wieder lockern und sich die Position wieder »an den Rand« der religiösen Tradition verlagern kann.

Der als Kind nicht getaufte und im Rahmen eines traditionell-konfessionellen Umfeldes peripher religiös sozialisierte Abiturient »betritt« die religiöse Tradition frühzeitiger und unter anderen Vorzeichen als der Befragte im ersten Beispiel: Als er sich in der frühen Pubertät darauf einlässt, mit befreundeten Gleichaltrigen zu einer Evangelisationsveranstaltung zu gehen, ist seine Perspektive auf die religiöse Tradition bereits durch die antizipierte Möglichkeit einer Teilnahme geprägt. Ähnlich wie im ersten und anders als im zweiten Beispiel erfolgt die Plausibilisierung der religiösen Tradition durch die Beobachtung der anderen Teilnehmer der Evangelisationsveranstaltung, an deren Verhalten er die positiven Wirkungen von Religion sozusagen ablesen kann:

> B: ... und vorne war diese Bühne mit Band und allem, und da waren so viele Leute, und die waren begeistert und dann ging diese, es gibt ja auch heutzutage diese geistlichen Lieder, sage ich jetzt mal, die eher in Richtung Rock gehen, haben da

[16] Nicht umsonst betrachtet Carsten Wippermann das Vorhandensein von Plattformen religiöser Kommunikation als zentral für die religiöse Identitätsbildung. Vgl. Carsten Wippermann: Religion, Identität und Lebensführung. Typische Konfigurationen in der fortgeschrittenen Moderne. Opladen 1998, z.B. 15.375. Zugleich fordert er, im Rahmen eines kommunitaristischen Paradigmas, Religion und Religiosität stärker als bislang dem öffentlichen Diskurs als Tauglichkeitstest auszusetzen und damit auch die Argumentationsfähigkeit in religiösen Fragen zu steigern. Vgl. ebd., 100.372–377. Vgl. allerdings die Kritik am kommunitaristischen Begriff der »Öffentlichkeit« durch Ingolf Dalferth: Ders.: »Was Gott ist, bestimme ich!«. Theologie im Zeitalter der »Cafeteria-Religion«. In: ThLZ 121 (1996), 415–430. Demnach hat der christliche Glaube sein eigenes Wahrheitskriterium.

gestanden mit geschlossenen Augen und sich total gefreut über die Musik und das hat mich (.) doch ziemlich ergriffen. Und (.) was da mit dieser Predigt, also was dort genau gepredigt wurde, ich weiß es nicht mehr.
I: Nein, ich glaube de/, um den Inhalt ging es mir jetzt auch nicht, aber ich glaube, kann ich mir vorstellen, dass ...
B: Ach so. Also es war einfach diese, ich habe diese Begeisterung, also, natürlich habe ich d/ di/ hat man die dann in diesem RAUM gespürt, das war nicht ganz so stark, aber wenn man dann sieht, da sind (.) keine Ahnung fünftausend, sechstausend Menschen, und alle sind, haben die Augen geschlossen und sind total woanders und glücklich und das hat mich schon irgendwie fasziniert in dem Moment dann.
I: Und dann bezog sich dieses »Ich muss das ausprobieren« eher auf diese, so, ähm, vielleicht auch ...
B: Ich, also, ich war ja nicht unglücklich, das, so ist es ja nicht (lacht), aber äh, es war halt schon, so, keine Ahnung, die haben so, so, vielleicht hat das auch nur auf mich so gewirkt, so erfüllt gewirkt, also ich, ja, und [...] ich habe gedacht (.) vielleicht wenn Gott mir helfen kann und in schwierigen Situationen helfen kann, dann, äh, muss ich das ja auch machen (lacht), so nach dem Motto.

Die starke Anziehungskraft der Interaktionssituation, die dazu führt, dass der Befragte »in den Bann«[17] gezogen wird, entsteht durch die Inszenierung von authentischem Ergriffensein, das sich in der Masse der Anwesenden spiegelt und sozusagen ansteckend wirkt. Jeder Einzelne wird in gewisser Weise zum Darsteller dieser eigenen glaubenden Ergriffenheit. Die Botschaft lautet: »Wenn du dazugehörst bzw. mitmachst, dann kannst auch du Glück und Erfüllung erlangen!«

Auch hier ist den Beteiligten und auch dem Befragten klar, dass Teilnahme »Glaube« impliziert. Und obwohl der Befragte selbst seinen Partizipationsmodus als »Ausprobieren« beschreibt, verlangt die Inszenierung der Veranstaltung, dass bereits vor dem »Ausprobieren« das öffentliche Glaubensbekenntnis steht. Der anfängliche Beobachterstandpunkt wird also recht abrupt und mehr oder weniger durch äußere Formvorgaben in einen expliziten, d. h. nach außen hin sichtbaren und auf »Authentizität« fixierten Teilnahmestatus verwandelt,[18] der dann auch tatsächlich durch eine verstärkte Partizipation realisiert wird: »... und irgendwie hat sich das dann so ergeben oder sogar recht schnell, dass ich ab da wirklich jede, das war alle zwei Wochen dieser Jugendkreis, immer im Jugendkreis war. Und auch oft den Gottesdienst besucht habe ...«

---

[17] Vgl. Goffman 1980 (s. o. Anm. 12), 376: »Bei jeder Aktivität machen sich die Beteiligten gewöhnlich nicht nur ein Bild davon, was vor sich geht, sondern sie werden (bis zu einem gewissen Grade) auch spontan gefangengenommen, in Bann geschlagen.«

[18] Zur Kommunikationsstrategie auf Evangelisationsveranstaltungen, die das für eine »autonome Entscheidung« notwendige Zweifels- und Widerspruchspotential ausschalten, vgl. Detlef Pollack: Säkularisierung – ein moderner Mythos? Studien zum religiösen Wandel in Deutschland. Tübingen ^{2}2012, 205–240. Aufschlussreich für die vorliegende Untersuchung ist dabei auch, dass in den Evangelisationspredigten mit dem Gegensatz von Orientierungslosigkeit und »Halt« gearbeitet wird. Vgl. ebd. 213f.

Die Positionsveränderung verbindet sich hier, im Gegensatz zu den beiden anderen Beispielen, mit einer starken Gruppenerfahrung, die dafür sorgt, dass die Teilnehmerperspektive sich stabilisiert und die religiöse Tradition schließlich als eigene akzeptiert wird: Der Befragte lässt sich – allerdings landeskirchlich – taufen und konfirmieren. Nichtsdestotrotz greift er in der Retrospektive auch auf das »Nutzenargument« zurück, um darzustellen, dass und wie sich das zunächst als »Ausprobieren« gekennzeichnete Teilnahmeverhalten bewährt:[19]

> B: Mhm, also das war so, also von der Entscheidung her war es schon klar, aber bis sich dann so mental auch was geändert hat, hat es natürlich schon auch ein bisschen gedauert, also, würde ich jetzt so im Nachhinein behaupten.
> I: Was hat sich denn geändert?
> B: Also, zunächst mal war es halt dieses, dass ich habe dann immer das Gefühl gehabt, ich werde zu viel geärgert in der Schule, und ähm, dann habe ich halt zu Gott gebetet und irgendwann hat das einfach nachgelassen. Und das hat mir im Nachhinein extrem viel Selbstvertrauen gegeben, also seitdem konnte ich einfach offen auf jeden zugehen, habe gar keine Probleme damit, und das ist schon mal, also, das war so die stärkste Erinnerung in meinem Leben.
> I: Also und du führst es darauf zurück.
> B: Ja, das, im Endeffekt kam es halt durch diesen Wandel in der Schule
> I: Äh, äh, aber, nein, ma/ich meine, hat jetzt das Gebet geholfen deiner Meinung nach oder ...
> B: Da war ich mir ziemlich sicher, ja.
> I: Mhm (zustimmend).
> B: Also da bin ich mir auch jetzt noch ziemlich sicher.
> I: Und was hat das Gebet dann eigentlich verändert, ja, oder vielleicht kannst du das selber erklären.
> B: Wie, was das geändert hat? Ähm, also eigentlich, ich habe mich genauso verhalten in der Schule, würde ich behaupten, und, ähm, ich habe das Gefühl gehabt, ich werde weniger geärgert. Das war so meine, mein, so, das was ich festgestellt habe, und ansonsten hat es halt geändert, dass ich andere soziale, also was heißt andere soziale Kontakte, ich habe vorher halt auch mit ganz normalen Menschen halt war ich befreundet, aber irgendwie ist, wenn man dann halt Leute kennt, die glauben und so ist es halt doch noch mal was etwas anderes. Und (.) ja, das war eigentlich schon die größte Veränderung. Dass ich halt mehr Selbstbewusstsein hatte und andere Menschen, mit denen ich über andere Sachen noch reden konnte, kennen gelernt habe.

[19] Im Gegensatz zum zweiten Beispiel, dessen Formulierungen eher auf eine subjektivierte Vorstellung göttlicher Hilfe hindeuten, scheint der Befragte hier zwischen einer »objektiven« und »subjektivierten« Interpretation zu schwanken, gibt jedoch der »objektiven« schließlich den Vorzug.

Die erfahrene Hilfe ist offensichtlich im reflexiven Wissen als eine maßgebliche Motivation für die eigene Religiosität verankert. Sie verbindet sich – ähnlich wie im zweiten Beispiel und kontrastiv zum ersten – mit der Erfahrung eines verletzlichen Selbst und eingeschränkter Autonomie, die mit der »Ingebrauchnahme« religiöser Tradition bearbeitet wird und durch die Einbindung in eine religiöse Gemeinschaft auch nach außen kommuniziert und damit plausibilisiert werden kann. Die anfangs noch beobachtende Teilnahme wird auf diese Weise zu einer selbstverständlichen.

2.4 »Der Anker fehlt im Moment so ein bisschen« – Von der »selbstverständlich-teilnehmenden Zugehörigkeit« zur »skeptisch-beobachtenden Zugehörigkeit«

Interessant an dem oben geschilderten Fall ist allerdings auch, dass das für die Pubertät entworfene Begründungs-Schema aktuell, d.h. in der Phase des Abiturs, nicht mehr funktioniert, und die Anziehungskraft der religiösen Tradition deutlich nachlässt. Ganz im Rahmen des Nutzendiskurses und ähnlich wie im ersten Beispiel erklärt sich der Befragte diese nachlassende Anziehungskraft auch damit, dass er augenblicklich »zufrieden« und »glücklich« sei und daher, so der implizite aber nicht explizit ausgesprochene Schluss, Religion nun nicht (mehr) brauche. Dazu kommt, dass die Jugendgruppe sich verändert habe, die Teilnehmer jünger geworden seien, der Prediger, zu dem er einen engen Kontakt hatte, gewechselt habe und er selbst im Augenblick sehr beschäftigt sei – mit anderen Worten: Die Anziehungskraft des religiösen Kontextes lässt stark nach, weil sich einerseits die Bezugsgruppe auflöst und andererseits das Selbst als hinreichend stabil betrachtet wird, um ohne »religiöse Hilfe« auszukommen. Das »Mitmachen« wird dann zum Pflichtprogramm, das keinen Reiz mehr ausübt und für das er schließlich keine Kraft mehr aufbringt – der Befragte »driftet« langsam aus diesem Bezugsfeld hinaus:

> B: Ja, wenn ich, also, ja, ich hab halte mich deswegen jetzt so ein bisschen raus, und ich merke einfach, dass mir dieser, äh, was heißt der Anker, aber so dieses, immer was mich wieder zurückholt, an die die an Religion ist jetzt flach ausgedrückt, aber so an den Glauben, das fehlt im Moment so ein bisschen einfach dadurch, dass, ja, dass ich nie dorthin gehe, weil einfach kein Interesse mehr, also keine Themen mehr so für mich da sind. Dadurch dass auch Vierzehnjährige da sind, und, ich glaube sogar jünger, ich weiß es gar nicht genau, ist, sind es ja auch andere Themen, die die beschäftigen, wo ich mir denke, ah (stöhnen) (lacht)
> I: Ja (lacht). Ähm, fehlen heißt auch, fehlt es dir auch?
> B: Also im Moment, ich bin glücklich, das (lacht) kann ich so sagen, also fehlt mir nichts groß, aber ich denke mir immer so, eigentlich ist es ja falsch, dass ich so denke, och, wenn es mir schlecht geht, gehe ich zu Gott, wenn es mir gut geht, schön, aber irgendwie finde ich auch nie so den Anfang, um noch mal neu zu starten im

Moment, also das merke ich schon so selber, dass ich denke, ich könnte ja noch mal in den Gottesdienst gehen morgens, sonntagsmorgens, und dann wache ich morgens um elf auf oder was und denke, mhm, jetzt ist die Chance wieder vorbei, und ähm, irgendwie fehlt mir im Moment so der Anfang, wieder mehr reinzukommen.
I: Gäbe es denn irgendwelche Angebote oder könntest du dir vorstellen, wie so ein neuer Anfang, oder wie vielleicht so ein Anfang aussehen könnte, der jetzt auch auf deine Lebensphase passt so ein bisschen besser?
B: Also, ich glaube im Moment wird es mit dem Anfangen auch ganz schwer, also ich meine, wenn ich jetzt ausziehe, dann bin ich drei Monate hier, bin sechs Wochen dort, drei Monate wieder dort, dann fahre ich das Wochenende nach Hause, also dass ich da überhaupt irgendwie so einen festen Anhaltspunkt finde, das wird schwer, glaube ich. Und (.) im Moment bin ich, also gut, im Moment bin ich wieder froh, also, ts, also ich denke mir dann zwar, ich könnte mal wieder, aber es ergibt sich auch nie, weil eigentlich bin ich ja zufrieden so, wie es ist.

Was dem Befragten offensichtlich fehlt, sind religiöse Erfahrungen, die nicht primär von einer passenden Gemeinschaft oder dem subjektiven Gefühl der Instabilität abhängig sind und die ihm andere Deutungsmöglichkeiten als das Nutzenparadigma eröffnen könnten. Die Auseinandersetzung mit christlichen Werten spielt in dem Gespräch beispielsweise keine Rolle, dient in anderen vergleichbaren Fällen aber als Stütze des religiösen Zugangs.

Seine Strategie in dieser Situation scheint zu sein, das Wissen um die hilfreiche Funktion von Religion und Gemeinschaft mehr oder weniger als »Rückversicherung für später« aufzubewahren und sich jetzt erst mal anderen Dingen zu widmen, wie zum Beispiel dem anstehenden Berufseinstieg. Er stabilisiert also den Standpunkt der skeptisch-beobachtenden Zugehörigkeit mit der Option, später vielleicht einmal als Teilnehmer zurückzukehren.

3. »Grenzgänge« im Zeichen pragmatischer Religiosität – Ein Kennzeichen von Religiosität im jungen Erwachsenenalter?

Ist die hier dargestellte »Schwellen-Religiosität« typisch für das junge Erwachsenenalter? Natürlich liegt es nahe, die starke Stabilitätsorientierung mit den speziellen Problemen der Adoleszenz und der Perspektive des »heraufkommenden Erwachsenenalters«[20] in Verbindung zu bringen. Die Befragten überblicken Kindheit und Adoleszenz und beurteilen aus dieser Perspektive die bis dahin durchlebten Erfahrungen. Wenn man davon ausgeht, dass gerade die Adoles-

---

20 Ich beziehe mich hier auf das Konzept der Emerging Adulthood. Vgl. z. B. Jeffrey J. Arnett/Jennifer L. Tanner: Presenting ›Emerging Adulthood‹. What makes it Developmentally Distinctive? In: Arnett/Kloep/Hendry 2011 (s. o. Anm. 3), 13–30.

zenz mit einer instabilen Identität einhergeht, dann ist die Erfahrung des mit Religion einhergehenden Stabilitätsgewinns – so sie denn gemacht wurde – ein biographisches Wissen, das als prägend für die eigene religiöse Position geltend gemacht wird und insofern Bedeutung besitzt. Das bedeutet aber nicht, dass dieser Aspekt für die jungen Erwachsenen aktuell bedeutsam sein muss. Besonders das letzte Beispiel macht deutlich, dass mit einem zunehmenden Stabilitätsgewinn im Rahmen des jungen Erwachsenenalters die stabilitätsfördernde Funktion von Religion allein nicht mehr ausreicht, um die eigene religiöse Praxis ausreichend zu motivieren. Das gilt besonders angesichts der Tatsache, dass sich die in der Adoleszenz wichtigen sozialen Bezugsgruppen oft genug auflösen und die soziale Teilnahmemotivation dadurch abgeschwächt wird.

Daneben ist aber auffallend, dass der mit Religion in Verbindung gebrachte »Halt im Leben« für die Befragten nicht nur in seiner »nutzenbringenden« Funktion in den Blick kommt, sondern auch unter dem Aspekt der Bindung. In diesem Zusammenhang wird er für sie zum paradoxen Objekt von Sehnsucht und Vermeidung: Neben der zu erwartenden »Hilfe« werden auch »Treue« und »Loyalität« als Ansprüche an die eigene oder fremde Religiosität wahrgenommen, und eben deshalb erscheint eine einseitig nutzenorientierte Einstellung zur Religion als nicht mehr zulässig und wird gelegentlich auch explizit problematisiert. Dieser Anspruch kollidiert aber mit dem für die Lebensphase ebenfalls typischen Gefühl von umfassender Autonomie und Offenheit: Man weiß, dass die großen Entscheidungen bald fallen sollen, will sich aber noch nicht festlegen – auch bzw. erst recht nicht religiös.

In anderen Bereichen wird diese Problematik bewältigt, indem probe- und phasenweise verschiedene »Erwachsenen-Rollen auf Bewährung« eingenommen werden.[21] Insofern könnte es sich aus religionspädagogischer und -didaktischer Perspektive lohnen, die Figuren von »Bewährung« und »probeweiser Teilnahme« auch für den Kontext Religion stärker als bisher aufzugreifen.

---

[21] Vgl. ebd.

Die Kirche als Auszeitexpertin

Sonntag und Sabbatical in der Spätmoderne[1]

Franziska Grießer-Birnmeyer

Im Jahr 2006 erschien Hape Kerkelings Pilgerbericht »Ich bin dann mal weg. Meine Reise auf dem Jakobsweg«.[2] Es folgten Taschenbuch, Hörbuch sowie Übersetzungen in elf Sprachen.[3] Ein Vollblut-Entertainer alleine unterwegs auf dem Camino? Paradoxe machen neugierig! Mit seinem Buchtitel, der sich mittlerweile als geflügeltes Wort etabliert hat, hat er in jedem Fall einen Nerv getroffen. Die Sehnsucht nach einer Auszeit, einfach mal weg zu sein, teilen viele Menschen mit Hape Kerkeling.

Drei Signaturen der Spätmoderne sind es meiner Ansicht nach, die diese Sehnsucht im Wesentlichen begründen: Beschleunigung, Leben als Projekt sowie Ökonomisierung.[4]

Signaturen der Spätmoderne

Der Soziologe Hartmut Rosa[5] hat sich intensiv mit dem Phänomen der *Beschleunigung*[6] beschäftigt und unterscheidet drei Formen der Beschleunigung bzw.

---

[1] Vortrag im Rahmen des Juniorsymposions »RELIGIÖS: empfehlenswert? praktisch?« an der Universität Wien am 11.04.2014.

[2] Vgl. Hape Kerkeling: Ich bin dann mal weg. Meine Reise auf dem Jakobsweg. München 2006.

[3] Vgl. https://portal.dnb.de/opac.htm?method=moveUp&categoryId=books&currenResultId=tit+all+%22Ich+bin+dann+mal+weg%22+and+per%3DKerkeling%26books%26any (30.05.2014); Übersetzungen: niederländisch, italienisch, französisch, portugiesisch, tschechisch, englisch, spanisch, polnisch, japanisch, chinesisch, lettisch.

[4] Diese (und weitere) Signaturen der Spätmoderne hat das DFG-Netzwerk »Praktische Theologie in der Spätmoderne« erarbeitet. Das Netzwerk besteht aus 15 Nachwuchswissenschaftlern aus Deutschland, Österreich, der Schweiz sowie den Niederlanden und hat im Jahr 2014 die Ergebnisse seiner Arbeit veröffentlicht: Stefan Gärtner/Tobias Kläden/Bernhard Spielberg (Hg.): Praktische Theologie in der Spätmoderne. Herausforderungen und Entdeckungen (Studien zur Theologie und Praxis der Seelsorge 89). Würzburg 2014.

[5] Vgl. Hartmut Rosa: Beschleunigung. Die Veränderung der Zeitstrukturen in der Moderne, Frankfurt a. M. 2005; ders.: Rohstoff Zeit. Warum die Moderne eine Beschleunigungsgeschichte ist. In: Universitas 60 (2005), 268–281; ders.: Im Wirbel der Beschleunigungsspirale. In: Spektrum der Wissenschaft 2 (2008), 82–87.

[6] Vgl. Tobias Kläden: Beschleunigung. In: Stefan Gärtner/Tobias Kläden/Bernhard Spielberg (Hg.): Praktische Theologie in der Spätmoderne. Herausforderungen und Entdeckungen (Studien zur Theologie und Praxis der Seelsorge 89). Würzburg 2014, 53–58.

drei Dimensionen sozialer Beschleunigung. Erstens die technische Beschleunigung, die sich v. a. in den Bereichen Transport, Kommunikation oder Produktion beobachten lässt. Zweitens die Beschleunigung des sozialen Wandels, die sich u. a. in immer kürzeren Halbwertszeiten von Kleidermoden oder Musikstilen, aber auch Familien- oder Beschäftigungsstrukturen zeigt. Indem die Verfallsraten von Handlungsorientierungen und Wissensbeständen gesteigert werden, kommt es zum Eindruck der Gegenwartsschrumpfung.[7] Drittens nennt Rosa die Beschleunigung des allgemeinen Lebenstempos und konstatiert hier, dass sich die Zahl der Handlungs- und Erlebnisepisoden pro Zeiteinheit erhöht haben, d. h. Menschen wollen mehr Dinge in weniger Zeit erledigen bzw. erleben. Dabei stehen ihnen drei Strategien zur Verfügung: Sie steigern Handlungsgeschwindigkeiten, verkürzen bzw. vermeiden Pausen und das sog. *Multitasking*.

Diese drei Formen der Beschleunigung sind jedoch nur analytisch voneinander unabhängig. In Wirklichkeit verstärken sie sich gegenseitig und bilden einen sog. Akzelerationszirkel, d. h. einen sich selbst antreibenden zirkulären Prozess. Es ist für das Individuum und für das Kollektiv sehr schwierig bis unmöglich, diesen Zirkel zu unterbrechen. Rosa kommt zu dem ernüchternden (wie auch etwas unbefriedigenden) Ergebnis, dass sämtliche *Entschleunigungs*-Tendenzen den Kreislauf nicht aufhalten, sondern ihn sogar u. U. noch weiter verstärken, wenn z. B. Ruhepausen nur dazu genutzt werden, um hinterher umso mehr zu leisten. Eine Antwort, wie mit der Beschleunigung nun konstruktiv umzugehen sei, bleibt Rosa bisher schuldig.

Bereits in der Moderne findet sich der Gedanke, dass Leben nicht mehr nur Schicksal, sondern zunehmend auch eine Gestaltungsnotwendigkeit darstellt. Insbesondere der Individualisierungsschub im letzten Drittel des 20. Jahrhunderts hat zu einem Verständnis von Leben als einer einzigartigen Aufgabe geführt, die möglichst selbstbestimmt und innovativ gelöst werden muss. Ronald Hitzler hat in diesem Zusammenhang die spielerische Metapher der »Bastelexistenz«[8] geprägt; weit verbreitet ist die Formulierung *Leben als Projekt*[9], ein Bild aus dem Bereich der Bauplanung, das bereits einiges an spielerischer Leichtigkeit eingebüßt hat. Dem Individuum werden gleichermaßen Freiheit wie Verantwortung für sein Lebensprojekt übertragen. Dabei handelt es sich um ein anspruchsvolles Unterfangen. Scheitern und Gelingen liegen beim Individuum selbst, wobei es sich in vielen Fällen immer weniger auf tra-

---

7 Vgl. Hermann Lübbe: Gegenwartsschrumpfung. In: Klaus Backhaus / Holger Bonus (Hg.): Die Beschleunigungsfalle oder der Triumph der Schildkröte. Stuttgart ^{2}1997, 129–164.

8 Vgl. Ronald Hitzler / Anne Honer: Bastelexistenz. Über subjektive Konsequenzen der Individualisierung. In: Ulrich Beck / Elisabeth Beck-Gernsheim (Hg.): Riskante Freiheiten. Frankfurt a. M. 1994, 307–315.

9 Vgl. Wolfgang Fritzen / Stefan Gärtner: Leben als Projekt. In: Stefan Gärtner / Tobias Kläden / Bernhard Spielberg (Hg.): Praktische Theologie in der Spätmoderne. Herausforderungen und Entdeckungen (Studien zur Theologie und Praxis der Seelsorge 89). Würzburg 2014, 81–86.

ditionelle Rückbindungen etwa in der Familie, der Nachbarschaft oder der Kirchengemeinde verlassen kann.

Die spätmoderne Freiheit zur Gestaltung des eigenen Lebensentwurfs wird gleichzeitig als Lust und als Last empfunden und von starken Verunsicherungen begleitet. Wenn die Spannung zwischen dem Bestreben, das eigene Lebensprojekt in die Tat umzusetzen, und den Schwierigkeiten bei genau dieser Umsetzung zu groß wird, kann es zu Depressionen oder Suchtverhalten kommen, d. h. zu Krankheiten, die als typische Störungen des Subjekts in der Spätmoderne auszumachen sind. Die Unsicherheiten in der Organisation des Lebens lassen auf der anderen Seite das Beratungswesen in allen möglichen Bereichen aufblühen: Beruf, Partner, Gesundheit etc. Sowohl die Entstehung zeittypischer Krankheiten wie auch eines lebensanschaulichen Marktes verweisen auf die Ressourcen, die wichtig sind, um das Leben eigenverantwortlich zu gestalten; sie sind materieller, sozialer und psychischer Natur.

Menschen, die ihr Leben als Projekt verstehen, wünschen sich zum einen Auszeiten, um jenseits des Alltagstrubels über ihr eigenes Lebensprojekt nachzudenken, und zum anderen, um dezidiert nicht über ihr Leben als Projekt nachzudenken, sondern um sich zu entspannen oder abzulenken.

Die Signatur *Ökonomisierung*[10] hat seit den 1990er Jahren mehr und mehr an Aufmerksamkeit gewonnen. Sie steht im Kontext der Prämisse, dass es sich bei (spät-)modernen Gesellschaften um funktional differenzierte Gesellschaften handelt, deren Lebensbereiche (Recht, Wissenschaft, Religion, Wirtschaft etc.) eigene Teilsysteme mit eigenen Leitperspektiven und Codes bilden. Diese Teilsysteme existieren nicht schlicht nebeneinander, sondern interagieren auf vielfältige Art und Weise, wobei sich die Ökonomie als besonders wirkmächtig herausgestellt hat. Werden wirtschaftliche Faktoren in nicht-ökonomischen gesellschaftlichen Teilsystemen im Sinne schlichter Wirtschaftlichkeit berücksichtigt, so handelt es sich dabei noch nicht um Ökonomisierung des jeweiligen Teilbereichs. Davon ist erst die Rede, wenn der Einfluss der Wirtschaft ein kritisches Maß überschreitet und zur Unterwerfung der systemeigenen Logik unter das ökonomische Prinzip führt. Mit anderen Worten, wenn der Eigenwert eines Lebensbereichs zerstört wird bzw. droht, zerstört zu werden.

Die Ökonomisierung der Arbeitswelt dürfte besonders folgenreich sein, da hier Flexibilisierung und Autonomiegewinn mit anwachsender Fremdbestimmung durch verinnerlichten Leistungsdruck bzw. Verbetrieblichung der gesamten Lebensführung (Selbst-Ökonomisierung) konkurrieren.

Menschen wünschen sich Auszeiten, zum einen um die Erfolge der kapitalistischen Ökonomie zu genießen und zum anderen um realistische Wege zur notwendigen Begrenzung ökonomischer Macht sowie zur sozialen und ökologi-

---

10 Vgl. Wolfgang Fritzen / Christoph Lienkamp: Ökonomisierung. In: Stefan Gärtner / Tobias Kläden / Bernhard Spielberg (Hg.): Praktische Theologie in der Spätmoderne. Herausforderungen und Entdeckungen (Studien zur Theologie und Praxis der Seelsorge 89). Würzburg 2014, 95–100.

schen Gestaltung und Weiterentwicklung der Ökonomie und anderer Teilsysteme zu finden.

Zum Begriff »Auszeit«

In fast allen amerikanischen Mannschaftssportarten gibt es die Möglichkeit eines sog. Timeouts, d. h. einer »Spielunterbrechung, die einer Mannschaft zusteht«[11]. Die Trainerin nimmt diese Auszeiten nicht zufällig, sondern taktisch gezielt in Anspruch, wenn sie ihre Mannschaft strategisch neu ausrichten will.

Die Rede von der sportlichen Auszeit wurde im Laufe der Zeit in das berufliche Umfeld übernommen[12] und beschreibt ähnliche Phänomene, so z. B. Auszeit als Verschnaufpause, als Zeitfenster für eine berufliche Weiterbildung[13] oder als Möglichkeit zur Neuorientierung.[14]

In der Alltagssprache weist *Auszeit* ein sehr breites Bedeutungsspektrum auf und ist daher bei entsprechenden Ratgebern oder auch in der Werbebranche äußerst beliebt, v. a. wenn es um Wellness oder Urlaub geht.

Inwiefern lässt sich nun Kirche als Auszeitexpertin, als Fachfrau für Unterbrechungen beschreiben? Die evangelische Kirche ist nicht gerade für ihre Sinnlichkeit bzw. für ihre Sensibilität für Körperlichkeit bekannt, auch wenn sie in den letzten Jahrzehnten einiges dazugelernt hat. Und doch: Seit ihren ersten Anfängen hat Kirche eine feste Auszeit-Kultur, und zwar den Sonntag.

Geschichte und Gegenwart des Sonntags sind gut erforscht, die Grundlinien werden an dieser Stelle als bekannt vorausgesetzt.

Der Sonntag als christliche Auszeit

Der christliche Sonntag, wie er sich gegenwärtig präsentiert, ist enorm vielgestaltig, was sich besonders deutlich an der ganz unterschiedlichen Gesetzgebung im Hinblick auf den Sonntag in christlich geprägten Ländern zeigt. In Deutschland schützt das deutsche Grundgesetz in Art. 139 den Sonntag sowie die staatliche anerkannten Feiertage als »Tage der Arbeitsruhe und der seelischen Erhebung«[15]. Den einzelnen Bundesländern werden weitere Gestaltungs-

---

11 http://www.duden.de/node/733644/revisions/733649/view (letzter Zugriff: 30.05. 2014).

12 Vgl. Karin Amman: Time-out. Gewusst wie: Kreative Auszeit und erfolgreiche Rückkehr im Lehrerberuf. Oberentfelden 2009, 13.

13 Vgl. Barbara Siemers: Sabbaticals. Optionen der Lebensgestaltung jenseits des Berufsalltags. Frankfurt a. M. 2005, 189ff.

14 Vgl. Siemers 2005 (s. o. Anm. 13), 225ff.

15 Grundgesetz für die Bundesrepublik Deutschland vom 23. Mai 1949 (BGBl. S. 1), zuletzt geändert durch das Gesetz vom 11. Juli 2012 (BGBl. I S. 1478); online abrufbar: http://www.bundestag.de/bundestag/aufgaben/rechtsgrundlagen/grundgesetz/gg/245216 (letzter Zugriff: 30.05.2014).

spielräume gewährt, z.B. im Hinblick auf den Ladenschluss sowie auf die Anzahl der verkaufsoffenen Sonntage.

Im Kern ruht der christliche Sonntag auf zwei Säulen, zum einem auf dem alttestamentlich-jüdischen Konzept der Arbeitsruhe und zum anderen auf der christlichen Sonntagsheiligung durch Gottesdienst.

Es erstaunt einigermaßen, dass die Arbeitsruhe, die heute selbstverständlich zum christlichen Sonntag gehört, nicht von Anfang an fester Bestandteil des christlichen Verständnisses des Sonntags war. »Ein Drittel ihrer bisherigen Geschichte ist die westliche Kirche ohne ein mit dem alttestamentlichen Sabbatgebot begründetes Arbeitsverbot am Sonntag ausgekommen.«[16] Als Kaiser Konstantin im Jahr 321 sein Arbeitsverbot am Sonntag erließ, wurde dies von keiner kirchlichen Synode in die kirchliche Gesetzgebung übernommen, keiner der damaligen Kirchenväter hat mit diesem staatlichen Gesetz argumentiert.[17] Erst im 6. Jahrhundert setzt ein allmählicher Wandel ein, wobei nun auch Bezüge zur alttestamentlichen Sabbatgesetzgebung hergestellt werden, die dann nicht mehr nur im übertragenen, sondern auch im buchstäblichen Sinne weiterhin als verbindlich gelten.[18] Seit dem 6. bis 8. Jahrhundert (je nach Region) feiern Christen den Sonntag zugleich als christlichen Sabbat, eine entsprechend rigide Kasuistik hielt umgehend Einzug.[19]

Gegenwärtig melden sich die Kirchen zu Wort, wenn sie die Sonntagsruhe gefährdet sehen. Dahinter steht der alttestamentliche Grundgedanke der Unterbrechung, der als unverzichtbar für eine Gesellschaft als Ganze sowie für die christliche Lebensführung der Individuen angesehen wird.[20] Die regelmäßige Unterbrechung »symbolisiert wiederkehrend die befreiende Botschaft, der Sinn des Lebens dürfe sich nicht in der Arbeit erschöpfen«.[21]

Bei ihren Bemühungen um den Schutz des Sonntags erhalten Kirchen seit einigen Jahren Unterstützung von Seiten der sog. *Sonntags-Allianzen*. Die *Allianz für den freien Sonntag Österreich* wurde im Jahr 2001 gegründet[22] und vereint mehr als 50 Organisationen aus Kirchen, Gewerkschaften und der Zivilgesellschaft unter ihrem Dach. »Die Sonntags-Allianz betont den Wert gemeinsamer freier Zeit für Individuum und Gesellschaft. Sie zeigt die Bedeutung des freien

---

16 Walter Groß: Sabbat am Sonntag? Der Streit um die Sonntagsarbeit aus bibeltheologischer Sicht. In: Diethmar Mieth (Hg.): Christliche Sozialethik im Anspruch der Zukunft. Tübinger Beiträge zur Katholischen Soziallehre (Studien zur theologischen Ethik 41). Freiburg/Schweiz 1992, 91–105 (hier: 105).

17 Vgl. Hans Huber: Geist und Buchstabe der Sonntagsruhe. Eine historisch-theologische Untersuchung über das Verbot der knechtlichen Arbeit von der Urkirche bis auf Thomas von Aquin (STMP 4). Salzburg 1958, 81ff.

18 Vgl. Groß 1992 (s.o. Anm. 16), 104.

19 Vgl. Groß 1992 (s.o. Anm. 16), 105.

20 Vgl. Jürgen Rinderspacher: Art. Sonntagsruhe. In: RGG^4 7 (2004), 1449f, 1450.

21 Rinderspacher 2004 (s.o. Anm. 20), 1450.

22 Vgl. http://www.ksoe.at/freiersonntag/index-fs-presse.htm (letzter Zugriff: 05.04.2014).

Sonntags für Zeitwohlstand und Lebensqualität auf.«[23] Nach österreichischem Vorbild wurden weitere Sonntags-Allianzen gegründet, so auch im Jahr 2006 in Deutschland.[24] Fünf Jahre später (2011) fand in Brüssel die Gründung einer *Europäischen Allianz für den freien Sonntag*[25] statt.

Die Kirche steht zum einen für den arbeitsfreien Sonntag, zum anderen für eine Sonntagsheiligung durch den Gottesdienst. Sie geht dabei davon aus, dass in jeder echt angenommenen Unterbrechung eine *Öffnung zur Transzendenz* gegeben ist und wirkt – wenn auch nicht immer gleich direkt oder ausdrücklich.[26] In der kirchlichen Praxis wird die *Öffnung zur Transzendenz* prominent in liturgischen Vollzügen gestaltet. So feiert die Gemeinde im Gottesdienst am Sonntag die Auferstehung Christi, d. h. einen Neuanfang. Arbeit und Ruhe werden ins Verhältnis gesetzt, es wird gedankt, gebetet und gelobt.

Der Sonntag soll hier als Ausgangspunkt eines christlichen Auszeit-Portfolios verstanden werden, der zum einen auf kleinere Auszeiten unter der Woche wirkt (z. B. Andachten oder Bibelstunden mit *Sonntagsmomenten*) und zum anderen auf längere Auszeiten ausstrahlt. Wie der Sonntag alle sieben Tage gefeiert wird, so kennt die Bibel das Sabbatjahr, das alle sieben Jahre eingelegt wird.

Sabbatical als säkulare Auszeit

Biblisch meint *Sabbatjahr* (hebr. *schānā haschsch·bī'īt, schabbat hā'āres.*) »das siebte Jahr einer Jahrwoche, in der das Land *ruhte*, d. h. weder bearbeitet noch abgeerntet werden durfte«.[27] In beiden zentralen alttestamentlichen Gesetzeskorpora ist vom Sabbatjahr die Rede; im Bundesbuch in Verbindung mit der *kleineren* Einheit, dem Sabbat:

> Ex 23,10–13 : Sabbatjahr und Sabbat
>
> [10] Sechs Jahre sollst du dein Land besäen und seine Früchte einsammeln. [11] Aber im siebenten Jahr sollst du es ruhen und liegen lassen, dass die Armen unter deinem Volk davon essen; und was übrig bleibt, mag das Wild auf dem Felde fressen. Ebenso sollst du es halten mit deinem Weinberg und deinen Ölbäumen. [12] Sechs Tage sollst du deine Arbeit tun; aber am siebenten Tage sollst du feiern, auf dass dein Rind und Esel ruhen und deiner Sklavin Sohn und der Fremdling sich erquicken. [13] Alles,

---

23 Vgl. http://www.ksoe.at/freiersonntag/index-fs-presse.htm (letzter Zugriff: 05.04.2014).

24 Vgl. http://www.allianz-fuer-den-freien-sonntag.de/index.php?option=com_content&view=article&id=54&Itemid=56 (letzter Zugriff: 05.04.2014).

25 Vgl. http://www.europeansundayalliance.eu/site/foundingstatement/textofthefoundingstatemen (letzter Zugriff: 30.05.2014).

26 Vgl. Alois Müller: Sonntagstheologie von unten. Der Sonntag im Beziehungsfeld zwischen Anthropologie, Soziologie und Theologie. In: Alberich Altermatt/Thaddäus Schnitker (Hg.): Der Sonntag: Anspruch – Wirklichkeit – Gestalt. Würzburg 1986, 236–247 (hier: 240).

27 Vgl. Dieter Correns: Art. Sabbatjahr. In: BHH 3 (2004) [CD-ROM], 1635.

was ich euch gesagt habe, das haltet. Aber die Namen anderer Götter sollt ihr nicht anrufen, und aus eurem Munde sollen sie nicht gehört werden.

Im Heiligkeitsgesetz wird das Sabbatjahr in Verbindung mit der *größeren* Einheit, dem Jobel-/Erlassjahr, beschrieben:

Lev 24,1–7: Sabbatjahr und Erlassjahr
[1] Und der HERR sprach zu Mose auf dem Berge Sinai: [2] Rede mit den Israeliten und sprich zu ihnen: Wenn ihr in das Land kommt, das ich euch geben werde, so soll das Land dem HERRN einen Sabbat feiern. [3] Sechs Jahre sollst du dein Feld besäen und sechs Jahre deinen Weinberg beschneiden und die Früchte einsammeln, [4] aber im siebenten Jahr soll das Land dem HERRN einen feierlichen Sabbat halten; da sollst du dein Feld nicht besäen noch deinen Weinberg beschneiden. [5] Was von selber nach deiner Ernte wächst, sollst du nicht ernten, und die Trauben, die ohne deine Arbeit wachsen, sollst du nicht lesen; ein Sabbatjahr des Landes soll es sein. [6] Was das Land während seines Sabbats trägt, davon sollt ihr essen, du und dein Knecht und deine Magd, dein Tagelöhner und dein Beisasse, die bei dir weilen, [7] dein Vieh und das Wild in deinem Lande; all sein Ertrag soll zur Nahrung dienen. [8] Und du sollst zählen sieben Sabbatjahre, siebenmal sieben Jahre, dass die Zeit der sieben Sabbatjahre neunundvierzig Jahre mache.

In der Exegese wie in der Archäologie herrscht große Uneinigkeit über die Häufigkeit und konkrete Ausgestaltung des Sabbatjahres.

An dieser Stelle soll ein kurzer Exkurs zum Jobeljahr folgen: Als Quadratur des Sabbatjahres lässt sich das Jobeljahr sehr gut als »a sort of super-sabbatical«[28] beschreiben, das alle fünfzig Jahre stattfinden soll. Im Kontext von *Occupy Wall Street* ist am 15. November 2012[29] das Projekt *Rolling Jubilee* ins Leben gerufen worden, das sich explizit auf diese biblische Form des Schuldenerlasses bezieht:

Jubilee comes from many faith traditions including Judaism, Christianity and Islam. A jubilee is an event in which all debts are canceled and all those in bondage are set free. It worked in Biblical times and it can still work today. For example, a kind of jubilee happened in Iceland after the 2008 economic crisis: instead of bailing out their banks, Iceland canceled a percentage of mortgage debt. What these examples show is that debts are just a promise which can - and should - be renegotiated or

---

[28] Bruce Kimball: The Origin of the Sabbath and Its Legacy to the Modern Sabbatical. In: JHE 4 (1978), 303–315 (hier: 312).

[29] Vgl. Adam Gabbat: Occupy Wall Street activists buy $15m of Americans' personal debt. Rolling Jubilee spent $400,000 to purchase debt cheaply from banks before ›abolishing‹ it, freeing individuals from their bills. In: The Guardian, v. 12.11.2013, online abrufbar: http://www.theguardian.com/world/2013/nov/12/occupy-wall-street-activists-15m-personal-debt (letzter Zugriff: 05.04.2014).

canceled when the circumstances warrant. Strike Debt believes that now is the time for a jubilee for the 99%.[30]

Auf der Homepage des Projekts wird außerdem die Vorgehensweise von *Rolling Jubilee* beschrieben:

Banks sell debt for pennies on the dollar on a shadowy speculative market of debt buyers who then turn around and try to collect the full amount from debtors. The Rolling Jubilee intervenes by buying debt, keeping it out of the hands of collectors, and then abolishing it. We're going into this market not to make a profit but to help each other out and highlight how the predatory debt system affects our families and communities. Think of it as a bailout of the 99% by the 99%.[31]

Zurück zur Geschichte des Sabbatjahres, das im Laufe der Jahrhunderte mehrere Wendungen vollzogen hat: Ruhte zunächst das Land, ruht heute der Mensch; die wenigsten Berufstätigen (zumindest in Westeuropa und Nordamerika) arbeiten gegenwärtig im landwirtschaftlichen Sektor, die moderne Arbeitswelt ist weitgehend unabhängig vom Wettergeschehen; im Alten Testament wird das Sabbatjahr theologisch begründet, dieses Argument spielt gegenwärtig eine sehr untergeordnete Rolle.

Als Geburtsland des modernen Sabbatjahres gilt die USA; dort nennt es sich *Sabbatical* und ist nicht (mehr) auf die Dauer eines Jahres festgelegt, sondern kann auch kürzer sein.

Die US-amerikanische Universität Harvard regelte im Jahr 1880 erstmals die Möglichkeiten einer solchen Freistellung:

The Corporation adopted, on the 31st of May, 1880, new rules with regard to leave of absence for professors and assistant professor [...]. The Corporation have decided that they will grant occasional leave of absence for one year on half-pay, provided that no professor have such leave oftener than once in seven years.[32]

Der Begriff *Sabbatical* wird nicht explizit erwähnt, die Referenz auf »once in seven years« stellt jedoch einen deutlichen Hinweis auf das biblische Sabbatjahr dar.

Sechs Jahre später, im Jahr 1886, schreibt das Wellesley College der Universität Harvard Rahmenbedingungen für Sabbaticals fest:

To each of the heads of the above departments the Sabbatical Grant contemplates that every seventh year of her academic service from a given date, she shall be eli

---

30 Vgl. http://rollingjubilee.org (letzter Zugriff: 05.04.2014).

31 Ebd.

32 Ann. Rep. Pres. & Treas. of Harvard Coll. 1879–80, 19.

gible to have [...] a year's leave of absence, to be passed in Europe, and with it her half-yearly salary.[33]

Die Einrichtung eines Sabbatical-Programms wird an dieser Stelle zudem ausführlich begründet: Es sei im akademischen Bereich unvermeidlich, dass Lehrende dazu tendieren, eintönig zu unterrichten; dies in Kombination mit der selbstlosen Hingabe an die Aufgaben am Lehrstuhl könne schwere Folgen nach sich ziehen, nämlich den Verlust der geistigen Wendigkeit, nervöse Erschöpfung sowie vorzeitige Altersschwäche/Gebrechlichkeit (im Original: »in the loss of elasticity of spirit, in nervous prostration, or in premature infirmity«[34]). Es bestehe die Gefahr, dass die Exzellenz leide; bisherige Versuche, diesem Phänomen zu begegnen, seien häufig gescheitert.[35]

Im Laufe der nächsten Jahrzehnte breiten sich Sabbatical-Programme in den USA weiter aus, zunächst schwerpunktmäßig im Bildungsbereich, dann auch zunehmend in der Privatwirtschaft sowie vereinzelt in den Kirchen und den ihr angegliederten Organisationen.

Sabbaticals haben sich zu einem globalen Phänomen entwickelt. Exemplarisch seien im Folgenden einige Zahlen zur Situation in Österreich und Deutschland genannt. In beiden Ländern haben Mitarbeitende im öffentlichen Dienst (unabhängig von Verbeamtung) die Möglichkeit, ein Sabbatical einzulegen; so haben beispielsweise deutsche Lehrkräfte seit 1987[36] ein Recht auf ein Sabbatical, zunächst in Berlin, dann sukzessive in allen Bundesländern. In Österreich gibt es diese Möglichkeit seit 1998.[37] Für den Bereich der Privatwirtschaft gibt der *Unternehmensmonitor Familienfreundlichkeit Deutschland*,[38] der seit 2003 alle drei Jahre erhoben wird, wichtige Auskünfte: Die Zahl der Unternehmen, die ein Sabbatical als familienfreundliche Maßnahme anbieten, schwankt zwischen 4,1% (2003) und 16,1% (2009). Es handelt sich dabei v.a. um Unternehmen, die aus den USA stammen – im Hinblick auf die Entwicklung des modernen Sabbaticals keine große Überraschung.

---

33 Vgl. Eben Norton Horsford: Scheme matured and adopted by the trustees in 1886 on the basis of a bequest made to Wellesley College in 1878. Cambridge 1886, 8.

34 Vgl. Horsford 1886 (s.o. Anm. 33), 5f.

35 Vgl. Horsford 1886 (s.o. Anm. 33), 6.

36 Vgl. Martin Rothland: Berufsbezogene Verhaltensstile von Sabbatical-Lehrkräften. Hinweise auf einen erhöhten Bedarf der Entlastung, Regeneration und Ressourcenstärkung? In: Unterrichtswissenschaft 39 (2/2011), 173–192, 174.

37 Vgl. Christa Langheiter: Mut zur Auszeit. Mit Sabbatical, Langzeiturlaub und Ausstieg auf Zeit zu mehr Lebensqualität und neuen Perspektiven. Heidelberg 2006, 74; außerdem: Beamten-Dienstrechtsgesetz (BDG) 1979, § 78e: Sabbatical, online abrufbar: http://www.ris.bka.gv.at/Dokument.wxe?Abfrage=Bundesnormen&Dokumentnummer=NOR40088942 (letzter Zugriff: 05.04.2014).

38 Vgl. http://www.bmfsfj.de/BMFSFJ/Service/Publikationen/publikationen,did=199418.html (letzter Zugriff: 30.05.2014).

Es liegt die Vermutung nahe, dass sich die Situation in Österreich ganz ähnlich darstellt. Am 10.11.2010 hat die 11. Synode der Evangelischen Kirche in Deutschland auf ihrer 3. Tagung das Kirchengesetz zur Regelung der Dienstverhältnisse der Pfarrerinnen und Pfarrer in der Evangelischen Kirche in Deutschland (Pfarrdienstgesetz der EKD – PfDG.EKD) beschlossen.[39] Bis zu diesem Zeitpunkt gab es in den 22 Gliedkirchen der EKD elf unterschiedliche Pfarrdienstgesetze.[40]

Nach § 120 PfDG.EKD trat das Gesetz für die Evangelische Kirche in Deutschland am 01.01.2011 in Kraft; für die Gliedkirchen war ein Inkrafttreten nach Zustimmung vorgesehen, spätestens jedoch bis 31.12.2012. Die Generalsynode der Vereinigten Evangelisch-Lutherischen Kirche Deutschlands (VELKD) hat das Pfarrdienstrechtsneuordnungsgesetz am 08.11.2011 beschlossen.[41]

Seit dem 01.07.2012 sind Sabbaticals für bayerische Pfarrpersonen neu geregelt, bereits seit 1997 gab es grundsätzlich die Möglichkeit für ein Sabbatjahr. Im »Kirchengesetz zur Ausführung des Pfarrdienstgesetzes der Evangelischen Kirche in Deutschland in der Evangelisch-Lutherischen Kirche in Bayern (Pfarrdienstausführungsgesetz – PfDAG)« heißt es:

> § 30
> Sabbatzeit (zu § 71 PfDG.EKD)
> Der Umfang des Dienstverhältnisses eines Pfarrers oder einer Pfarrerin kann, wenn zwingende dienstliche Gründe nicht entgegenstehen, auf Antrag in der Weise verändert werden, dass der Pfarrer oder die Pfarrerin während der ersten drei Viertel eines Bewilligungszeitraums von höchstens sieben Jahren den Dienst in vollem Umfang versieht und während des letzten Viertels des Bewilligungszeitraums vom Dienst völlig freigestellt wird. Das Nähere wird durch Verordnung geregelt.[42]

In der Evangelischen Kirche Österreich besteht für Pfarrpersonen seit 2000 die Möglichkeit einer sog. Sabbathzeit.[43]

Nicht alle, die rein arbeitsrechtlich ein Sabbatical einlegen könnten, können

---

39 Vgl. http://www.ekd.de/download/beschluss_pfarrdienstgesetz_vii_3.pdf (letzter Zugriff: 05.04.2014). Das Pfarrdienstgesetz ist in zehn Teile gegliedert, diese z. T. in Kapitel, dann folgen Paragraphen (insgesamt 121). Die zehn Teile im Überblick: 1. Grundbestimmungen, 2. Ordination, 3. Probedienst und Anstellungsfähigkeit, 4. Begründung des Pfarrdienstverhältnisses, 5. Amt und Rechtsstellung, 6. Veränderungen des Pfarrdienstverhältnisses, 7. Beendigung des Pfarrdienstverhältnisses, 8. Rechtsschutz, Verfahren und Beteiligung der Pfarrerschaft, 9. Sondervorschriften, 10. Übergangs- und Schlussvorschriften;

40 Vgl. http://www.ekd.de/presse/pm288_synode_pfarrdienstgesetz.html (letzter Zugriff: 05.04.2014).

41 Vgl. http://www.ekd.de/synode2011/presse/pm284_2011_pfarrerdienstrechtsneuordnungsgesetz.html (letzter Zugriff: 05.04.2014).

42 Vgl. KABl 05/2012, 143.

43 Vgl. VA 14, Sabbathzeit-Verordnung, Verordnung des Evangelischen Oberrates A. u. H.B., ABl. Nr. 167/2000 und 45/2006.

sich dies tatsächlich auch vorstellen, wie die Studie *Working time preferences in sixteen European countries* aus dem Jahr 1998 zeigt. Es handelt sich dabei um eine repräsentative Umfrage, die in 15 EU-Mitgliedstaaten und Norwegen im Auftrag der *European Foundation for the Improvement of Living and Working Conditions* durchgeführt wurde. Mehr als 30.000 ökonomisch aktive und inaktive Menschen wurden nach ihren Beschäftigungspräferenzen befragt, d. h. sowohl Erwerbstätige als auch Erwerbslose.[44]

Laut dieser Studie besteht in Europa ein beträchtliches Interesse an Sabbaticals. Im Durchschnitt bewerten mehr als die Hälfte aller abhängig Beschäftigten in den 16 Ländern das Arbeitszeitmodell Sabbatical als nützlich, wobei die Zahlen stark divergieren, von 38% in Spanien bis zu 79% in Irland und Norwegen.[45]

In Österreich lag die Zustimmung bei 58%, d.h. nur leicht über dem europäischen Durchschnitt, Deutschland mit 53% leicht unter dem Durchschnitt. Im direkten Ländervergleich liegen beide auf den hinteren Rängen, niedrigere Zustimmungswerte wurden nur in Frankreich, Griechenland, Luxemburg, Belgien und Spanien erreicht.[46]

Hielt eine befragte Person ein Sabbatical für eine nützliche Sache, wurde sie im Anschluss daran gefragt, wie sie die Zeit verbringen würde, Mehrfachantworten waren möglich. Die Ergebnisse sahen folgendermaßen aus:[47]

64%	Reisen, Entspannung, Hobbies
24%	Weiterbildung
13%	handwerkliche Tätigkeiten
11%	Kinder
9%	andere
4%	Ehrenamt
3%	Pflege von Angehörigen
3%	k. A.

Auf Europa-Ebene werden die ersten drei Plätze also belegt von Reisen/Entspannung/Hobbies, Weiterbildung sowie Familie bzw. Zeit für handwerkliche Tätigkeiten. Die Ergebnisse in Österreich[48] liegen ganz auf dieser Linie, wobei der Punkt Weiterbildung deutlich über dem EU-Durchschnitt liegt (39%). Die Studie liefert keine Begründungen, auf Spekulationen möchte die Autorin gerne verzichten, sondern diesen Ausschlag schlicht benennen. Deutschland bewegt sich ebenfalls

44 Vgl. Eurofound (Hg.): Working time preferences in sixteen European countries. Luxembourg 2002, V; online abrufbar: http://www.eurofound.europa.eu/pubdocs/2002/07/en/1/ef0207en.pdf (letzter Zugriff: 05.04.2014).

45 Vgl. Eurofound (s. o. Anm. 44), 81.

46 Vgl. Infratest Burke Sozialforschung (Hg.): Tabelle 2. Fragen 64–70. München 1998, II–38 (unveröffentlicht).

47 Vgl. ebd.

48 Vgl. ebd.

ganz im Rahmen der europäischen *Top-Drei*, wobei der Punkt Reisen/Entspannung/Hobbies mit 70% den Ruf als *Reiseweltmeister* noch einmal bestätigt.

Was Menschen während ihres Sabbaticals tatsächlich tun, das erfassen einige wenige empirische Studien, so z.B. die von Barbara Siemers.[49] Sie hat Menschen aus verschiedenen Berufsgruppen qualitativ befragt und kommt zu einer Unterscheidung von fünf Sabbaticaltypen:

1. Sabbatical zur Regeneration
2. Sabbatical für Familienaufgaben
3. Sabbatical zur beruflichen Weiterbildung
4. Sabbatical zur Neuorientierung
5. Sabbatical für eigene Projekte

Es wird deutlich, dass Sabbaticals sehr unterschiedlich genutzt werden, wobei der Grad der Optionalität sehr stark schwankt: Sabbatees, Menschen die ein Sabbatical einlegen, bewegen sich zwischen den beiden Polen (äußerer bzw. innerer) Zwang und Freiheit, wobei beide wiederum sehr unterschiedlich empfunden werden können.

Es existieren weitere Studien zu einzelnen Berufsgruppen, beispielsweise zu Lehrkräften[50] oder Mitarbeitenden einer großen Unternehmensberatung.[51] Des Weiteren liegen Ergebnisse aus Interviews der Autorin mit bayerischen Pfarrpersonen vor.

Allen Studien ist gemeinsam, dass sie sich auf sehr kleine Personengruppen beziehen, was allgemeine Aussagen einigermaßen erschwert.

Interessante Schnittmengen ergeben sich zu den Ergebnissen der sog. Zeitbudget-Untersuchungen, die seit 1981 in Österreich und seit 1991 in Deutschland durchgeführt werden:[52] Das Wochenende bzw. der Sonntag und das Sabbatical werden ganz ähnlich verbracht. Dies stützt die These, Sabbaticals als eigene *Sonntagskultur* zu begreifen.

Die Diskrepanz zwischen der Anzahl der Menschen, die sich ein Sabbatical wünschen, und denen, die tatsächlich ein Sabbatical in Anspruch nehmen, ist enorm.

---

[49] Vgl. Barbara Siemers: Sabbaticals. Optionen der Lebensgestaltung jenseits des Berufsalltags. Frankfurt a.M. 2005, 114–283.

[50] Vgl. Stefanie Hoos: Lehrersabbaticals. Beitrag zur Lehrerbildung und Lehrergesundheit? Kassel 2009.

[51] Vgl. Christian Deller: Evaluation flexibler Arbeitszeitmodelle am Beispiel einer Unternehmensberatung. Die motivationalen Auswirkungen verschiedener Sabbatical- und Teilzeitprogramme aus Teilnehmersicht. München/Mering 2004.

[52] Vgl. Untersuchungen in Deutschland (1991/1992, 2001/2002, 2012/2013; https://www.destatis.de/DE/PresseService/Presse/Pressemitteilungen/2011/06/PD11_000_p001.html (letzter Zugriff: 27.04.2014); Untersuchungen in Österreich (1981, 1992, 2008/2009; http://www.statistik.at/web_de/statistiken/soziales/zeitverwendung/zeitverwendungserhebung/index.html [letzter Zugriff: 24.03.2014]).

Seriöse Schätzungen gehen davon aus, dass in Deutschland im Bereich der Privatwirtschaft weniger als 5% der Arbeitnehmenden ein Sabbatical einlegen;[53] es kann davon ausgegangen werden, dass sich die Zahlen für Österreich ebenfalls in dieser Größenordnung bewegen.

Für den öffentlichen Dienst seien exemplarisch die bayerischen Lehrkräfte genannt. Am 1. Oktober 2012 waren im Freistaat Bayern 113.438 Lehrkräfte[54] beschäftigt, davon befanden sich 1125[55] in einem Sabbatjahrmodell (Arbeits- bzw. Freistellungsphase), das entspricht 1% aller bayerischen Lehrkräfte. Es fällt dabei auf, dass v. a. Lehrkräfte an Grund- und Mittelschulen, Förderschulen und Gymnasien dieses Arbeitszeitmodell nutzen.

Für österreichische Lehrkräfte liegen keine mir bekannten vergleichbaren Zahlen vor.

Das Evangelische Kirchenamt in Wien führt eine eigene Statistik über Pfarrpersonen in Sabbathzeit: Seit der Einführung im Jahr 2000 haben 25 Personen ein Jahr Auszeit genommen.[56] Setzt man dies in Relation zur Gesamtzahl der besetzten Pfarrstellen (derzeit 266;[57] seit dem Jahr 2000 keine größeren Schwankungen), dann lassen sich die österreichischen Pfarrpersonen als deutlich *auszeit-freudiger* als ihre bayerischen Kolleginnen und Kollegen beschreiben: In der Evangelisch-Lutherischen Kirche in Bayern sind derzeit rund 2500 Pfarrpersonen[58] tätig (ebenfalls keine größeren Schwankungen in den letzten zehn Jahren), wobei das Landeskirchenamt München keine eigene Statistik führt und die Autorin auf informellen Wegen auf sechs Sabbatees seit 1997 gestoßen ist.

Es soll an dieser Stelle nicht allgemein über mögliche Erklärungen für diese Diskrepanzen spekuliert werden. Fest steht, dass finanzielle Zwänge (Hauskauf, Familie etc.) eine große Rolle bei der Entscheidung für bzw. gegen ein Sabbatical spielen.

---

53 Vgl. Elke Pohl: Sabbatical. So gewinnen alle. Bielefeld 2008, 15; unter Bezug auf Arbeitszeitberatung Dr. Hoff, Weidinger und Hermann (www.arbeitszeitberatung.de).

54 Vgl. Bayerisches Landesamt für Statistik und Datenverarbeitung (Hg.): Bayerische Schulen im Schuljahr 2012/13. Eckzahlen sämtlicher Schularten nach kreisfreien Städten und Landkreisen. Stand: Herbst 2012. München 2013, 5; online abrufbar: https://www.statistik.bayern.de/veroeffentlichungen/index.php?cat=c8_Bildung–Rechtspflege.html (letzter Zugrif f: 08.11.2013).

55 Auskunft per E-Mail: Renate Bayer, Bayerisches Staatsministerium für Unterricht und Kultus, 02.11.2012.

56 Auskunft per E-Mail: Dr. Günter Reimeir, Evangelisches Kirchenamt A.B. Wien, 08.04.2014.

57 Vgl. http://www.evang.at/kirche/zahlen-fakten/ (letzter Zugriff: 24.03.2014).

58 Auskunft per E-Mail: Christian Holler, Evangelisch-Lutherisches Landeskirchenamt München, 12.11.2012.

Die Kirche als Auszeitexpertin

Fest steht außerdem, dass Menschen in der Spätmoderne sich nach Auszeiten, nach Unterbrechungen, sehnen – ganz gleich in welcher Form, ob kurz oder lang.

Eine Kirche, die diese Sehnsucht und damit die Menschen sensibel wahr- und ernstnimmt und daraufhin ihr eigenes Auszeit-Portfolio noch einmal überprüft, ist, so behaupte ich, ganz bei sich. Der Sonntag, Ausgangspunkt aller christlichen Auszeitkulturen, mischt auf einzigartige Weise das Vorfindliche mit dem Utopischen und entwickelt so eine ganz eigene Anziehungskraft. Kirche ist Teil der beschleunigten Gesellschaft. Doch sie lässt sich unterbrechen und unterbricht. Sie gestaltet die in Unterbrechungen mögliche *Öffnung zur Transzendenz* liturgisch sorgfältig und begleitet poimenisch alle ihre Glieder, die sich nach Auszeiten sehnen und *sonntäglich* leben wollen. Kirche geht mit den Menschen durch die Höhen und Tiefen ihres Lebens als Projekt. Sie geht auf der einen Seite mit Lust der Frage nach den Gestaltungsmöglichkeiten nach, sie sucht prophetisch-utopisch nach dem *Möglichkeitssinn* (Robert Musil) und bewahrt auf der anderen Seite mit dem Verweis auf die Rechtfertigungsbotschaft vor der Überschätzung der eigenen Möglichkeiten. Kirche erkennt, wann sich die gute und hilfreiche Orientierung an wirtschaftlichen Erkenntnissen ins Gegenteil verkehrt und erhebt prophetisch-sozialkritisch Einspruch gegen Konzeptionen von Auszeiten, die in göttlichen Geschöpfen nur mehr *human ressources* erkennen, deren Kräfte es zu erhalten gilt. Und dann ist Kirche da, wo Menschen hingehen, wenn sie sagen: *Ich bin dann mal weg.*

Lebenskunst als theologisches und philosophisches Thema

Das sich erzählende »Selbst« in der Seelsorge

Thomas Scheiwiller

Die Theologie sieht sich heute mit philosophischen Subjektverständnissen konfrontiert, welche den Individuen die Wesenheit absprechen. Im letzten Jahrhundert kam es zur endgültigen Spaltung in zwei subjekttheoretische Lager; auf der einen Seite wird das Subjekt klassisch in seiner Schlüsselrolle fortgeschrieben, auf der anderen Seite soll das Subjekt als kontingent-historisches Projekt entlarvt werden. Als früher Kritiker von metaphysischen und moralischen Welterklärungsmodellen machte Friedrich Nietzsche darauf aufmerksam, dass Freiheit sich weder durch falsche Unterwürfigkeit noch durch das Befolgen von sittlichen Regeln einzustellen vermag. Kann an dieser Stelle noch von *Seelsorge* im christlichen Sinne gesprochen werden, wenn sich christliche Topoi wie *Freiheit* und *Individualität* als »Inszenierung der Anrufung« (Louis Althusser) durch ein absolutes Subjekt entpuppen? Auf den folgenden Seiten soll der These einer »Genealogie des individuellen Subjekts als einer unterworfenen, heteronom gesteuerten, gemachten Instanz«[1] nachgegangen werden, um anschließend zu klären, ob und wie eine solche subjektphilosophische Gegenposition für die theologische Praxis fruchtbar ist.

Die in der Seelsorgetheorie des 20. Jahrhundert virulente Dialektik aus *Verkündigung* und *Pastoralpsychologie* gilt es insofern zu überdenken, als dass sie einerseits einen starken und oft unreflektierten Subjektbegriff bedient und andererseits sowohl die Disziplinierung des Menschen durch Dispositive und Diskurse als auch Anknüpfungspunkte durch narrative Herangehensweisen nur unzureichend beleuchtet. Mit Michel Foucault, Wolfgang Welsch, Jean-François Lyotard und Wolfgang Kraus versuche ich in diesem Aufsatz szenenhaft einem Denken nachzugehen, welches sich nicht »von der frohen Botschaft bis zum Jüngsten Gericht [...] den ausdrücklich moralischen Absichten eines im voraus geschriebenen Berichtes anzupassen«[2] sucht, sondern das Ich mehr als Synthese des Gedachten[3] und weniger als Produkt eines Auftraggebers ins bzw. aus dem Zentrum rückt.

---

1 Peter V. Zima: Theorie des Subjekts. Subjektivität und Identität zwischen Moderne und Postmoderne. Tübingen ³2010, 132.

2 Albert Camus: Der Mensch in der Revolte. Essays. Hamburg 1969, 58.

3 Vgl. Günter Abel: Nietzsche. Die Dynamik der Willen zur Macht und die ewige Wiederkehr. Berlin ²1998, 146: »Das Ich ist nicht das Denkende, vielmehr wird es gedacht. Das Ich ist ›erst eine Synthese, welche durch das Denken selbst *gemacht* wird‹.« (G. Abel zitiert an dieser Stelle: Friedrich Nietzsche, KGW, von Gut und Böse, 54, 71.)

1. Foucaults Subjektmetaphilosophie

> »Hier muß man unterscheiden. Zunächst denke ich allerdings, daß es kein souveränes und konstitutives Subjekt gibt, keine universelle Form des Subjekts, die man überall wiederfinden könnte. Einer solchen Konzeption vom Subjekt stehe ich sehr skeptisch, ja feindlich gegenüber. Ich denke hingegen, daß das Subjekt sich über Praktiken der Unterwerfung konstituiert bzw. – auf autonomere Art und Weise – über Praktiken der Befreiung und der Freiheit.«[4]

Entgegen der landläufigen Meinung, Foucault (und mit ihm die »französische Postmoderne«) habe Jagd auf das Subjekt gemacht, hat dieser am vehementesten den verdoppelten Subjektbegriff der Moderne offengelegt. Denn sowohl bei Kant als auch bei Hegel tritt in den Entwürfen ihrer Subjektivität die Spannung zwischen einer allgemeinen Beschaffenheit des Ichs und des Individuums zu Tage, ohne diese Aporie befriedigend aufzuheben. Damit steht bei Kant das *transzendentale Ich* im Selbstbewusstsein und bei Hegel das *Bewegungsprinzip des Weltgeistes* den Vorstellungen von Individualität gegenüber.[5] Michel Foucault indes spricht von »neue[n] Formen der Subjektivität« bzw. von einer Zurückweisung dieser »Individualität, die man uns jahrhundertelang auferlegt hat«.[6] Entgegen der klassisch- philosophischen Vorgehensweise zeichnete sich seine Epistemologie durch die *Archäologie* und *Genealogie* des Wissens aus. Die in historischer Arbeit gewonnenen *Diskurse* werden als konstituierende Bedingungen der Subjektivität erachtet, was Bernhard Taureck als »metaphilosophische« Herangehensweise beschrieb.[7] Trotz Foucaults heteronomen Ansatzes ist die Frage nach dem Subjekt ein zentrales Thema seines Schaffens; dem aufklärerisch-autonomen Subjekt steht der frühe Foucault kritisch entgegen und postuliert ein dezentriertes, ein der Macht unterworfenes *subiectum*. Dabei steht das Subjekt in einem dependenten Verhältnis zur Macht, da letztere in ihrer historischen und gesellschaftlichen Ausgestaltung das Subjekt konstant prägt.[8] Das moderne Subjekt tappte in eine besondere Fallenkonstruktion, indem die

---

4 Michel Foucault: Von der Freundschaft als Lebensweise. Michel Foucault im Gespräch. Berlin 1984, 137f.

5 Vgl. Wolfgang Welsch: Nach welchem Subjekt – für welches andere? In: Hans M. Baumgartner/Wilhelm G. Jacobs (Hg.): Philosophie der Subjektivität? Zur Bestimmung des neuzeitlichen Philosophierens. Akten des 1. Kongresses der Internationalen Schelling-Gesellschaft 1989. Bd. 1. Stuttgart 1993, 45–70 (hier: 50–52).

6 Michel Foucault: Warum ich Macht untersuche. Die Frage des Subjekts. In: Hubert L. Dreyfus/Paul Rabinow (Hg.): Michel Foucault. Jenseits von Strukturalismus und Hermeneutik. Frankfurt a. M. 1987, 243–250 (hier: 250).

7 Bernhard Taureck: Französische Philosophie im 20. Jahrhundert. Analysen, Texte, Kommentare. Reinbek bei Hamburg 1988, 109.

8 Hannelore Bublitz: Art. Subjekt. In: Clemens Kammler/Ralf Parr/Ulrich J. Schneider (Hg.): Foucault-Handbuch. Leben – Werk – Wirkung. Stuttgart 2008, 293–296 (hier: 293–294).

Humanwissenschaft den Menschen in das Zerwürfnis von »totalem Subjekt« und »totalem Objekt« eigenen Wissens einschrieb. Voraussetzung für eine Überbrückung dieser Widersprüche ist demnach die Ablegung der menschlichen Hybris, die Welt aus monokausaler Perspektive erklären zu wollen.[9]

Im ersten Teil von *Sexualität und Wahrheit* bildet die Verknüpfung des *Sexualdispositivs* mit der christlichen Geständniskultur einen zentralen Ausgangspunkt seiner Subjektkritik. Der Mensch sei durch ständige Selbstprüfung – gegen das heraklitische γνῶθι σεαυτόν (*Gnōthi seautón*: Erkenne dich selbst) – und Beichtzwang zum »Geständnistier« geworden. Zudem fällt im Geständnis das redende Subjekt mit dem Objekt der Aussage zusammen und durch das Ritual werden Machtverhältnisse entlarvt – dazu gehören auch christliche Topoi wie Strafen, Vergeben und Trösten zwischen Personen oder Instanzen. In der historischen Bußpraxis transformierte sich folglich die Herrschaftsposition vom redenden Subjekt hin zum urteilenden und das Wissen akkumulierenden Zuhörer.[10] Den Ursprung des gestehenden Subjekts macht Foucault im frühen Mönchtum fest. Im Anschluss an Evagrius Ponticus (345–399 n. Chr.) und seines nach Westeuropa emigrierten Schülers Johannes Cassianus (ca. 360–435 n. Chr.) haben die Ausdifferenzierungen von Lasterkatalogen im Bereich der *immunditia* und *libido* (Unreinheit und Begierde) den moralischen Druck auf das Individuum gesteigert. Im Gegensatz zur ethischen Praxis der Antike konzentrierte sich das Verhältnis zwischen Abt und Novize weniger auf gesellschaftliche Funktionen, sondern drängte durch eine Dynamik steter Geständnisse von Taten, Träumen und Gedanken auf die Unterdrückung und Kontrolle menschlicher Triebe, was, im Sinne Foucaults, zur Produktion und Einschreibung in das subiectum beitrug.[11] Seit dem Laterankonzil 1215 erfuhr die Beichte eine Systematisierung hin zu einem Obligatorium mit dem Anspruch, die Geheimnisse der Menschen in *vollem Umfang* zu entlocken. Dass im Zuge der Beichtpraxis *Macht* und *Wissen* zu einem unentwirrbaren Komplex erwuchsen, ist zentraler Bestandteil Foucaults These und historisch kaum bestreitbar.[12] Jedoch hat gerade die Reformation, welche Foucault nur marginal bespricht, der zeitgenössischen katholischen Praxis deutlich entgegengesteuert. Calvin bezeichnete die herrschende Beichtpraxis als »bürgerliche Zuchtmaßnahme« der Bischöfe und lehnte den scholastischen Zwang, die Sünden der Menschen zu entlocken und nach »Art«, »Menge« und »Umständen« zu kategorisieren, aufgrund feh-

---

9 Vgl. Matthias Rüb: Das Subjekt und sein Anderes. Zur Konzeption von Subjektivität beim frühen Foucault. In: Eva Erdmann/Rainer Forst/Axel Honneth (Hg.): Ethos der Moderne. Foucaults Kritik der Aufklärung. Frankfurt a. M./New York 1990, 187–201 (hier: 188).

10 Vgl. Michel Foucault: Der Wille zum Wissen. Sexualität und Wahrheit. Bd. 1. Frankfurt a. M. 1983, 63–72.

11 Vgl. Michel Foucault: Der Kampf um die Keuschheit. In: Philippe Ariès/André Béjin (Hg.): Die Masken des Begehrens und die Metamorphosen der Sinnlichkeit. Zur Geschichte der Sexualität im Abendland. Frankfurt a. M. 1984, 25–39 (hier: v. a. 32 und 36).

12 Vgl. Foucault 1985 (s. o. Anm. 11), 107, 109, 112, 150, 153.

lender Belege im Urchristentum dezidiert ab. Calvin lag vielmehr daran, ein öffentliches Sündenbekenntnis zu forcieren (Lev 16,21), um die Freiheit des Christen vor der »maßlosen Quälerei« einer vollständigen und erzwungenen Beichte zu schützen, welche lediglich in Verzweiflung mündet.[13] Dass sein Modell der »Kirchenzucht« zu sozialer Kontrolle und Denunzierung führte und das gesellschaftliche Klima Genfs geradezu vergiftete, bildet die Kehrseite seiner sozial-politischen Kritik.

Die *Pastoralmacht* – als Bestandteil der *Gouvernementalität* – und die Substituierung der Gewissensforschung durch die Psychoanalyse sind zwei weitere Kernthemen Foucaults Subjektkritik, welche ihre Wurzeln in der christlichen Tradition finden. Sein gesamtes Œuvre beschäftigt sich mit der Frage nach der auf den Menschen einwirkenden und von ihm beabsichtigten Macht. Diese wirkt von oben und von unten auf das Individuum ein und ist »gleichzeitig intentional und nicht-subjektiv«.[14] Dabei spannt er einen weiten Bogen von der psychologisch ambivalenten Situation des heilsuchenden und gehorsamspflichtigen Christen, der seinem Pastor gegenüber in ständiger Wahrheitsschuld steht, bis hin zur Säkularisierung des Geständniszwanges durch die Psychoanalyse. Diese verstand es, Geständnis, Machtausübung und Epistemologie auf eine wissenschaftliche Basis zu legen. In dieser Tradition trieb sich der Mensch aktiv und passiv zur »Bedingung und Resultat [...] von Wahrheit und Subjektivität.«[15]

Foucaults Kritik des modernen Subjekts, das auf einer christlich geprägten Mentalitätsgeschichte erwachsen ist, hat weitreichende Folgen für die Rezeption *poimenischer* Ansätze des 20. Jahrhunderts. Die Seelsorge ist – sofern sie die Bewertung Foucaults ernst nehmen will – aufgefordert, alternative Ansätze jenseits der Hirtenmetapher zu prüfen, welche nicht uneingeschränkt einer Hermeneutik des Subjekts das Wort reden. Denn weder die asymmetrische, sich stark auf die Sünde der Christen berufende kerygmatische (verkündende) Seelsorge Thurneysens, noch die von Scharfenberg und Stollberg vertretene pastoralpsychologische Ausrichtung spiegeln das ethische Konzept Foucaults, die *Sorge um Sich*, adäquat wider. Die von Foucault vorgeschlagene Ethik der Selbstsorge schließt – in Abgrenzung von einer individualisierenden Pastoralmacht und ihren Praktiken der Unterwerfung und Selbstprüfung – an antike Vorstellungen an. Die Sorge um das Selbst ist eine Anlehnung an Heidegger und soll den Kreislauf »*unendlich objektiven* Wissens des *endlichen Subjekts*«[16] durchbre-

[13] Johannes Calvin: Unterricht in der christlichen Religion. Institutio Christianae Religionis. Transl. Otto Weber. Hrsg. v. Matthias Freudenberg. Neukirchen-Vluyn 2009, Buch III, 4,7, 342–343; III, 4,17, 348–349; 4,10, 344.

[14] Foucault 1983 (s. o. Anm. 10), 95.

[15] Marian Burchardt: Art. Geständnis. In: Clemens Kammler/Ralf Parr/Ulrich J. Schneider (Hg.): Foucault-Handbuch. Leben – Werk – Wirkung, Stuttgart 2008, 258–260 (hier: 258); vgl. auch Hans-Dieter Gondek: Art. Psychoanalyse. In: Ebd., 426–428.

[16] Rainer Forst: Endlichkeit, Freiheit, Individualität. Die Sorge um das Selbst bei Heidegger und Foucault. In: Eva Erdmann/Rainer Forst/Axel Honneth (Hg.): Ethos der

chen. Ausgangspunkt seiner These ist das durch Obduktion des menschlichen Körpers erklärte Ziel, eine humanwissenschaftliche Allwissenheit zu erlangen. Im Gegensatz zum vormodernen Staat, welcher die Macht zum Tod reklamierte, drängt der moderne Staat auf die »vollständige Durchsetzung des Lebens.«[17] Mit dem Begriff der *Bio-Macht* verweist Foucault auf die staatliche Überbetonung von Gesundheit bei gleichzeitiger Verdrängung des Todes.

Unsere Gesellschaft steht einer überbehütenden Regierung entgegen, welche »den Individuen die Angst vor dem Tod« – dem Nicht-Ereignis – nimmt, »sie von ihrer Freiheit« entlastet und »ihre Individualität« normiert.[18] Foucaults praktisches Engagement zielt weniger auf die Normierung des Selbst als auf das Recht auf eigene Sorgen, ohne diese der Bio-Macht übergeben zu müssen. Es ist daher keine humanistische Kritik, welche Freiheit von Natur oder Politik fordert, sondern »Widerstand gegen die *fürsorgliche Subjektivierung* durch die Macht«[19]. Sein Impetus kommt in so genannten »Praktiken der Befreiung und der Freiheit«[20] zu tragen und wurde als eine »Ethik der Nichtnormierung« und als »ästhetische Existenz«[21] bezeichnet; Individualität ist die Ablehnung von sich zu unterwerfenden Normierungen, und die Freiheit ist die »ontologische Bedingung der Ethik.«[22] Die Suche nach dem moralischen Subjekt liegt für Foucault – im Rückblick auf die Antike und durchaus im Konflikt mit seinen früheren Arbeiten – in der Anstrengung, seiner Freiheit stets affirmativ gegenüberzustehen beziehungsweise seinem Leben eine Form zu geben, welche vom Selbst akzeptiert, von den Anderen anerkannt und den Nachkommen vorbildhaft erscheint.[23]

2. Welschs transversale Vernunft

Als einer der wichtigsten Theoretiker der deutschsprachigen Postmoderne sucht Wolfgang Welsch mit dem Entwurf einer transversalen Vernunft[24] nach philosophischen Antworten auf eine Gesellschaft mit zunehmenden Identitätsproble-

Moderne. Foucaults Kritik der Aufklärung. Frankfurt a. M./New York 1990, 146–186 (hier: 161).

[17] Foucault 1983 (s. o. Anm. 10), 135.

[18] Forst (s. o. Anm. 16), 170.

[19] Forst (s. o. Anm. 16), 173. Forst zeigt, dass Foucault drei Motive der Grenzerfahrung eines Subjekts nennt, welche in das Außen eines Diskurses vorstoßen: es sind die Sprache, die Sexualität und der Tod.

[20] Foucault 1984 (s. o. Anm. 4), 138.

[21] Forst (s. o. Anm. 16), 176.

[22] Michel Foucault: Freiheit und Selbstsorge. Interview 1984 und Vorlesung 1982. Hrsg. von Helmut Becker/Lothar Wolfstetter (u. a.), Frankfurt a. M. [2]1993, 12.

[23] Vgl. Foucault 1984 (s. o. Anm. 4), 135.

[24] Wolfgang Welsch: Vernunft. Die zeitgenössische Vernunftkritik und das Konzept der transversalen Vernunft. Frankfurt a. M. 1995.

men. Die Herausforderung der so genannten Postmoderne liegt in der Diskrepanz von einem »Zwang zur Häresie«[25] und einem »Zwang zur Flexibilität«[26], das heißt, der Mensch stellt sich ständig dem Problem, sich durch Entscheidungen profilieren zu müssen, ohne dabei seine Anpassungsfähigkeit zu gefährden. Ähnlich argumentiert auch der französische Soziologe Alain Ehrenberg. Dieser sieht in unserem überspannten Autonomiestreben den Ursprung zeitgenössischer Depressionssymptome, weil der Identitätsprozess nicht wie bis anhin auf dem Feld der Konformität, sondern im Abnutzungskampf von zu erweisenden Handlungskompetenzen geschlagen wird.[27]

Auf diese innere Zerrissenheit antwortet Wolfgang Welsch mit der *Transversalität*, indem er sowohl die (vor-)moderne Vorstellung einer monolithisch-autonomen, als auch eine hierarchisch gefasste Subjektivität hinterfragt[28] und mit einer horizontalen Vorstellung von »Subjektformen« antwortet. Welsch geht demnach von einem Subjekt aus, das nicht Produkt eines einzigen Entwurfes ist, sondern zwischen einer Vielzahl von Entwürfen wechseln kann und dies – im Sinne seiner Fähigkeit mit der postmodernen Pluralität umgehen zu können – auch tun sollte. Abhängig von der Problemlage wird der Mensch durch eine unterschiedliche Gewichtung dieser Subjektanteile zu einer Entscheidung gelangen (ohne dabei opportun oder bloß mimetisch zu wirken). Die divergierenden Vorstellungen dieser Subjektanteile stehen in einer wechselhaften Beziehung, welche »Selektionen und Distanzierungen, Koalitionen und Präferenzen«[29] ohne Instanz austarieren.

Unser Selbstbild ist eine Interpretationsleistung verschiedener Geschichten und Erzählungen, welche kontextabhängig sehr unterschiedlich (von uns) konstruiert oder wiedergegeben werden. Selbstentwürfe divergieren und können von uns nicht erfasst werden, ohne dabei den Sinn zu verändern. Die einzige Möglichkeit besteht im Übergang, das heißt im Wechsel der Perspektive: Die »Verbindung der diversen Identitäten [Perspektiven, Anm. d. Verf.] erfolgt gleichsam horizontal: durch Überschneidungen, Bezugnahmen und Übergänge zwischen den diversen Identitäten.«[30] Die Transversalität nach Welsch ist die Grundvoraussetzung der Kompetenzentwicklung eines Menschen und ist als

---

25 Vgl. Peter L. Berger: Der Zwang zur Häresie. Religion in der pluralistischen Gesellschaft. Frankfurt a. M. 1980.

26 Zygmunt Bauman: Interview, »Identität bedeutet immer: noch nicht«. Ein Gespräch mit dem Soziologen Zygmunt Bauman über Psyche und Körpergefühl des postmodernen Menschen. In: Psychologie Heute 22/8 (1995), 54–58 (hier: 57).

27 Alain Ehrenberg: Das erschöpfte Selbst. Depression und Gesellschaft in der Gegenwart. Frankfurt a. M. 2004: Der Mensch »ist erschöpft von der Anstrengung, er selbst werden zu müssen« (15) und »des Projektes müde«, das eigene Leben »frei zu gestalten« (23).

28 Vgl. Welsch 1995 (s. o. Anm. 24), 842: Die Vorstellung von vertikalen Subjektformen mit einer Art leitendem »Hyper-Ich« unterminiert die Foucaultsche Kritik an der Zweiteilung in ein transzendentales und ein empirisches Ich.

29 Welsch 1995 (s. o. Anm. 24), 844.

30 Welsch 1995 (s. o. Anm. 24), 847.

ein intrinsisches System zu denken, welches die Subjektanteile nicht als von außen vorgegeben erachtet. Schnittmengen, wechselseitige Beziehungen beziehungsweise Problemherde sind deren Scharnierstellen. Zusätzlich ist ein Index der »Färbung« – eine situationsbedingte Rolle – maßgebend, welcher zum einen konstituierend wirkt, andererseits durch neue Erfahrungen auch modifiziert werden kann. Kompetent erscheint in diesem Subjektentwurf, wer sich der Pluralität seiner Anteile bewusst ist und diese in Verantwortung zu steuern vermag. Diese Kompetenz ist in der überschneidenden Subjektvorstellung angelegt und ebenfalls nicht extrinsisch zu denken. Transversalität bietet die Grundvoraussetzung für einen kompetenten Umgang mit innerpsychischen Diskrepanzen und äußerer Pluralität – sie »schützt vor den Gefahren der Entfremdung und Zersplitterung der Existenz und sie befreit von der Ohnmächtigkeit gegenüber perfekt elaborierten Teilrationalitäten«[31].

3. Freiheit und Seelsorge

Foucault stellt zwei Selbstentwürfe dezidiert nebeneinander: Das γνῶθι σεαυτόν (*Gnōthi seautón*: Erkenne dich selbst) und das επιμέλεια εαυτού (*epimeleia heautou*: Sorge um sich selbst), welches in ihrer *Sorge um Sich selbst* der Aufmerksamkeit bedarf, sich bestimmtem Wissen und Techniken bedient, aber auch als ein Befassen mit beziehungsweise ein Arbeiten an sich verstanden wird. Das Christentum, so Foucault, habe den Schwerpunkt auf die Sorge um die Anderen (*epimeleia ton allon*) verlegt und im Gegenzug die Sorge um sich, um die Entfaltung des Selbst als Kunstwerk, zu Egozentrismus degradiert, welcher sich wider den göttlichen Willen stellt. In der Konzentration auf den Anderen und durch die Kontrollfunktion des Pastors hat ein Denken eingesetzt, welches die Suche nach dem Selbst nur epochenweise wieder aufblitzen ließ (z. B. in der Renaissance). Wie ein historisch-kontingent konstituierendes Individuum seinen Autonomieanspruch geltend machen kann, musste die zentrale ethische Frage Foucaults lauten.[32] Die Lösungsansätze seiner späten ethischen Schaffensphase finden Anleihen im Bereich antiker Selbstpraktiken philosophischer Asketik. Diese verstehen sich nicht als eine Praxis des Verzichts, sondern als ein Handlungskonzept – eine Operation – »des Selbst auf sich selbst«,[33] als eine Einübung von Fähigkeiten im Bereich der Selbstkontrolle und des Charakters. Das Konzept der Selbstsorge steht sehr eng mit seiner Vorstellung von Freiheit in Verbindung und zwar in der Weise, dass Freiheit zum einen die Grundbedingung für Ethik darstellt, zum anderen die Beschäftigung mit sich selbst, das

---

31 Welsch 1995 (s. o. Anm. 24), 852.

32 Vgl. Hubert L. Dreyfus/Paul Rabinow: Michel Foucault. Jenseits von Strukturalismus und Hermeneutik. Mit einem Nachwort von und einem Interview mit Michel Foucault. Frankfurt a. M. 1987, 281ff.

33 Foucault 1993 (s. o. Anm. 22), 10.

heißt die Sorge um sich, die Reflexion der Freiheit bedeutet.[34] Freiheit äußert sich in der Selbst*gestaltung* des Menschen, welche aufgrund der bei Foucault fehlenden Annahme einer Essenz eben *keine* Selbst*entfaltung* darstellt! Die antiken Denker, auf welche Foucault rekurriert, waren sich einig, dass die Beschäftigung mit sich, Bedingung sowohl für Freiheit als auch für die Beziehung zum Anderen bedeutete – nur wer sich seiner Handlung bewusst ist, weiß um den adäquaten Umgang mit seinem Nächsten.[35] Auch entkräftet Foucault in einem seiner Interviews die gängige Meinung, dass Macht per se negativ zu bewerten sei. Vielmehr betont er die soziale Funktion von Lenkung und Anordnungen der Menschen untereinander und fordert dabei Justiz, Politik und das Selbst auf, bei Machtspielen lediglich Herrschaft zu minimieren.[36] Denn Macht – aber auch Wahrheit – ist für Foucault ein konstituierendes Moment in der Subjektentwicklung, welche in seinem Fall nicht auf einer Theorie oder einer Substanz beruht. Ähnlich wie bei Welschs *Transversaler Vernunft* sieht Foucault das Subjekt als Form, die »weder vor allem noch immer mit sich selbst identisch«[37] ist und in verschiedenen Lebenslagen ein unterschiedliches Verhältnis zu sich selbst haben kann. Der Konstituierung des Subjekts schreibt Foucault zudem eine passiv-aktive Komponente zu; passiv wirkt die Umgebung auf das Individuum ein, welches wiederum aktiv auf die in seiner Kultur grundgelegten Praktiken zurückgreift.[38] Sofern wir Foucault folgen, mag es nicht erstaunen, dass er den sokratischen Imperativ »Beschäftige dich mit dir selbst« mehr in Richtung »Begründe dich in Freiheit durch Selbstbemeisterung« auszulegen gedachte.[39] Dass dabei auch kompatibilistische Vorstellungen mitschwingen, zeigen seine Ausführungen zu Seneca. Dieser bezeichnet den Zustand der *stultitia* (lat. Torheit, Dummheit) als die unkritische Offenheit und als Zerstreutheit in Zeit und Raum. Der *stultus* erweist sich als unfähig, seinen Willen auf ein Ziel zu richten oder Erinnerungen ins Bewusstsein zu rufen; unfrei und nicht absolut sei sein Wille – »ein Wille, der nicht immer will«[40]. Die Verbindung von Wille und Selbst wurde gekappt und kann, aufgrund der Ablehnung des Selbst, durch das Individuum nicht ohne »die Anwesenheit, die Einlassung [und] den Eingriff des Anderen«[41] wiederhergestellt werden.

In *Sexualität und Wahrheit* und in vielen späten Interviews setzt sich Foucault intensiv mit Praktiken oder Technologien des Selbst auseinander, welche dem modernen Subjekt aus seinem gespaltenen Zustand von Denken und Handeln befreien soll. Weder die Norm noch die Bio-Politik eines totalen Subjekt-

---

34 Foucault 1993 (s. o. Anm. 22), 12: »Freiheit ist die ontologische Bedingung der Ethik. Aber die Ethik ist die reflektierte Form, die die Freiheit annimmt.«

35 Vgl. Foucault 1993 (s. o. 22), 14–16.

36 Vgl. Foucault 1993 (s. o. 22), 25.

37 Foucault 1993 (s. o. Anm. 22), 18.

38 Vgl. Foucault 1993 (s. o. Anm. 22), 19.

39 Vgl. Foucault 1993 (s. o. Anm. 22), 28.

40 Foucault 1993 (s. o. Anm. 22), 41.

41 Foucault 1993 (s. o. Anm. 22), 42.

Objekt-Schemas soll über die Individualisierung des Menschen bestimmen, sondern Praktiken der *epimeleia heautou*. Neben Techniken der Meditation und der Gewissensprüfung führt er auch die *Erinnerung* an, welche Foucault anhand so genannter *hypomnemata* (ὑπομνήματα, Notizhefte) erläutert. Diese Form der Niederschrift bilde ein Gedächtniskorpus, welches für die persönliche Arbeit von besonderer Bedeutung ist. Die Relecture und Meditation, das heißt die Vergegenwärtigung und Reflexion von Grundsätzen und Regeln, sind zentrale Bestandteile, um Schwächen (wie Wut, Neid, Klatsch) oder Krisen (Trauer, Unfall) zu verarbeiten. Das Ziel liegt nicht in der läuternden Funktion, wie das bei Bekenntnissen der Fall ist, sondern in der Selbstkonstitution anhand einer reflektierten Summation von Gesagtem.[42] Gestützt wird seine Argumentation von Quellenmaterial, das geschrieben wurde, »um gelesen, gelernt, durchdacht, verwendet, erprobt zu werden«.[43] Texte dienen dem Menschen als Operationen beziehungsweise als Handlungsgrundlage, indem sie eine »etho-poetische Funktion«[44] einnehmen.

Nach einer ausführlichen Annäherung an das »ethische Konzept« Foucaults soll in einem zweiten Teil dieses Kapitels eine Synthese von Subjektkritik und Seelsorgetheorie versucht werden. Es stellt sich die Frage, ob eine so genannte »postmoderne Subjektkonzeption« eine Grundlage für Seelsorge bieten kann. Ein früher theologischer Vertreter Foucaults Kritik gegenüber dem normierenden Defizitmodell ist Henning Luther. In seinem Aufsatz *Alltagssorge und Seelsorge* machte er deutlich, dass ein eminenter Unterschied zwischen der gewöhnlichen Sorge im Sinne der »Wiedereingliederung, Realitätsertüchtigung und Anpassung«[45] und der kritischen Umwälzung im Nexus des »sozialen Todes« der Seelsorge besteht. H. Luthers Befürchtungen kreisen um die vermeintliche Abwertung der Seelsorge, welche zu einem auswechselbaren Angebot innerhalb der »Mental-Health-Bewegung« zu werden droht. Er wehrt sich gegen eine verharmloste Weltsicht, welche aus Bequemlichkeit eine normierende und gesellschaftstaugliche Alltagssorge einer seelsorgerlich-kritischen Entlarvung von Mechanismen der Zwangsregulierung bevorzugt.[46] Auch Rolf Schieder kritisiert die humanwissenschaftliche Zergliederung in »gesund«/»normal« und »krank«.[47] Obwohl Schieder im Wesentlichen den Kritikpunkten H. Luthers

---

42 Vgl. Dreyfus/Rabinow 1987 (s.o. Anm. 32), 385–386.

43 Michel Foucault: Der Gebrauch der Lüste. Sexualität und Wahrheit. Bd. 2. Frankfurt a. M. 1986, 20.

44 Foucault 1986 (s.o. Anm. 43), 21.

45 Henning Luther: Alltagssorge und Seelsorge. Zur Kritik am Defizitmodell des Helfens. In: Ders. (Hg.): Religion und Alltag. Bausteine zu einer Praktischen Theologie des Subjekts. Stuttgart 1992, 224–238 (hier: 231).

46 Vgl. Luther 1992 (s.o. Anm 45), 229–233.

47 Vgl. Rolf Schieder: Seelsorge in der Postmoderne. In: WzM 46 (1994), 26–43 (hier: 28). Es muss an dieser Stelle erwähnt werden, dass bereits Freuds Psychoanalyse der zweiteiligen Einordnung der Gesellschaft in »normal« und »gesund« kritisch gegenüberstand: Sigmund Freud: endliche und die unendliche Analyse (1937). Schriften zur Be-

folgt, fokussiert dieser im Anschluss eine Seelsorge des Einzelnen, um der in unserer Zeit virulent gewordenen Entscheidungskrise entgegenzuwirken. Dem Seelsorger kommt dabei nicht die Funktion des Orakels zu, sondern die des Fürsprechers und Ermutigers neu gewonnener Handlungskompetenz.[48] Wilfried Engemann empfiehlt alternativ, den christlichen Subjektdeterminismus mit der Ausarbeitung des – auf Wünschen basierenden – Willens voranzutreiben und folgt diesbezüglich den Ausführungen von Peter Bieris *Handwerk der Freiheit*.[49] Zwischen den verschiedenen Ansätzen von Luther, Schieder und Engemann scheint dahingehend Konsens zu herrschen, dass das zeitgenössische Subjekt in einer Identitätskrise steckt, welche durch ein Übermaß an Möglichkeiten initiiert wurde. Trotz einer Vielzahl an Überschneidungen stoßen die Lösungsansätze in unterschiedliche Richtungen: Henning Luther pointiert mit seinem diakonischen Ansatz – unter Berücksichtigung der Überbetonung eines defizitären Individuums – die fragmentarische Welt; Rolf Schieder versucht das verzweifelnde und das die Verzweiflung aushaltende Individuum wieder in den Fokus zu nehmen, indem Handlungskompetenzen geschult werden sollten. Wilfried Engemann folgt schließlich dem Modell des Kompatibilismus und will zwischen

---

handlungstechnik. Studienausgabe Ergänzungsband, Hrsg. von Alexander Mitscherlich (u. a.), Frankfurt a. M. 2000, 351–392 (hier: 389): »Man wird sich nicht zum Ziel setzten, alle menschlichen Eigenarten zugunsten einer schematischen Normalität abzuschleifen oder gar zu fordern, daß der ›gründlich Analysierte‹ keine Leidenschaften verspüren und keine inneren Konflikte entwickeln dürfe. Die Analyse soll die für die Ichfunktionen günstigsten psychologischen Bedingungen herstellen; damit wäre ihre Aufgabe erledigt.« Auf S. 360 fragt sich Freud in Bezug auf die Beendigung einer Psychoanalyse, »ob man durch Analyse ein Niveau von absoluter psychischer Normalität erreichen« könne, denn »ein [...] Normal-Ich ist, wie die Normalität überhaupt, eine Idealfiktion« (375). Daß Freud sich der »Normalitäts-Problematik« auch im Hinblick auf die Gesellschaft annimmt, zeigen Passagen aus *Das Unbehagen in der Kultur* (1930), der Gesellschaft Ursprünge der Religion. Studienausgabe Bd. IX. Hrsg. von Alexander Mitscherlich (u. a.). Frankfurt a. M. 2000, 191–270 (hier: 269): »Auch stößt die Diagnose der Gemeinschaftsneurosen auf eine besondere Schwierigkeit. Bei der Einzelneurose dient uns als nächster Anhalt der Kontrast, in dem sich der Kranke von seiner als ›normal‹ angenommenen Umgebung abhebt. Ein solcher Hintergrund entfällt bei einer gleichartig affizierten Masse, er müßte anderswoher geholt werden. Und was die therapeutische Verwendung der Einsicht betrifft, was hülfe die zutreffendste Analyse der sozialen Neurose, da niemand die Autorität besitzt, der Masse die Therapie aufzudrängen? Trotz aller Erschwerungen darf man erwarten, daß jemand eines Tages das Wagnis einer solchen Pathologie der kulturellen Gemeinschaften unternehmen wird.« S. 268: »Vielmehr, es [das Gebot] nimmt an, daß dem Ich des Menschen alles psychologisch möglich ist, was man ihm aufträgt, daß dem Ich die unumschränkte Herrschaft über sein Es zusteht. Das ist ein Irrtum, und auch bei den sogenannt normalen Menschen läßt sich die Beherrschung des Es nicht über bestimmte Grenzen steigern.«

[48] Vgl. Schieder 1994 (s. o. Anm. 47), 40.

[49] Peter Bieri: Das Handwerk der Freiheit. Über die Entdeckung des eigenen Willens. Frankfurt a. M. [7]2007; Wilfried Engemann: Aneignung der Freiheit. Lebenskunst und Willensarbeit in der Seelsorge. In: WzM 58 (2006), 28–48.

determinierten Bedingungen und aktivem Lebensentwurf keinen Widerspruch sehen. Der Seelsorger steht der Selbstwiederfindung Pate und begleitet die Willensbildung des Individuums im Bewusstsein des stetig »fließenden Selbst«.[50] Ähnlich wie Foucault erachtet auch Bieri »Selbsterkenntnis [als] ein Maß für die Willensfreiheit«[51] und befürchtet, die Kontinuität und Kohärenz werde an der drohenden Überzahl an Entscheidungsmöglichkeiten zerschellen.

4. Narrative Selbstsorge

Hat eine Seelsorge ohne Essenzbegriff jenseits von psychologischen und kerygmatischen Vorstellungen überhaupt noch eine Existenzberechtigung? Mit Jean-François Lyotard und dem Sozialpsychologen Wolfgang Kraus, welcher sein Konzept der »narrativen Psychologie« stark an Paul Ricœur anlehnte, möchte ich eine Antwort vorschlagen. Lyotard suchte im Anschluss an die großen Metaerzählungen der »Moderne« (Kant, Hegel) nach alternativen Zugängen monokausalen beziehungsweise welterklärenden Wissens. Der philosophische Vordenker der Postmoderne glaubte, im so genannten narrativen Wissen die Grundlage für Kompetenzentwicklung festmachen zu können – im »Sagen-Können«, »Hören-Können« und »Machen-Können«. Die Erzählung bildet demnach die Grundlage für den sozialen Zusammenhang zwischen Erzähler und Zuhörer.[52] Dass diese Erzählungen und Narrationen beziehungsweise die sozialen Grundvoraussetzungen zu einer Überzahl an Entscheidungssituationen innerhalb des Individualisierungsprozesses erwuchsen, wurde am Anfang des zweiten Kapitels bereits verdeutlicht. Das Subjekt findet sich in der unangenehmen Zwangslage wieder, sich als stabil und zugleich anpassungsfähig zu erweisen. Wolfgang Kraus spricht in diesem Zusammenhang von »Selbst-Narrationen«, also von narrativen Verbindungslinien aus fragmentarisch erscheinenden Lebensabschnitten. Aus verschiedenen Perspektiven und in verschiedenen Zeitabschnitten werden unterschiedliche Geschichten entworfen, können jedoch mithilfe sozialer Interaktion wieder in Relation gesetzt werden. Die Schwierigkeit menschlicher Identitätsentwicklung liegt zum einen in der Vielzahl an Narrativen, in welche das Subjekt nicht nur verstrickt, sondern auch unterschiedlich sozial gebunden ist. Das narrative Selbst konstituiert sich nicht im luftleeren Raum, sondern wird durch Narrative der Gesellschaft präfiguriert. Die narrative Analyse fragt danach, ob ich Objekt oder Subjekt meines Tuns in Teilidentitäten bin.

Nicht nur die Bedeutung, sondern Kommunikation im weiteren Sinne liegt im Interessenbereich der Narration; Anfang und Ende einer Erzählung sowie deren Spannungsbogen sind Deutungsmittel, welche Geschichten als stabil,

---

50 Vgl. Engemann 2006 (s. o. Anm. 49), 32 bzw. 48; Bieri 2007 (s. o. Anm. 49), 408–415.

51 Bieri 2007 (s. o. Anm. 49), 397.

52 Vgl. Jean-François Lyotard: Das postmoderne Wissen. Ein Bericht. Wien ^{7}2012, 61–70.

progressiv beziehungsweise regressiv erscheinen lassen. Menschen bedienen sich bei Erzählungen gerne an ihnen bekannten Biographie-Strukturen – so genannte »Ready-mades«. Durch die Eingliederung eigener Erlebnisse in die Kategorien Romanze, Komödie, Tragödie oder Satire hat der Mensch ein Werkzeug zur Hand, dem Hintergrundrauschen eigener Existenz einen Rahmen zu geben, denn erst das Verständnis einer Narration beim Zuhörer entscheidet über die soziale Akzeptanz des Erzählers. Dieser sieht sich genötigt, seine Geschichte dynamisch zu präsentieren und sie im Vergleich zu anderen Erzählungen zu glätten (narrative smoothing). Für die Stellung des Individuums in der Gesellschaft ist auch die Analyse von so genannten Narrationsnestern eminent, welche die Eingliederung individueller Erzählungen in die Komplexität von Großnarrativen aus unterschiedlichen Zeitperspektiven zum Thema hat.[53] Auf der Suche nach dem Sinn in der Kausalität menschlichen Lebens räumt die Faktizität der Sinnstiftung, verstanden als ein Offenhalten des Selbst und dessen Zukunft, allzu oft den Vorrang ein. Kraus macht in diesem Zusammenhang zwei Strategien fest: Zum einen werden viele Entscheidungen unter das Verdikt des Fatums gestellt, um nicht in Verlegenheit zu kommen, emotionale Narrative mit rationalen Beweggründen in Verbindung zu bringen (zum Beispiel Liebe und Beziehung). Zum anderen ist der Mensch versucht, so genannte »Scheinhindernisse« ins Feld seiner Entscheidungsfindung zu führen, welche ihn scheinbar objektiv und unausweichlich von mangelndem Mut oder Durchsetzungswillen dispensieren.

»Seelsorge als narrative Selbstsorge« fasst diese Arbeit sentenzartig zusammen. Das Subjekt ist aufgefordert, sein Leben in Teilnarrativen begreifen zu lernen und aus verschiedenen Perspektiven biographische Facetten zu beurteilen. Wo Welsch in der Fähigkeit, menschliche Selbstbilder und Identitäten in ihren gesellschaftlichen Rollen wahrzunehmen, ihre verschiedenen Perspektiven zu verbinden und in ihnen verantwortlich zu agieren, eine anthropologische Grundkompetenz festmacht, möchte Foucaults »Sorge um sich« die Erinnerung in Form der *hypomnemata* hervorheben, welche das Verfassen, die Relecture und Reflexion von Grundsätzen und Regeln das Verarbeiten von Schwächen und Krisen beinhaltet. Durchweg problematisch ist die hohe Anforderung an den »Klienten« zu beurteilen, welcher in der Verfassung sein muss, sich und andere in Narrativen vernetzt zu deuten. Sofern dies beispielsweise aufgrund psychischer Belastungen nicht der Fall ist, stößt dieser Ansatz der Seelsorge an seine Grenzen, und der Seelsorger sieht sich aufgefordert, auf andere Gesprächsführungskonzepte zu verweisen. Im *sich selbst erzählenden Selbst* seiner Teilidentitäten sehe ich dennoch eine Chance für künftige Seelsorgekonzepte vor allem deshalb, weil die Kraft des entdisziplinierenden Selbstzeugnisses in der biblischen Tradition verankert ist. Im Besonderen die Bücher des Alten Testaments eignen sich für eine Reflexionsarbeit im Bereich der Narrative, da sie

[53] Vgl. Wolfgang Kraus: Das erzählte Selbst. Die narrative Konstruktion von Identität in der Spätmoderne. Pfaffenweiler 1996, 171–179.

einerseits aufgrund ihrer heterogenen Autorenschaft ein offenes Nebeneinander von Meinungsbildungsprozessen bieten und andererseits auf Gründe und Abgründe menschlichen Tuns verweisen, die ihre Faszination in ihren Widersprüchlichkeiten begründet. Nicht (nur) als ethische Vorlage, sondern zur Problematisierung unserer narrativen Einbettung soll das Arbeiten mit biblischen und literarischen »Ready-mades« herangezogen werden.

Das Problem einer Freiheit ohne essenzielle Grundlage zieht die Frage nach sich, ob die uns als »Subjekt« am Leben erhaltende Illusion der Kohärenz nicht vielmehr ständiger Antrieb sein kann, die Freiheit in unseren verschiedenen »Teilsubjekten« stets zu erkämpfen. Sind Freiheiten an verschiedenen Fronten unseres Lebens stets verhandelbar? »Autonomie«, so Kraus, »erwächst aus der Bereitschaft und Fähigkeit, sich auf die Differenz einzulassen und Ambiguität zu ertragen. Gerade aus ambiguitätsbehafteten Situationen entstehen narrative Spannungen, die Freiheit ermöglichen«.[54] Dass diese Freiheit in reziprokem Verhältnis zu einer Ethik beziehungsweise zu einem zu erarbeitenden Handlungsraum steht, hat dieser Aufsatz mit der Referenz auf Foucaults ethisches Spätwerk *Sexualität und Wahrheit* deutlich zu machen versucht. Der fortwährende Antrieb, Kohärenz und Kontinuität des Individualisierungsprozesses ständig neu auszutarieren, ist somit auch ein ethisches Projekt, indem wir uns und anderen ständig neu und aus neuer Perspektive Geschichten davon erzählen, was uns beschäftigt und wer wir sind. Dennoch muss die theologische und somit kritische Rückfrage nach einer *Grundlage* beziehungsweise nach einem ökonomistischen Missverständnis menschlicher *Kompetenz*entwicklung erlaubt sein. Denn gerade das religiöse Bewusstsein weiß, dass eine eigenmächtige und abschließende Selbstdefinition ins Leere läuft.[55] Lediglich die »Anerkennung des eigenen Anerkanntseins« bringt den Menschen »dort zur Darstellung, wo er seine ihm gegebene Freiheit in Anerkennung des Andersseins anderer Menschen vollzieht«.[56]

In der Seelsorge macht sich sowohl das Bröckeln der innertheologischen aber auch der transdisziplinären Präskriptionen bemerkbar. »Der Konsens ist ein Horizont, er wird niemals erreicht«,[57] schreibt Lyotard 1979 und kritisiert damit diejenigen Wissenschaften, welche sich – der Realität dieses Diktums abwendend – in die Evaluierung ihrer »Forschung« stürzen. Diese Mahnung gilt ebenso einer Praktischen Theologie, welche sich hinter qualitativen Ansätzen

---

54 Kraus 1996 (s.o. Anm. 53), 182.

55 Falk Wagner: Kann die Religion der Moderne die Moderne der Religion ertragen? Religionssoziologische und theologisch-philosophische Erwägungen im Anschluß an Niklas Luhmann. In: Christian Danz/Jörg Dierken/Michael Murrmann-Kahl (Hg.): Religion zwischen Rechtfertigung und Kritik. Perspektiven philosophischer Theologie (Beiträge zur rationalen Theologie XV). Frankfurt a. M. 2005, 173–201 (hier: 197f.).

56 Falk Wagner: Der Geist neuzeitlicher Subjektivität – Realisator oder Konkurrent der christlichen Freiheit? In: Ders.: Was ist Theologie? Studien zu ihrem Begriff und Thema in der Neuzeit. Gütersloh 1989, 31–46, (hier: 44).

57 Lyotard 2012 (s.o. Anm. 52), 144.

verschanzt und ihre Fragestellungen nur noch an einer Verbesserung ihrer Performanz ausrichtet. Frei nach Lyotard *erzählt* sich die Seelsorge als Paralogie: Ein gänzlich entökonomisiertes Verständnis menschlichen Leidens wird in seinen differenzierten Facetten *erzählt* – und nicht analysiert. Das Gespräch mit dem Menschen als Arbeiter, als Partner oder als Elternteil ist als eine freie Form zu verstehen. Klassischen Gesprächsmodellen, welche sich an der Psychologie beziehungsweise am Kerygma orientieren, ist immer schon ein Zwangsmoment inhärent, indem sie ihrem Gesprächspartner mit dem Ziel begegnen, einen Endzustand zu erreichen, welcher entweder die Gesundheit oder den Normalzustand beziehungsweise eine Versöhnung beinhaltet. Als *paralogische Seelsorge* postmoderner Ausprägung ist das hier vorgestellte Konzept insofern zu verstehen, dass Erzählungen in ganz bestimmten Kontexten als Fehlverhalten und Enttäuschungen interpretiert werden können, sie jedoch in einem anderen Erzählkonnex als Handlungsoption sehr wohl in Frage kommen würden.[58]

---

[58] Vgl. Lyotard 2012 (s. o. Anm. 52), 143–155.

Segnung und Trauung gleichgeschlechtlicher Partnerschaften

Queer-theologische Interventionen in alte und neue Diskussionen

Katharina Payk

Einleitung

Innerhalb der Evangelischen Kirche Deutschlands (EKD) und der Evangelischen Kirchen A. u. H. B. in Österreich gibt es keine einheitlichen Regelungen zu Segnungen oder Trauungen von gleichgeschlechtlichen Partnerschaften. Seitdem die Evangelische Kirche im Rheinland (EKiR) im Jahr 2000 eine »gottesdienstliche Begleitung« gleichgeschlechtlicher Paare in verbindlicher Lebensgemeinschaft ermöglicht hat und erste Liturgiehilfen dazu herausgegeben hat,[1] sind schrittweise weitere Kirchen gefolgt und haben Segnungen für gleichgeschlechtliche Paare eingeführt – meist erst im seelsorgerlichen Kontext, später dann auch im öffentlichen Gottesdienst. Nach wie vor gibt es Entwicklungen, wie die innerhalb der Evangelischen Kirche in Hessen und Nassau, die im Jahr 2013 beschloss, die Partnerschaftssegnung der Trauung weitestgehend anzugleichen. In anderen Kirchen wird bis heute darüber diskutiert, ob homosexuelle[2] Partnerschaften gesegnet werden können.

[1] Vgl. Liturgische Bausteine für eine gottesdienstliche Begleitung gleichgeschlechtlicher Paare in verbindlicher Lebensgemeinschaft. Hrsg. von der Kirchenleitung der Evangelischen Kirche im Rheinland. 2000, online: www.ekir.de/www/downloads/ekir2000liturgische_bausteine_gottesdienstliche_begleitung.pdf (letzter Zugriff: 03.06.2014).

[2] Der Begriff Homosexualität wird – genau wie Heterosexualität – (abwechselnd mit den Formulierungen gleichgeschlechtlich, gemischtgeschlechtlich und gegengeschlechtlich) in diesem Artikel bewusst als politischer Begriff verwendet. Erst durch die Einführung des Begriffes der Homosexualität im Jahre 1869 durch Maria Kertbeny wurde auch der Begriff der Heterosexualität etabliert. Die als selbstverständliche Norm gehandelte Heterosexualität bekam dadurch erst die Markierung einer sexuellen Orientierung *unter anderen*. Dass Sexualität und sexuelle Orientierung ein Teilaspekt der Persönlichkeit eines Menschen und seiner Beziehungswelt ist, ist zu berücksichtigen. Homosexualität, Bisexualität und Heterosexualität können zudem nicht als fixe Identitätsmerkmale klar voneinander abgegrenzt werden. Auf die Problematik der (Über-)Betonung des Sexuellen in den Begriffen Hetero- und Homo- und Bisexualität kann hier nur hingewiesen werden. Die Bezeichnungen lesbisch und schwul sowie Lesben und Schwule verwende

Anhand einer überblicksartigen Analyse wurden neben der EKD zwei Landeskirchen in Deutschland und die evangelischen Kirchen in Österreich ausgewählt, die exemplarisch für die verschiedenen Positionierungen der Kirchen zum Thema Segnung und Trauung von gleichgeschlechtlichen Paaren stehen. Es soll dabei ein Überblick über aktuelle Positionen der Kirchen gegeben sowie Entwicklungen skizziert werden.

Die anschließende Beurteilung aus einer queer-theologischen Perspektive wird Argumente für einen freien Umgang mit der gelebten Vielfalt von Lebensformen und Begehren aufzeigen.

Die Frage nach Segnungen und Trauungen homosexueller Paare ist immer im Rahmen des Geschlechterverständnisses und der Vorstellungen von Sexualität zu besprechen. Die Queer-Theorie als Bezugsrahmen für meine Forschungen bietet die Möglichkeit, innerhalb der Diskussion um Segnungen und Trauungen gleichgeschlechtlicher Paare Vorstellungen über ›natürliche Ordnungen‹ in menschlichen Beziehungen zu destruieren. Die kirchlichen Texte und Entwicklungen werden mit einer ›queer-theologischen Brille‹ daraufhin überprüft, inwiefern die Fortschritte hin zur Gleichberechtigung wirklich inklusiv sind und welches Verständnis von Lebensform, Geschlecht und Geschlechtsidentität abzulesen ist.

Queer Theory

Im Sinne der Queer Theory[3], die sich in den 1990er-Jahren anhand der gesellschaftskritischen Diskurstheorien vor allem Michel Foucaults und Judith Butlers als Denkschule etabliert hat, lese ich Geschlechtsidentität und sexuelle Orientierung als sozio-kulturell hergestellte Kategorien, die sich innerhalb einer menschlichen Biographie oder einer Gesellschaft aufweichen und verändern können.

Das Geusenwort *queer* (zu übersetzen mit ›seltsam‹, ›fragwürdig‹) dient als *umbrella term* dazu, normabweichendes Verhalten und dessen Akteure zu bezeichnen. Dazu gehören neben Lesben, Schwulen, Bisexuellen und Trans*-Menschen unter anderen auch Heterosexuelle, die sich durch ihr normabweichendes Sexualverhalten marginalisiert fühlen[4] oder das Konzept der Queer Theory zu ihrer eigenen Sache machen.

---

ich ebenfalls, besonders weil es sich um Begriffe handelt, die sich – als ursprüngliche Schimpfwörter gegen Homosexuelle – innerhalb der Communities im Sinne einer Selbstermächtigung angeeignet wurden. Auf die Vielfalt der Selbstbezeichnungen wird an dieser Stelle hingewiesen.

3 Eine gute Einführung in Queer Theory bietet: Annamarie Jagose: Queer Theory. Eine Einführung. Berlin 2005.

4 Beispielsweise BDSM-Praktizierende oder polyamor Lebende jeglicher sexueller Orientierungen sowie asexuelle Menschen.

Auch wenn *queer* keine neue Identitätspolitik meint, sondern Sexualitäts- und Geschlechterkategorien dekonstruiert, ist es unabdingbar, weiterhin für Gleichstellung, hier: Präsenz und Gleichberechtigung von Schwulen und Lesben in Kirche und Theologie, einzutreten. Queer-Theologie[5] ist aus der Schwulen und der Lesbischen Theologie hervorgegangen, und bleibt mit ihnen verschränkt, wobei sie über sie hinausgeht und eine Art Sexualisierung christlich-theologischer Themenfelder betreibt.

> »Damit liegt der Fokus queerer Theologie nicht auf einer theologischen Ethik für Schwule und Lesben, sondern auf der Frage nach der christlichen Bedeutung von Sexualität allgemein. Queer-Theologen sehen im identitätskritischen Ansatz eine Chance, die vielfach festgefahrenen christlichen Positionen zur (Homo-)Sexualität auf einer anderen theologischen Ebene zusammenzubringen, die allerdings nur erreicht werden kann, wenn die christliche Theologie bereit ist, die Verhaftung in heterozentristischer Sexualmoral zu verlassen.«[6]

Queer als Lebensrealität und Wissenschaftskonzept beschränkt sich aber nicht auf die Auseinandersetzung mit Sexualität, Geschlechtsidentität und Lebensformen. Längst wird der intersektionale Charakter von *queer* starkgemacht und damit die Überschneidung von verschiedenen Diskriminierungsformen in einer Person berücksichtigt und sichtbar gemacht.

Bei der Thematik der sexuellen Orientierung, die immer mit der Geschlechterthematik verschränkt ist, muss berücksichtigt werden, dass Menschen in ihrer Geschlechtsidentität von der geschlechtlichen Zuweisung bei ihrer Geburt abweichen können, das Geschlecht innerhalb ihrer Biographie wechseln, sich selbst zwischen den gesellschaftlich festgelegten Polen Mann und Frau verorten oder mit – biologisch-medizinisch gesehen – nicht eindeutiger Geschlechtszuweisung zu männlich oder weiblich leben. Daher sind Trans*[7]- und Intersex*[8]-Personen immer auch miteinzubeziehen.

---

5 Einen Überblick über queer-theologische Strömungen bietet: Susannah Cornwall: Controversies in Queer Theology. London 2011.

6 Hedwig Porsch: Sexualmoralische Verstehensbedingungen. Gleichgeschlechtliche PartnerInnenschaften im Diskurs. Stuttgart 2008, 187.

7 Trans*-Personen umfasst Menschen, die sich nicht oder nicht nur dem bei der Geburt zugewiesenen Geschlecht zuordnen. Das sind u. a. Transgender-Personen und Transsexuelle, Transmänner und Transfrauen. Das typographische Sternchen (»Asterisk«) steht für die Vielfalt, die hinter Trans* steht und interveniert in die stereotypen Vorstellungen einer binären Geschlechterordnung.

8 Intersex*-Personen sind intergeschlechtliche Menschen, bei deren Geburt keine eindeutige medizinische Zuordnung zu einem der beiden Geschlechter, männlich oder weiblich, stattfinden konnte. Viele Intersex*-Personen wurden und werden nach der Geburt zwangsoperiert. Die Geschichte der Intersex*-Personen ist geprägt von psychischem und physischem Leid. Auf der Tagung ›Liebesleben hoch 6‹, veranstaltet von der ›Männerarbeit der EKD‹ und den ›Evangelischen Frauen in Deutschland‹ im Jahr 2013

Segnung und Trauung

In Bezug auf Segnungen von gleichgeschlechtlichen Paaren haben die einzelnen Landeskirchen in Deutschland unterschiedliche Umgangsweisen. Viele der Landeskirchen der EKD bieten mittlerweile öffentliche Segnungsgottesdienste für schwule und lesbische Paare an, wenige der Kirchen oder einzelne Pfarrer gestalten diese Gottesdienste so, dass sie nahezu identisch mit dem Ablauf eines Traugottesdienstes sind. Üblicherweise unterscheidet sich die Segnung homosexueller Partnerschaften liturgisch von der traditionellen Trauung. Zudem ist die Segnung keine Amtshandlung und wird nicht im Kirchenbuch dokumentiert. Segnung und Trauung sind aber insofern gleich, dass es sich bei beiden um eine Segnungshandlung handelt. Die Trauung besitzt in der evangelischen Kirche keinen sakramentalen Charakter, wie es beispielsweise in der römisch-katholischen Kirche der Fall ist.

Zwar ist es seit 2009 gesetzlich erlaubt, eine Trauung vorzunehmen, »ohne dass das Paar zuvor auf dem Standesamt erklärt hat, die Ehe miteinander eingehen zu wollen«.[9] Jedoch wird im evangelischen Verständnis die Ehe grundsätzlich als ›weltlich Ding‘, wie Luther es nannte, auf dem Standesamt gegründet.[10] Die kirchliche Trauung stellt also immer einen öffentlichen Gottesdienst anlässlich einer bereits geschlossenen Ehe dar, in welchem dem Paar oder der Ehe respektive der Eingetragenen Partnerschaft als Institution der göttliche Segen zugesprochen wird. Dieses Verständnis machen einige Trauagenden klar.[11] Während allerdings die Segnung von (meist homosexuellen) Paaren eine rein pastorale Handlung darstellt, ist die Trauung eines (heterosexuellen) Ehepaares eine Amtshandlung, der ein Eintrag ins Kirchenbuch folgt.

Christa Spilling-Nöker ist der Widersprüchlichkeit nachgegangen, die in der Ungleichstellung gleichgeschlechtlicher und gegengeschlechtlicher Paare in Bezug auf die Segnung liegt. Sie verweist auf den unterschiedlichen Umgang mit der Institution Ehe und gibt zu denken, dass die eigentlich wichtigere Überlegung in Bezug auf eine Segnung respektive Trauung lautet, wer oder

---

sprach mit Lucie Veith, Vorsitzende des Vereins Intersexuelle Menschen e.V., erstmalig eine Intersex*-Person öffentlich im Rahmen der Evangelischen Kirche Deutschlands.

9 Agende für die Evangelische Kirche von Kurhessen-Waldeck, Die Trauung (Bd. III, Teil 3). Hrsg. vom Landeskirchenamt der Evangelischen Kirche von Kurhessen-Waldeck. Kassel 2012, 14.

10 Die EKD hat 2009 eine Broschüre herausgegeben, die die Frage diskutiert, ob es auch Trauungen ohne vorherige standesamtliche Eheschließung geben soll. Dabei geht es darum, auf die strukturellen Veränderungen in Bezug auf Beziehungen einzugehen. Vgl. dazu Kirchenamt der EKD (Hg.): Soll es künftig kirchlich geschlossene Ehen geben, die nicht zugleich Ehen im bürgerlich-rechtlichen Sinne sind? Zum evangelischen Verständnis von Ehe und Eheschließung. Eine gutachterliche Äußerung (EKD-Texte 101). Hannover 2009.

11 Vgl. beispielsweise Reformierte Liturgie. Gebete und Ordnungen für die unter dem Wort versammelte Gemeinde, i. A. des Moderamens des Reformierten Bundes erarb. und hrsg. von Peter Bukowski (u. a.). Wuppertal (u. a.) 1999, 431.

was überhaupt gesegnet werden kann. Wird das Paar, die einzelnen Personen innerhalb eines Paares oder die Institution Ehe gesegnet? Die jeweilige Entscheidung für eine der Optionen müsse dann konsequent auf alle Paare angewandt werden. Geschlecht und sexuelle Orientierung der um Segnung Bittenden spiele dabei keine Rolle, so Spilling-Nöker, die sich in ihrer Dissertation der Frage nach ›Segnung und Zusammenleben gleichgeschlechtlicher Paare im Pfarrhaus‹ widmete.[12]

In dem umfangreichen Werk findet sich ein Überblick über die Historie der Diskussion um die Segnung gleichgeschlechtlicher Paare in den einzelnen Landeskirchen bis zum Jahre 2006 – dem Erscheinungsjahr des Buches. Spilling-Nöker bringt sowohl die wichtigsten Positionspapiere der evangelischen Kirchen in Deutschland als auch einige Briefwechsel einzelner kirchlicher Amtspersonen zu dem Thema in ihrem Buch zusammen. Christa Spilling-Nöker ist dabei an einer Gleichbehandlung von gleichgeschlechtlichen Partnerschaften und gegengeschlechtlichen Partnerschaften gelegen. Ihre Forderung geht allerdings nur so weit, dass sie dabei Segnungen für gleichgeschlechtliche Paare meint, keine Trauungen. Die Tatsache, dass mit einer flächendeckenden Einführung von Segnungen für gleichgeschlechtliche Paare immer noch ein Sonderfall mit Einschränkungen für diese konstruiert wurde, behandelt Spilling-Nöker nicht.

Den meisten Landes- respektive Gliedkirchen ist es nach wie vor wichtig, zu betonen, dass die Ehe – und damit auch die kirchliche Trauung – gleichgeschlechtlicher Menschen von einer Ehe oder eingetragenen Lebenspartnerschaft verschiedengeschlechtlicher Menschen zu unterscheiden ist. In der Geschichte der Segnungen von gleichgeschlechtlichen Paaren gibt es über die Jahre vielerorts Entwicklungen zu verzeichnen: War es in den meisten Kirchen anfangs – und ist es teilweise noch – eine Segnung im Seelsorgegespräch, wurde gleichgeschlechtlichen Paaren früher oder später eine Segnung öffentlich im Gottesdienst ermöglicht, wobei die EKD-Broschüre ›Mit Spannungen leben‹ von 1996 noch klar formuliert, dass nicht das Paar gesegnet werden kann, sondern lediglich der homosexuelle Mensch, der »allein oder in einer gleichgeschlechtlichen Lebensgemeinschaft ethisch verantwortlich leb[t]«.[13]

Während die meisten evangelischen Kirchen Partnerschaftssegnungen durchführen und darunter auch einige wenige über eine gleichgestellte Trauung für Homosexuelle diskutieren, gibt es nach wie vor Landeskirchen, die keine (öffentliche) Segnung für gleichgeschlechtliche Paare anbieten.[14]

---

12 Vgl. Christa Spilling-Nöker: Wir lassen Dich nicht, Du segnest uns denn. Zur Diskussion um Segnung und Zusammenleben gleichgeschlechtlicher Paare im Pfarrhaus. Berlin 2006, hier: Kapitel 4.3.

13 Mit Spannungen leben. Eine Orientierungshilfe des Rates der Evangelischen Kirche in Deutschland zum Thema ›Homosexualität und Kirche‹ (EKD-Texte 57). Hannover 1996, 54.

14 Dazu gehören u.a. die Evangelische Kirche Österreich A.B., die Evangelisch-Lutherische Landeskirche Sachsens, die Evangelisch-Lutherische Kirche in Bayern, die Evangelische Landeskirche in Württemberg, die Evangelische Landeskirche in Baden, vgl. dazu Spilling-Nöker 2006 (s.o. Anm. 12).

Positionen in der evangelischen Kirche: Trauagenden und Positionspapiere

Exemplarisch habe ich aus meinen Analysen neben der EKD vor allem noch zwei Landeskirchen in Deutschland und die evangelischen Kirchen in Österreich herausgegriffen, wie sie sich zum Thema Homosexualität und Segnung respektive Trauung positionieren. Als Belege dienen zum einen die jeweilig gültigen Trauagenden und zum anderen offizielle Verlautbarungen und Meldungen auf den Webseiten der Kirchen. Vielerorts ist es den einzelnen Pfarrern überlassen, ob und wie sie eine Partnerschaftssegnung durchführen – selbst wenn die jeweilige Kirche offiziell dazu negativ Stellung bezogen hat.

Die Evangelische Kirche in Hessen und Nassau (EKHN) wurde ausgewählt, weil sie ganz aktuell, also im Sommer 2013, die Trauung auch für gleichgeschlechtliche Paare offiziell geöffnet hat. Dem gegenüber steht eine Landeskirche, die Evangelische Landeskirche in Württemberg (ELKWü), die Segnungen von gleichgeschlechtlichen Paaren nach wie vor ablehnt und sich dabei auf die EKD-Orientierungshilfe aus den 1990er-Jahren beruft. Der Blick wird ebenfalls auf die Situation in den evangelischen Kirchen in Österreich gelenkt. Positionspapiere und Verlautbarungen der EKD als Zusammenschluss der 20 deutschen Landeskirchen leiten die Darstellung der kirchlichen Positionen ein, wobei hier ganz besonders das sogenannte Familienpapier[15], welches 2013 bei seinem Erscheinen zu massiven Kontroversen innerhalb der Kirchen führte, Beachtung findet.

Die Trauagenden gehen gar nicht oder kaum auf das Thema Homosexualität und Trauung ein. Alle gehen von heterosexuellen Paaren aus, die sich trauen lassen wollen. Das heißt, dass bei den zu Trauenden von Mann und Frau die Rede ist – sowohl im Ablauf der Trauung als auch in den einleitenden Texten. Hinzu kommen Bibelworte, die das Gegenüber von Mann und Frau und ihre Angewiesenheit aufeinander betonen sollen, wie beispielsweise Gen 1,27. Die neueren Trauordnungen verweisen zum Thema Segnung gleichgeschlechtlicher Paare auf spezielle liturgische Hilfen, so beispielsweise die Trauagende der Evangelischen Kirche von Kurhessen-Waldeck (EKKW).[16] Die Trauagende der Union Evangelischer Kirchen in der EKD (UEK) von 2006[17], die ebenfalls wie die der EKKW auf die Vielfalt von Lebensformen eingeht, erwähnt die Möglichkeit einer eingetragenen Lebenspartnerschaft in Deutschland. Allerdings wird ein entsprechendes Ritual für gleichgeschlechtliche Partnerschaften in der Kirche nicht angesprochen. Es findet sich zudem kein Verweis auf separate Liturgiehilfen in der Trauagende.

---

[15] Zwischen Autonomie und Angewiesenheit. Familie als verlässliche Gemeinschaft stärken. Eine Orientierungshilfe des Rates der Evangelischen Kirche in Deutschland. Gütersloh 2013.

[16] Agende für die Evangelische Kirche von Kurhessen-Waldeck III/3 (s.o. Anm. 9).

[17] Trauung. Agende für die Union Evangelischer Kirchen in der EKD (Bd.4). Hrsg. i.A. des Präsidiums von der Kirchenkanzlei der UEK. Bielefeld 2006, 20. 24f.

Die Vereinigte Evangelisch-Lutherische Kirche Deutschlands (VELKD), zu der sieben Landeskirchen – darunter Bayern, Hannover, Norddeutschland und Sachsen – gehören, betont in ihrer Trauagende von 1988 das Leitbild der (heterosexuellen) Ehe:

> »Gott hat Mann und Frau geschaffen, um füreinander da zu sein. [...] Die Ehe macht mehr als jede andere Beziehung Verantwortung möglich, weil sie in der Bindung an einen Menschen konkrete Aufgaben zuweist. Ehe gewährt Geborgenheit und ermöglicht gemeinsame Lebensführung.«[18]

Es gibt keinen Hinweis auf den Umgang mit gleichgeschlechtlichen Partnerschaften. Dies mag daran liegen, dass diese aus den 1980er-Jahren stammt, wobei bereits ab Ende der 1970er-Jahre die VELKD Stellungnahmen zum Thema Homosexualität und Kirche herausgab. Grund dafür war, dass ein Pfarrer 1979 wegen seiner Homosexualität vom Pfarrdienst ausgeschlossen wurde.[19]

Nach der Einführung der eingetragenen Lebenspartnerschaft von Seiten des Staates gab es eine kurze Stellungnahme in den 2003 verfassten ›Leitlinien kirchlichen Lebens‹ der VELKD:

> »Die evangelischen Kirchen halten es wegen ihrer Verantwortung für ihre getauften gleichgeschlechtlich orientierten Mitglieder für geboten, Menschen in homosexuellen Partnerschaften zu achten. Sie treten dafür ein, dass Menschen mit gleichgeschlechtlicher Orientierung nicht ausgegrenzt und diskriminiert werden. Sie sehen die Notwendigkeit, auch für Menschen in diesen Lebensformen ethische Orientierung anzubieten, damit sie vor Gott verantwortlich gelebt werden können. Denn auch zwischen gleichgeschlechtlich orientierten Christinnen und Christen, die achtsam, fürsorglich, liebevoll und verzeihend miteinander umgehen, kann sich die von Gott ermöglichte und gebotene Liebe verwirklichen.«[20]

Auch wenn hier die Achtung homosexueller Partnerschaften eine wichtige Rolle spielt, gab es bisher keine gemeinsame positive Verlautbarung zu Partnerschaftssegnungen von Kirchen, die zur VELKD gehören.[21] Immerhin heißt es in den ›Leitlinien kirchlichen Lebens‹, dass »in manchen Kirchen für Menschen,

---

[18] Agende für evangelisch-lutherische Kirchen und Gemeinden. Die Trauung (Bd. III; Teil 2). Hrsg. v. der Kirchenleitung der Vereinigten Evangelisch-Lutherischen Kirche Deutschlands. Hannover 1988, 7.

[19] Vgl. dazu Spilling-Nöker 2006 (s. o. Anm. 12), Kapitel 6.1.

[20] Leitlinien kirchlichen Lebens der VELKD. Handreichung für eine kirchliche Lebensordnung. Gütersloh 2003, online: www.velkd.de/downloads/Leitlinien_kirchlichen_Lebens.pdf (letzter Zugriff: 11.06.2014), 76.

[21] Zum Zusammenschluss der VELKD gehören laut Homepage (www.velkd.de) folgende Landeskirchen: Bayern, Braunschweig, Hannover, Mitteldeutschland, Norddeutschland, Sachsen und Schaumburg-Lippe.

die dauerhaft in einer gleichgeschlechtlichen Partnerschaft leben, Fürbittandachten oder auch Segenshandlungen angeboten«[22] werden.

In der EKKW gibt es seit 2011 für gleichgeschlechtliche Paare die Möglichkeit, sich öffentlich als Paar segnen zu lassen. Bis dahin war die 2003 eingeführte Segnung im rein seelsorgerlichen Rahmen möglich. Im Jahr 2012 wurde das »Kirchengesetz über die Einführung der agendarischen Ordnung ›Die Trauung‹ der Evangelischen Kirche von Kurhessen-Waldeck« beschlossen[23] und die neue Trauagende herausgegeben. Diese ist die jüngste der untersuchten Trauagenden.

In einer 45-seitigen Einleitung wird unter anderem auf die strukturellen Veränderungen von Lebensformen und speziell der Ehe eingegangen. Die Evangelische Kirche von Kurhessen-Waldeck (EKKW) hat die derzeit jüngste veröffentlichte Trauagende, erschienen 2012, die sich in zeitgenössische gesellschaftliche Umstrukturierungsprozesse einbetten lässt.

> »Kirchliche Trauungen prägen die öffentliche Diskussion um Ehe und Liebe entscheidend mit. Es wird genau wahrgenommen, welches Verständnis der Ehe in der Ansprache und in den Gebeten deutlich wird, wie Pfarrerinnen und Pfarrer zu Konflikten in der öffentlichen Auseinandersetzung Stellung nehmen, wie die Beziehung zwischen Frau und Mann thematisiert wird, ob die Sexualität eine positive Rolle spielen darf und ob auch Menschen im Blick sind, die – freiwillig oder schicksalhaft – andere Lebensformen realisieren.«[24]

Auf die Segnung von verpartnerten Lesben und Schwulen wird kurz Bezug genommen, und auf separate Liturgievorschläge wird verwiesen. Die Partnerschaftssegnungen werden in der EKKW in ein eigenes Register eingetragen.[25]

Es sei zu bemerken, dass bereits vor über 40 Jahren sowohl die ersten Schritte, nämlich Gründung von Arbeitsgruppen zum Thema Homosexualität und Kirche, als auch die späteren manifesten Veränderungen in den Gemeinden und Kirchen immer durch das Engagement von Lesben, Bisexuellen und Schwulen vonstattengingen. Neben anderen Arbeitsgruppen und Netzwerken sind besonders die HuK (Homosexuelle und Kirche) und die LuK (Lesben und Kirche) zu nennen, die bereits seit den 1970er- beziehungsweise 1980er-Jahren Veränderungen anstoßen. Nicht immer aber waren homo- und bisexuelle Menschen unter den Mitgliedern der Kommissionen, die Orientierungshilfen erarbeitet haben.

---

22 Leitlinien kirchlichen Lebens der VELKD (s. o. Anm. 20), 76.

23 Kirchengesetz über die Einführung der agendarischen Ordnung ›Die Trauung‹ der Evangelischen Kirche von Kurhessen-Waldeck, online: www.kirchenrecht-ekkw.de/pdf/17645.pdf (letzter Zugriff: 03.05.2014).

24 Agende für die Evangelische Kirche von Kurhessen-Waldeck III/3 (s. o. Anm. 9), 23.

25 Vgl. Agende für die Evangelische Kirche von Kurhessen-Waldeck III/3 (s. o. Anm. 9), 53.

EKD

Die erste offizielle Schrift der EKD zum Thema Homosexualität und Kirche war der EKD-Text »Mit Spannungen leben. Eine Orientierungshilfe des Rates der Evangelischen Kirche in Deutschland zum Thema ›Homosexualität und Kirche‹« aus dem Jahr 1996 – als Ergebnis der ad-hoc-Kommission ›Homosexualität‹, die 1994 vom Rat der Evangelischen Kirche eingesetzt worden war.[26]

Der Titel ›Mit Spannungen leben‹ beschreibt unter anderem die Schwierigkeit, die die Orientierungshilfe sieht: Die gleichgeschlechtliche Sexualität bleibe nach dem biblischem Befund sündhaft, aber der homosexuelle Mensch dürfe nicht verurteilt werden. Die Orientierungshilfe kommt daher zu der Schlussfolgerung, dass nur der homosexuelle Mensch, der »allein oder in einer gleichgeschlechtlichen Lebensgemeinschaft ethisch verantwortlich«[27] lebt, gesegnet werden kann.

Im Jahr 2000 nahm die EKD mit dem Papier ›Verläßlichkeit und Verantwortung stärken‹ Stellung zum Vorhaben der Bundesregierung, ein zivilrechtliches Institut für gleichgeschlechtliche Partnerschaften einzurichten. Darin wird der Grundsatz geäußert, dass »Ehe und Familie der Normalfall des Zusammenlebens bleiben und als solcher zu würdigen sind«.[28] Die Stellungnahme erhebt daher Einwände gegen die öffentliche Registrierung gleichgeschlechtlicher Lebensgemeinschaften im Standesamt und gegen die Gleichstellung einer Lebenspartnerschaft mit der Ehe. »Sozial- und steuerrechtliche[n] Regelungen [...] sollten auf gleichgeschlechtliche Lebenspartnerschaften nicht übertragen werden.«[29]

Auch die EKD-Orientierungshilfe »Theologische, staatskirchenrechtliche und dienstrechtliche Aspekte zum kirchlichen Umgang mit den rechtlichen Folgen der Eintragung gleichgeschlechtlicher Lebenspartnerschaften nach dem Lebenspartnerschaftsgesetz« aus dem Jahr 2002 ist noch weit entfernt davon, gleichgeschlechtliche Partnerschaften als der Ehe gleichgestellt anzuerkennen. Aufgrund der ›Gefahr‹ einer Verwechslung mit der Trauung macht sie klar, dass für gleichgeschlechtliche Lebenspartnerschaften aufgrund des biblischen Befundes und des Bekenntnisses »eine Übereinstimmung mit dem Willen Gottes [...] so nicht behauptet werden kann«.[30] Die Segnung einer gleichgeschlechtlichen Partnerschaft könne daher nicht zugelassen werden, so die EKD-Schrift.

---

26 Vgl. Mit Spannungen leben (s. o. Anm. 13), 5.

27 Vgl. Mit Spannungen leben (s. o. Anm. 13), 54.

28 Verläßlichkeit und Verantwortung stärken. Eine Stellungnahme des Kirchenamtes der EKD zur Verbesserung des Rechtsschutzes für gleichgeschlechtliche Lebenspartnerschaften und zur besonderen Bedeutung und Stellung der Ehe (2000). Online: http://www.ekd.de/print.php?file=/EKD-Texte/lebensgemeinschaft_2000.html, 2 (letzter Zugriff: 01.06.2014).

29 Verläßlichkeit und Verantwortung stärken (s. o. Anm. 28), 8.

30 Theologische, staatskirchenrechtliche und dienstrechtliche Aspekte zum kirchlichen Umgang mit den rechtlichen Folgen der Eintragung gleichgeschlechtlicher Lebenspartnerschaften nach dem Lebenspartnerschaftsgesetz (2002). Online: http://www.ekd.de//

Im Jahr 2013 verursachte die von der EKD herausgegebene Orientierungshilfe ›Zwischen Autonomie und Angewiesenheit. Familie als verlässliche Gemeinschaft stärken‹ eine massive Kontroverse in der evangelischen Kirche: Die Leitbildfunktion der Ehe sei nicht mehr gültig; Familie werde vielerorts eheunabhängig gelebt, Kinder werden in verschiedenen Familienkonstellationen erzogen, darunter gleichgeschlechtliche Lebenspartnerschaften und Patchworkkonzepte. An die Stelle des Leitbildes Institution Ehe trete nun das Ideal einer Lebensgemeinschaft, die zuverlässig, fürsorglich und gleichberechtigt ist.

Die sogenannte EKD-Familienschrift betont die Vielfalt biblischer Bilder:

> »Ein normatives Verständnis der Ehe als ›göttliche Stiftung‹ und eine Herleitung der traditionellen Geschlechterrollen aus der Schöpfungsordnung entsprechen nicht der Breite des biblischen Zeugnisses. Wohl aber kommt bereits in der Schöpfungsgeschichte zum Ausdruck, dass Menschen auf ein Gegenüber angewiesen sind, an dem sich die eigene Identität entwickelt. In diesem Sinne ist die Ehe eine gute Gabe Gottes, die aber, wie das Neue Testament zeigt, nicht als einzige Lebensform gelten kann.«[31]

Es werden Beziehungskonstellationen in der Bibel angeführt, die die Vielfalt unserer heutigen gelebten Beziehungen beschreibt – oder darüber hinausgehen. Darunter werden genannt: die zusammenlebenden Geschwister Martha und Maria, die Konstellation ein Mann mit zwei Frauen, Jakob mit Lea und Rahel, und die Patchworkkonstellation Abraham, Sarah und Hagar mit ihren Kindern.[32]

Gen 2,18 – »Es ist nicht gut, dass der Mensch allein sei.« – wird als eine biblische Leitaussage zum Thema Lebensformen verstanden: Menschen seien von Anbeginn dazu bestimmt, in Gemeinschaft und Beziehung zu sein. Dabei komme es auf Chancengleichheit, Gleichberechtigung, Verantwortung und Verbindlichkeit an. Sei eine Lebensgemeinschaft nach diesen Maßstäben ausgerichtet, so gelte sie als schützenswert im Sinne der Schöpfung Gottes. Die sexuelle Orientierung der Menschen in einer Lebensgemeinschaft tritt in der EKD-Schrift in den Hintergrund. Dies gilt auch dann, wenn es um Regenbogenfamilien – homosexuelle Eltern mit Kindern – geht. Der biblische Befund zur Homosexualität weise einerseits Ablehnung gegenüber homosexueller Praxis auf, andererseits Darstellungen »zärtliche[r] Beziehungen zwischen Männern«[33]. Gehe man von der oben genannten Grundüberzeugung aus, dass das christliche Selbstverständnis von Beziehungen ein »verlässliche[s], liebevolle[s] und verantwortliche[s] Miteinander« voraussetzt, »dann sind gleichgeschlechtliche

---

EKD-Texte/empfehlungen_gleichgeschlechtliche_partnerschaften_2002.html, 2 (letzter Zugriff: 14.06.2014).

31 Zwischen Autonomie und Angewiesenheit (s. o. Anm. 15), 13.

32 Zwischen Autonomie und Angewiesenheit (s. o. Anm. 15), 56f.

33 Zwischen Autonomie und Angewiesenheit (s. o. Anm. 15), 66.

Partnerschaften, in denen sich Menschen zu einem verbindlichen und verantwortlichen Miteinander verpflichten, auch in theologischer Sicht als gleichwertig anzuerkennen.«[34] Aus der Gleichbewertung von verschiedenen Familienformen, darunter gleichgeschlechtliche Lebensgemeinschaften mit Kindern und gegengeschlechtliche Lebensgemeinschaften ohne Kinder, sowie vice versa, folgt das Statement: »Dass homosexuelle Paare gemeinsam keine Kinder zeugen können, kann deshalb kein Grund sein, ihnen den Segen zu verweigern.«[35]

Die Orientierungshilfe fordert die Akzeptanz der gelebten Vielfalt von Lebensformen, darunter Patchworkfamilien, gleichgeschlechtliche Lebensgemeinschaften und Regenbogenfamilien. Die Formulierungen zu Partnerschaftssegnungen sind allerdings sehr zurückhaltend. Eine mögliche Trauung für alle sexuellen Orientierungen wird nicht angesprochen.

EKHN

Ein paar wenige evangelische Kirchen in Deutschland beschreiten neue Wege in Richtung Inklusion gleichgeschlechtlicher Partnerschaften. Dass es ein gangbarer Weg ist, Barrieren und Einschränkungen abzubauen, um Menschen jeglicher sexueller Orientierung die Zugänge zu den segenstiftenden Ritualen und damit auch zur christlichen Gemeinschaft zu öffnen, zeigt die Evangelische Kirche in Hessen und Nassau: Seit 2013 sind die Gottesdienste zur Partnerschaftssegnung mit den traditionellen Trauungen nahezu gleichgestellt.

Die Segnung gleichgeschlechtlicher Paare, die in der EKHN seit 2002 möglich ist, wird nun ebenfalls als kirchliche Amtshandlung im Kirchenbuch bescheinigt. Auch liturgisch soll eine Partnerschaftssegnung der Trauung gleich sein. Einzig die Bezeichnungen Trauung und Segnung bleiben unterschieden, was aber weiterhin diskutiert wird, wie die EKHN verlauten ließ.[36]

> »Segnungen eingetragener Lebenspartnerschaften gleichgeschlechtlicher Paare sollen daher nach dem Modell der kirchlichen Trauung gottesdienstlich gefeiert werden. Die unterschiedliche Bezeichnung Segnung/Trauung bildet die unterschiedliche Bezeichnung im staatlichen Bereich ab. Dass alle Gottesdienste gleich aufgebaut sind, bestätigt die Bedeutung verbindlicher Lebensgemeinschaften für ein christliches Leben.«[37]

---

[34] Zwischen Autonomie und Angewiesenheit (s. o. Anm. 15), 66.

[35] Zwischen Autonomie und Angewiesenheit (s. o. Anm. 15), 67.

[36] Trauung und Segnung jetzt weitgehend gleich. Online: http://www.ekhn.de/ueber-uns/presse/detailpressemitteilungen/news/gebrauchsanweisung-fuer-gemeinden-in-der-debatte.html?cHash=750a4d33e671b43e8502698cfe58aab8&content=0 (letzter Zugriff: 02.06.2014).

[37] Ordnung des kirchlichen Lebens in der Evangelischen Kirche in Hessen und Nassau (Lebensordnung). Online: http://intern.ekhn.de/gemeinde/lebensordnung.html (letzter Zugriff: 04.06.2014), Abschnitt 254.

Bereits in der Schrift ›Verantwortete Partnerschaft. Grundsatzüberlegungen zur homosexuellen Liebe‹, die die Kirchenverwaltung der EKHN 2002 vorgelegt hat,[38] ist erkennbar, dass es der EKHN schwerfällt, Argumente für eine Andersbehandlung von homosexuellen Partnerschaften zu finden. Die EKHN betont bereits 2002, dass es neben Maßnahmen zur Gleichstellung in der Gesellschaft »erst recht in der Kirche ein Ziel sein [muss], zur Sichtbarkeit und Integration homosexuell liebender Menschen beizutragen.«[39]

Die Schrift möchte zur Normalisierung vom Zusammenleben schwuler und lesbischer Paare im Pfarrhaus beitragen und unterstreicht dazu die vielfältigen Lebensformen, die es im Pfarrhaus anzutreffen gibt.

> »So kann in einzelnen Pfarrhäusern sichtbar werden, was sich in Kirche und Gesellschaft erst allgemein durchsetzen muss, dass die verschiedenen Lebens- und Partnerschaftsformen in ihrer jeweiligen Besonderheit, Andersartigkeit und Wertigkeit individuell erfülltes und glückliches Leben möglich machen.«[40]

Dass Kirche ein Ort sein kann und soll, wo die Bedürfnisse des Menschen in den Vordergrund gestellt werden und Machtverhältnisse in der Gesellschaft als Maß für Gerechtigkeit infrage gestellt werden, zeichnet sich in der EKHN ab.

In der neuen Lebensordnung der EKHN ist allerdings auch festgehalten, dass es einzelnen Pfarrerinnen und Pfarrern sowie den Kirchenvorständen vorbehalten bleibt, Segenshandlungen abzulehnen,[41] wobei diese Option in der Regel auch für Trauungen von gegengeschlechtlichen Paaren gilt, sofern Pfarrer begründete Einwände haben. Allerdings sind die Einwände bei heterosexuellen Partnerschaften dann bezogen auf das Paar, während ein Einwand bei homosexuellen Partnerschaften sich gegen eine Trauung oder Segnung von homosexuellen Paaren an sich richten darf. Dies stellt einen formalen Unterschied dar, der gleichgeschlechtliche Paare weiterhin als ›anders‹ markiert.

Für gleichgeschlechtliche wie gemischtgeschlechtliche Partnerschaften, die eine kirchliche ›Trauung‹ in der EKHN wünschen, gilt wie überall in der EKD, dass eine eingetragene Lebenspartnerschaft beziehungsweise eine standesamtliche Eheschließung vorausgehen muss. Nicht jede Kirche fordert dies auch bei Segnungen.

---

38 Verantwortete Partnerschaft. Grundsatzüberlegungen zur homosexuellen Liebe, vorgelegt von der Kirchenverwaltung der EKHN. Referat Verkündigung und Seelsorge, Oberkirchenrat Reinhard Bertram. Online: https://www.huk.org/cms/upload/oeffentlich/dokumente/ev_kirchen_synoden_pdf-03_hessen-nassau_2001.pdf.pdf (letzter Zugriff: 20.05.2014).

39 Verantwortete Partnerschaft (s. o. Anm. 38), 15.

40 Verantwortete Partnerschaft (s. o. Anm. 38), 15.

41 Vgl. Lebensordnung (s. o. Anm. 37), Abschnitt 260.

Die offizielle Trauagende der EKHN[42] stammt von 1994. Es gibt keinen Hinweis zur Thematik gleichgeschlechtliche Partnerschaften. Es bleibt zu vermuten, dass die EKHN angesichts der Entwicklungen in Bezug auf Segnungen respektive Trauungen eine neue Trauordnung oder liturgische Orientierungshilfen herausgeben wird.

ELKWü

Eine zur EKHN konträre Position vertritt die Evangelische Landeskirche in Württemberg. Das Thema Homosexualität und Kirche ist hier ebenfalls mehrmals synodal diskutiert worden. Es ist Schwulen und Lesben in der ELKWü nach wie vor nicht möglich, sich als Paar segnen zu lassen. Die Rede ›Respekt und Besonnenheit‹ des Landesbischofs Frank Otfried July aus dem Jahr 2011[43] macht deutlich, dass es hier seit der EKD-Orientierungshilfe »Mit Spannungen leben« keine Entwicklungen gegeben hat. Der umstrittenen Orientierungshilfe von 1996 wird Aktualität zugesprochen, indem aus ihr zustimmend zitiert wird. Besonders hervorgehoben wird zudem ein Papier, das von der ELKWü Ende der 1990er-Jahre herausgegeben wurde (»Dienstrechtliche Rahmenbedingungen für kirchliche Mitarbeiterinnen und Mitarbeiter, insbesondere für Pfarrerinnen und Pfarrer in der Evangelischen Kirche in Württemberg, betreffend Homosexualität und Dienstauftrag«). Hier wird in sieben Grundsätzen sowohl auf die Rechte von homosexuellen Pfarrerinnen und Pfarrern als auch auf die Einschränkungen verwiesen. Darunter (4.) wird die Mahnung an homosexuelle Pfarrerinnen und Pfarrer ausgesprochen, sich »in ihrer Verkündigung an das biblische Leitbild« zu halten, »wonach die Ehe Gottes gute Gabe und Aufgabe ist. Die eigene Lebensgestaltung darf demgegenüber nicht als Leitbild vertreten werden.«[44] Dienstrechtlich dürfe man zwar Bewerber nicht nach deren Sexualleben befragen, allerdings sei es im Falle von schwul oder lesbisch lebenden Amtsträgern durchaus möglich und einzusehen, dass sie bestimmte Stellen nicht besetzen können – sollte beispielsweise die Gemeinde damit Probleme haben (3.). In einem weiteren Grundsatz (5.) dieses Papieres werden homosexuelle Pfarrerinnen und Pfarrer angehalten, Rücksicht auf die Gemeindemitglieder zu nehmen, denen es schwerfällt wegen »ihres Verständnisses des biblischen Zeugnisses [.], Homosexualität zu akzeptieren«.[45] Homosexuelle Pfarrerinnen und Pfarrer werden gemahnt, keinen Anlass zu Spaltungen innerhalb der Gemeinde zu geben.

---

42 Vgl. Schriftworte und Liturgische Texte (Teil III) für den Traugottesdienst. Hrsg. von der Kirchenverwaltung der Evangelischen Kirche in Hessen und Nassau. Darmstadt 1994.

43 Vgl. Respekt und Besonnenheit (Rede von Frank Otfried July). Online: www.elk-wue.de/arbeitsfelder/singles-paare-familien/homosexualitaet/ (letzter Zugriff: 01.06.2014).

44 Respekt und Besonnenheit (s. o. Anm. 43), 3.

45 Respekt und Besonnenheit (s. o. Anm. 43), 3.

July weist darauf hin, dass es entgegen jeglicher Vermutungen innerhalb der ELKWü keine Neuerungen gegeben hat:

> »Seit zwölf Jahren gibt es Regelungen in unserer Landeskirche, die die besondere Situation homosexueller Mitarbeiterinnen und Mitarbeiter berücksichtigen und trotzdem das Leitbild von Ehe und Familie in unserer Landeskirche festhalten. Ich kann nicht erkennen, wie mancherorts behauptet wird, dass die evangelische Landeskirche aktuell Neuerungen in diesem Fragenkomplex eingeführt hat.«[46]

Die Trauagende der ELKWü ist aus dem Jahr 1985 – mit Ergänzungen von 1997 und 2000. Es gibt keinen Verweis auf gleichgeschlechtliche Partnerschaften in der Trauagende. Auf verschiedene Lebensformen wird nicht – und auf das Verständnis von Ehe und Trauung nur marginal – eingegangen. Dies mag dem Alter der Trauagende geschuldet sein.

Sie betont für Heterosexuelle – denn nur diese sind in der Trauagende angesprochen – die Möglichkeit einer Ablehnung ihrer Trauanfrage:

> »Allerdings kann sich im Traugespräch auch einmal zeigen, daß die Haltung eines der beiden oder beider Ehegatten der biblischen Botschaft und dem evangelischen Eheverständnis grundsätzlich widerspricht; dann sollte ihnen und dem Pfarrer die Freiheit eingeräumt werden, die kirchliche Trauung aufzuschieben oder sie zu unterlassen.«[47]

Evangelische Kirche H. B. und Evangelische Kirche A. B. in Österreich

In Österreich gibt es die reformierte evangelische Kirche, genannt Evangelische Kirche H. B. (Helvetisches Bekenntnis), und die lutherische evangelische Kirche, genannt Evangelische Kirche A. B. (Augsburger Bekenntnis), und deren beider Zusammenschluss, die Evangelischen Kirchen A. u. H. B.

Ein Beschluss der Generalsynode der Evangelischen Kirche A. u. H. B. im Jahr 1997 hielt fest, dass beide Kirchen sich Segnungen für gleichgeschlechtliche Partnerschaften vorstellen können. Die Evangelische Kirche H. B. hat daraufhin am 8. November 1999 synodal beschlossen,

> »[...] den Pfarrgemeinden der Evangelischen Kirche H. B. in Österreich Segnungsgottesdienste für Partnerschaften, die nicht standesamtlich geschlossen worden sind, zu empfehlen. Die Durchführung solcher Gottesdienste ist an den Beschluß der zuständigen Gemeindevertretung gebunden. Der/die jeweilige Gemeindepfarrer/

---

[46] Respekt und Besonnenheit (s. o. Anm. 43), 4.

[47] Kirchenbuch für die Evangelische Landeskirche in Württemberg. Die kirchliche Trauung. Ausgabe von 1985 mit Ergänzungen von 1997 und 2000 (auf Anfrage erhalten), 5.

> pfarrerin hat das Recht, die Abhaltung solcher Gottesdienste aus Gewissensgründen abzulehnen. Die Segnung nicht-ehelicher Partnerschaften ist ein Gottesdienst, der seine Besonderheit durch die Bereitschaft der Partner erhält, ihren Willen zu dauerhaftem Zusammenleben auch öffentlich zu bekunden und um Gottes Segen zu bitten. Die Evangelische Kirche H. B. in Österreich bietet solche Gottesdienste im Vertrauen darauf an, dass sie damit Gottes Willen erfüllt.«[48]

Für Trauungen respektive Segnungen benennt die Kirche H. B. neun Grundsätze, darunter die Betonung, dass »die Segnung nicht standesamtlich geschlossener Partnerschaften [.] im Namen Gottes [geschieht] und [.] daher an keiner Stelle der Liturgie einer theologischen Rechtfertigung [bedarf] [...]«.[49] Des Weiteren stellt die Kirche H. B. nichteheliche Partnerschaften mit der Ehe gleich:

> »Für unsere Kirche sind nicht standesamtlich geschlossene Partnerschaften keine defizitären Partnerschaften im Vergleich zu ehelichen Partnerschaften, sondern eine eigene Form der Partnerschaft vor Gott und in der Welt.«[50]

Erst zehn Jahre später wurde das Eingetragene-Partnerschaft-Gesetz (EPG) in Österreich beschlossen. Es gab also noch zur Zeit des synodalen Beschlusses keine in Österreich geschlossenen rechtlich verbindlichen Partnerschaften. Die Kirche H. B. hat mit dem Synodalbeschluss von 1997 einen Modus gefunden, unabhängig von staatlichen Regelungen eine Amtshandlung für homosexuelle Paare durchzuführen, bei der zugleich deutlich wird, dass nichteheliche (auch heterosexuelle) Partnerschaften theologisch gesehen keinem Mangel unterliegen. Die Öffnung der Trauung für (verpartnerte) Homosexuelle steht jedoch aus.

Die Evangelische Kirche Österreich A. B. bietet bis heute offiziell keine Möglichkeit einer öffentlichen Segnung für gleichgeschlechtliche Paare an – es blieb bisher bei der Willensbekundung einer solchen Möglichkeit im Jahr 1997. Eine Segnung für homosexuelle Paare ist im Rahmen eines Seelsorgegesprächs möglich.

Die Trauagende der Evangelischen Kirche A. B. in Österreich[51] ist auf Grund eines synodalen Beschlusses vom 24. November 1986 entstanden und zählt damit zu den ältesten Trauagenden in Deutschland und Österreich, mit denen heute gearbeitet wird.

---

48 Zitiert nach Peter Karner/Peter Gabriel: Segnung nicht-ehelicher Partnerschaften in der Evangelischen Kirche H. B. in Österreich. In: Wolfgang Schürger (Hg.): Segnung von gleichgeschlechtlichen Paaren. Bausteine und Erfahrungen. Gütersloh 2002, 63f. Ebenso zu finden auf der Homepage der Kirche H. B.: http://www.reformiertekirche.at/wirueberuns.html#kap09 (letzter Zugriff: 01.06.2014).

49 Vgl. http://www.reformiertekirche.at/wirueberuns.html#kap09 (letzter Zugriff: 01.06.2014). Vgl. Karner/Gabriel 2002 (s.o. Anm. 48), 62f.

50 Vgl. Ebd.

51 Vgl. Trauagende der Evangelischen Kirche A. B. in Österreich. Hrsg. vom Evangelischen Oberkirchenrat A. B. Wien 1986.

Anders als in anderen Traubüchern nimmt die Einleitung in der Trauagende der Kirche A. B. nicht viel Raum ein. In sieben ›Vorbemerkungen‹[52] geht es um das Traugespräch, den Einbezug der Gemeinde während des Traugottesdienstes und weitere kurze Hinweise zur Liturgie. Dem Teil ›Schriftlesung‹ zufolge soll Eph 5,21–25 zitiert werden:

> »Ordnet euch einander unter in der Furcht Christi. Ihr Frauen, ordnet euch euren Männern unter wie dem Herrn. Denn der Mann ist das Haupt der Frau, wie auch Christus das Haupt der Gemeinde ist, die er als seinen Leib erlöst hat. Aber wie nun die Gemeinde sich unterordnet, so sollen sich auch die Frauen ihren Männern unterordnen in allen Dingen. Ihr Männer, liebt eure Frauen, wie auch Christus die Gemeinde gelebt hat und hat sich selbst für sie dahingegeben.«[53]

Diese Schriftlesung betont explizit eine Unterordnung der Frau gegenüber dem Mann.

Gründe für eine Trauung

Der Traugottesdienst als eine feierliche Zeremonie mit dem Akt der Segnung vollendet für viele Paare erst die Eheschließung auf dem Standesamt. Verheiratete und verpartnerte Paare möchten in stimmungsvoller Atmosphäre vor ihren Freunden und Verwandten, vor der Gemeinde und nicht zuletzt vor Gott ›Ja‹ zueinander sagen.

Gründe für eine kirchliche Trauung gibt es viele: die familiäre Tradition, die feierliche Liturgie eines Traugottesdienstes, das Kirchengebäude als gravitätischer Ort – um ein paar Beispiele zu nennen, warum – nicht nur religiöse – Menschen eine kirchliche Trauung in Anspruch nehmen. In einer Gesellschaft, in der Rapidität und Mobilität eine große Rolle spielen, in der die Verwandtschaft und der Freundeskreis über weite Teile der Erde verstreut leben, wird das Hochzeitsfest oft als ein einmaliges Ereignis begriffen, all diese Menschen zusammenzubringen. Der Traugottesdienst stellt für viele Menschen einen für dieses Erlebnis geeigneteren Rahmen dar als die oft als nüchtern empfundene Zeremonie im Standesamt. Zudem bietet er Rituale an, um die Hochzeitsgesellschaft, deren Verbindung das Hochzeitspaar ist, als Gemeinschaft zum Vorschein zu bringen. Als Beispiele seien hier das gemeinsame Gebet und Singen genannt sowie das Trauritual an sich. Diese Rituale können –als *rites de passage* verstanden – Menschen ein Gefühl der Sicherheit und Mut geben, wenn sie sich auf neue Lebensabschnitte einlassen. Nicht zuletzt entscheiden sich Menschen in Beziehungen bewusst für die christliche Segnungshandlung, in der sie Zuspruch und Schutz erfahren und sich Gelingen für ihre Verbindung miteinander erhoffen.

---

52 Trauagende der Evangelischen Kirche A. B. in Österreich (s. o. Anm. 51), 5.

53 Trauagende der Evangelischen Kirche A. B. in Österreich (s. o. Anm. 51), 10.

Eheschließung und Trauung besiegeln heute eine Beziehung nicht mehr ›auf ewig‹. Dennoch entspricht es vielfach dem Gefühl der Paare bei ihrer Hochzeit, ›für immer‹ zueinander zu gehören und miteinander alt zu werden.[54]

Zur Ehe

Menschen leben heute in vielfältigen Beziehungs- und Lebensformen, mit unterschiedlichen sexuellen Orientierungen. Die Ehe ist die häufigste gesellschaftlich, staatlich und kirchlich anerkannte Lebensform. Auch wenn in Deutschland und Österreich fast die Hälfte aller Ehen wieder geschieden wird, entscheiden sich viele, besonders vermehrt junge Menschen, für die staatlich geregelte Lebensform der Ehe.

Allerdings ist sie in Deutschland und Österreich in der Form, wie es sie für heterosexuelle Menschen gibt, bis heute für homosexuelle Menschen nicht zugänglich. In Österreich gibt es seit 2010, in Deutschland seit 2001, für gleichgeschlechtliche Paare die Möglichkeit, eine eingetragene (Lebens-)Partnerschaft, als eheähnliche Rechtsform, einzugehen. Es bleibt der Beigeschmack einer Sonderregelung, die schwule, lesbische und bisexuelle Menschen in einer heteronormativen Gesellschaft nicht als gleichwertig, sondern als ›das Andere‹ ansieht und ihnen nicht die gleichen Rechte zugesteht wie Heterosexuellen. Besonders muss konstatiert werden, dass homosexuelle Menschen in Beziehungen gesetzlich benachteiligt werden. Eine Gleichstellung für alle Paare würde bedeuten, dass rechtliche und finanzielle Privilegien geteilt würden. Für viele Menschen geht es zu weit, wenn Verpartnerte gleiche Rechte und Chancen in der Adoption von Kindern fordern. In Deutschland ist innerhalb einer eingetragenen Partnerschaft die Stiefkindadoption[55] seit 2005 möglich; im Mai 2014 wurde das Gesetz zur Sukzessivadoption[56] beschlossen. Österreich hat die Stiefkindadoption im Jahr 2013 erlaubt. Doch nach wie vor haben Lebenspartnerinnen und Lebenspartner nicht das Recht, gemeinsam als Paar Kinder zu adoptieren.[57]

Die Tatsache, dass der Staat durch die Ehe oder eingetragene Partnerschaft als Rechtsinstitute kontrollierend in Beziehungen eingreift, soll bei einer Beschäftigung mit Eheschließungen und Trauungen nicht ignoriert werden. Durch die Ehe werden diejenigen Menschen, die ihre Beziehung rechtlich verbindlich machen, durch den Staat finanziell und rechtlich privilegiert. Viele Menschen, gerade wenn Kinder da sind, sehen sich daher aus finanzieller Not gezwungen zu heiraten.

---

[54] Vgl. Zwischen Autonomie und Angewiesenheit (s. o. Anm. 15), 55.

[55] Adoption des leiblichen Kindes des Partners oder der Partnerin.

[56] Adoption des adoptierten Kindes des Partners oder der Partnerin.

[57] Eine Ausnahme bildet in Deutschland die Auslandsadoption. Als Einzelperson in einer homosexuellen Beziehung besteht ebenfalls das Recht, ein Kind zu adoptieren. Generell werden bei Adoptionen aber heterosexuelle verheiratete Paare bis zu einer gewissen Altersgrenze bevorzugt.

In einer Ehe oder eingetragenen Lebenspartnerschaft kann es zu verschiedenen Formen und Verschränkungen von Abhängigkeit kommen, zum Beispiel finanzielle, rechtliche, die Verantwortung für gemeinsame Kinder oder Pflegebedürftige betreffende. Dieses Angewiesensein kann mit einer Art Sicherheitsgefühl einhergehen, sich aber auch ins Gegenteil verkehren, was bis hin zu existenzieller Bedrohung führen kann. Die Ehe darf daher nicht romantisiert oder idealisiert werden. Auf die feministische Kritik an der Ehe und jene von Schwulen und Lesben kann hier nur hingewiesen werden.[58] Auch ist die Ehe als eine Lebensform unter vielen zu begreifen. Des Weiteren sei angemerkt, dass es Partnerschaften gibt, die mehr als zwei Menschen einschließen, für die das Institut Ehe in keiner Weise geöffnet ist und für die es auch keine analoge Möglichkeit gibt, ihre Beziehungen rechtlich verbindlich festzulegen.[59]

Strukturellen Ungleichbehandlungen von homosexuellen Partnerschaften und Regenbogenfamilien kann ein biologistisches Menschenbild unterstellt werden, da dieses dem sogenannten biologischen Geschlecht[60] bestimmte physische und psychische Beschaffenheiten zuschreibt: Eine Ehe bestehe demnach aus Mann und Frau in ihrer wesensartigen Andersartigkeit, die dichotomisierten Geschlechter seien aufeinander angewiesen, und nur Mann und Frau gemeinsam seien in der Lage und dafür geeignet, Kinder zu zeugen und zu erziehen. Dass auch viele gegengeschlechtliche Ehepaare Kinder auf alternative Weisen ›bekommen‹ und im Patchwork oder alleine erziehen, wird bei solchen Argumentationen ignoriert. Hedwig Porsch hält dazu fest:

> »In queer-theologischer Perspektive sind die Eigenschaften eines Menschen nicht vom biologischen Geschlecht abhängig, sodass die Geschlechtskombination für das Gelingen einer Beziehung nicht relevant ist.«[61]

Diese Denkweise ist nicht nur auf das Gelingen von Beziehung anzuwenden, sondern gilt genauso für das Gelingen von Familie.

---

[58] Siehe beispielsweise Sushila Mesquita: Ban Marriage! Ambivalenzen der Normalisierung aus queer-feministischer Perspektive. Wien 2011.

[59] Ich spreche an dieser Stelle konkret von polyamoren Beziehungen, in denen mehr als zwei Personen verbindliche und verantwortungsvolle Bindungen miteinander eingehen. Polyamorie als gelebtes Beziehungskonzept findet in der derzeitigen theologischen Debatte keine Beachtung. Es ist jedoch wichtig, auch Menschen jenseits der (monogamen) Zweierbeziehung einzubeziehen. Auf der Tagung ›Liebesleben hoch 6‹, veranstaltet von der ›Männerarbeit der EKD‹ und den ›Evangelischen Frauen in Deutschland‹ im Jahr 2013 wurde das Beziehungskonzept Polyamorie im Rahmen der Evangelischen Kirche Deutschlands erstmalig offiziell thematisiert. Dort wurde deutlich: Eine theologische Auseinandersetzung damit ist wünschenswert.

[60] Zur Dekonstruktion des biologischen Geschlechts aus biologischer Perspektive siehe Heinz-Jürgen Voß: Geschlecht. Wider die Natürlichkeit. Stuttgart 2011.

[61] Hedwig Porsch: Sexualmoralische Verstehensbedingungen. Gleichgeschlechtliche PartnerInnenschaften im Diskurs. Stuttgart 2008, 302.

Dass gerade Theologie respektive Glaube nicht auf eine Natürlichkeit rekurrieren kann, zeigen die Bücher der Bibel als von Menschen geschriebene und kanonisierte selbst. So schreibt Jan Feddersen in der Einleitung der Ausgabe ›Religion und Homosexualität‹ der Hirschfeld-Lectures spitz aber treffend:

> »Dass die Heiligen Schriften – jedweder Provenienz – selbst schon keine Natur mehr sein können, weil sie, historisch gesehen, viel jünger sind als die Weltgeschichte überhaupt, dass sie den Charakter von Natürlichem nicht beanspruchen können, weil sie auch von Menschen verfasst und überliefert wurden und werden, steht dem strikt heteronormierenden Begehren nicht im Wege: Religiös wird willkürlich aufgeheizt, was den Phantasien der Menschen exklusiv entspringt – ein totalitär anmutender Wunsch nach Macht über das, was alle zu wollen und zu leben haben.«[62]

Im Allgemeinen ist biblisch-theologisch kein konkretes Verständnis von der Ehe festzumachen: Es finden sich hingegen vielfältige Beschreibungen von Ehe in der Bibel.

> »Von einem einheitlichen Bild der Ehe oder gar einer Ehelehre in der Bibel kann also nicht die Rede sein. Weder im Alten noch im Neuen Testament werden Familie und Ehe als Institutionen eigenständig reflektiert.«[63]

Queer-theologische Überlegungen

Solange eine Trauung nicht für alle Paare möglich ist, solange Menschen aufgrund ihrer sexuellen Identität, ihrer Lebensform, ihres Geschlechts oder anderer Ausschlüsse nicht den vollen Zugang zu Kasualien haben, werden sie innerhalb ihrer eigenen Glaubenspraxis in ihrem Menschsein – und damit auch in ihrer Gottebenbildlichkeit – nicht berücksichtigt. Idealerweise sollte es aber umgekehrt sein, wie Wilfried Engemann es formuliert:

> »Das Beste, was durch religiöse Praxis geschehen kann, ist, dass ein Mensch als Mensch zum Vorschein kommt, mit allem, was zu seinem Menschsein gehört [...], als Mensch, der mit einem geheimnisvollen Faible für Freiheit und Liebe ausgestattet ist und deswegen seit Jahrtausenden den Verdacht hegt, in dieser Hinsicht Gottes Ebenbild zu sein.«[64]

---

62 Jan Feddersen: Andere Volksfrömmigkeiten. Einleitung. In: Thomas Bauer u. a. (Hg.): Religion und Homosexualität. Aktuelle Positionen (Hirschfeld-Lectures). Göttingen 2013, 13.

63 Agende für die Evangelische Kirche von Kurhessen-Waldeck III/3 (s. o. Anm. 9), 11.

64 Wilfried Engemann: Lebensgefühl und Glaubenskultur. Menschsein als Vorgabe und Zweck der religiösen Praxis des Christentums. In: WzM 65/3 (2013), 218–237, hier: 219.

Wenn sich die EKD in ihrer sogenannten Familienschrift im Jahr 2013 gegen die »Vorstellung der Ehe als Schöpfungsordnung [.], die der Natur des Menschen eingeschrieben sei«[65], wendet, und die Ehe heute losgelöst von Fortpflanzung verstanden wird, sowie die Ideale der Verlässlichkeit, Verantwortung, Gleichberechtigung und Freiwilligkeit Maßstab einer zu schützenden und zu unterstützenden Lebensgemeinschaft sind,[66] ist es nicht mehr nachvollziehbar, weshalb es die kirchliche Praxis der Trauung nicht für alle Partnerschaften gibt, die sich an oben genannten Werten orientieren.

> »Homosexuelle Partnerschaften sind wie heterosexuelle Beziehung auf eine förderliche soziale Umgebung angewiesen, um eine Partnerschaft dauerhaft leben zu können. Es ist nicht einzusehen, warum die Kirche diese Förderung von Verlässlichkeit und Verantwortungsübernahme, an der sie sonst nachhaltig interessiert ist, gleichgeschlechtlichen Partnerschaften vorenthalten sollte.«[67] Die Kirche könne mit der Trauung gleichgeschlechtlicher Paare »problemlos anschließen«[68] an die staatliche Einrichtung der eingetragenen Lebenspartnerschaft, so Isolde Karle.

Ob schöpfungstheologisch oder eschatologisch begründet, ist es aus christlicher Perspektive angezeigt, gesellschaftliche Engführungen von Rollenzuschreibungen zu destruieren, damit *alle* Menschen in einer dem Leben zugewandten und menschenwürdigen Gemeinschaft in Freiheit leben können. Christliche Theologie und kirchliche Praxis haben aus eigener Tradition heraus nicht nur die Pflicht, sondern auch und vor allem die von Gott gegebene und von Jesus Christus gelebte Freiheit, bei gesellschaftlichen Ausschlüssen nicht teilzunehmen, sondern Menschen mit Marginalisierungs- und Diskriminierungserfahrungen zu inkludieren und willkommen zu heißen. Christliche Handlungsweise – ob politisch oder persönlich – hat die Freiheit, fernab von heteronormativer, neoliberalistischer, kapitalistischer, ethnisierender und ableistischer Logik für den Menschen als Mensch zu votieren.

Die Entwicklung in der EKHN stellt nicht nur einen Schritt hin zur Gleichberechtigung von gleichgeschlechtlichen Paaren dar. Sie beweist auch, dass Kirche in einer Gesellschaft, in der Heterosexualität als Norm gilt, Maßstäbe in Richtung Gleichbehandlung setzen kann: Während es in Deutschland staatlicherseits noch immer kein für Homo- wie Heterosexuelle einheitliches Institut einer rechtlich verbindlichen Partnerschaft gibt, lässt sich von der synodalen Entscheidung der EKHN ablesen, dass diese keine Sonderregelungen für Homosexuelle mehr braucht. In der kirchlichen Praxis der EKHN zeigt sich, dass

---

65 Zwischen Autonomie und Angewiesenheit (s.o. Anm. 15), 58.

66 Ebd.

67 Isolde Karle: Sexualität in der Moderne. Gendertheoretische und sozialethische Perspektiven. In: ZEE 56 (2012), 264–278, hier: 274.

68 Karle 2012 (s.o. Anm. 67), 274.

es bei einem Trauakt nicht vonnöten ist, Unterschiede zu machen, ob Frau und Frau, Mann und Mann oder Frau und Mann einander das Jawort geben.

Trans*- und Intersex*-Personen sind trotz einer für Menschen aller sexueller Orientierungen möglich gemachten Trauung zwar noch lange nicht explizit angesprochen, da es nach wie vor um die Trauungen von Männern und Frauen im Sinne einer binären Ordnung geht. Werden allerdings Trauungen für Paare gleich welchen Geschlechts ermöglicht, so sind auch Menschen inkludiert, die sich nicht in der Geschlechterdichotomie wiederfinden.

An diesem Exempel wird klar, dass Lebensformen und sexuelle Orientierung allzu oft vermischt werden: Geht es darum, wie und mit wem die in einer Ehe Beteiligten zusammenleben – oder geht es darum, mit wem und vor allem mit welchen Geschlechtern sie Sexualität leben? Dies wurde ja auch in der 1996 erschienenen Orientierungshilfe ›Mit Spannungen leben‹ deutlich: Ein gleichgeschlechtliches Zusammenleben wird toleriert oder sogar akzeptiert – die gleichgeschlechtliche Sexualität darin aber nicht. Dass die Art der Sexualität – die sexuellen Praktiken also – in heterosexuellen und in homosexuellen Beziehungen sich oft gar nicht voneinander unterscheiden, wird dabei nicht bedacht. Folgende Differenzierungen sind zu treffen: a) Es gibt mehr als zwei Geschlechter, b) es gibt eine Vielzahl sexueller Orientierungen und c) innerhalb der Vielfalt von sexuellen Orientierungen und Geschlecht existieren unzählige Möglichkeiten, miteinander Sexualität auszuleben.

Von der Lebensform eines Menschen kann also nicht per se auf die vollständige Sexualität eines Menschen geschlossen werden und von der Geschlechtsidentität nicht auf die sexuelle Orientierung. Gerade in Bezug auf das gemeinschaftliche Übernehmen von Verantwortung für andere Personen (etwa Kinder oder pflegebedürftige Angehörige) in einer Lebensgemeinschaft sind andere Parameter wichtiger als das Geschlecht oder die sexuelle Orientierung.

Der christlichen Theologie ist das Dekonstruieren von gesellschaftlich hergestellten Kategorien bekannt: So heißt es in Gal 3,26–28:

> »Denn ihr seid alle durch den Glauben Gottes Kinder in Christus Jesus. Denn ihr alle, die ihr auf Christus getauft seid, habt Christus angezogen. Hier ist nicht Jude noch Grieche, hier ist nicht Sklave noch Freier, hier ist nicht *männlich* noch *weiblich*[69]; denn ihr seid allesamt einer in Christus Jesus.«

Gal 3,26–28 beschreibt das Auflösen von gesellschaftlichen Kategorien in der Taufe. Die Norm der Zweigeschlechtlichkeit, die sowohl auf das Begehren als auch auf die Geschlechtsidentität hin zu hinterfragen ist, ist in der Taufe nicht (mehr) aufrechtzuerhalten. Der Gedanke der Gotteskindschaft widerspricht zudem einer biologischen Vorstellung von Verwandtschaftsbeziehungen und Familie. Familie ist mehr als zwei Eltern und ihre ›eigenen‹ Kinder. Dies zeigt auch Jesu Umgang mit Verwandtschaftsverhältnissen.

---

[69] Von mir kursiviert und übersetzt.

Auch die Lebensordnung der EKHN weist auf diese Gegebenheiten hin:

> »Die kulturellen Muster, die auch in Kirchen in Fragen der Geschlechtlichkeit wirksam sind, sind im Leib Christi keine endgültigen Festlegungen. ›Wer Gottes Willen tut‹, sagt Jesus, ›ist mein Bruder und meine Schwester und meine Mutter‹ (Mk 3,35). Alle sozialen Festlegungen auf der Grundlage der Zweigeschlechtlichkeit, wie etwa die Verweigerung der Segnung gleichgeschlechtlicher Partnerschaften, sind deshalb kritisch zu hinterfragen.«[70]

Die EKHN stellt laut eigener Aussage die Neuerung der Regelung für Segnungen respektive Trauungen in den Kontext einer Neuerung der sogenannten Lebensordnung allgemein. »In der neuen so genannten Lebensordnung werden Gemeinden grundsätzlich aufgefordert, sich stärker mit der aktuellen Lebenswirklichkeit der Menschen zu befassen.«[71] Diese Intention lässt mich die Annahme wagen, dass die EKHN sich in Zukunft unter anderem auch mit Lebensrealitäten von Trans*- und Intersex*-Personen und deren Inklusion beschäftigen wird. Die EKHN hat mit ihrer Entscheidung eine eigene Strategie entwickelt, um vom Staat installierte Einrichtungen zur Gleichberechtigung wie beispielsweise die eingetragene Lebenspartnerschaft erstens anzuerkennen, zweitens zu ergänzen und an die Bedürfnisse der Beteiligten und Betroffenen anzupassen. An solchen Orten kann soziale Gerechtigkeit hergestellt werden, indem sich gesellschaftlich und theologisch festgetretene Normen dem Menschen zuliebe aufweichen. Wenn die EKHN auch die allerletzten Unterschiede zwischen Trauung und Segnung für Homosexuelle und Trauung für Heterosexuelle auflöst, kann dies als radikale Inklusion verstanden werden, und damit als eine christliche Intervention in ein soziales, kulturelles wie religiöses System, das Menschen unter Berufung auf ein überkommenes Schriftverständnis und eine naturalistische Anthropologie ausgrenzt und in ihrer Würde beschädigt.

Dieser Schritt hin zur Gleichbehandlung nimmt zum einen das christliche Selbstverständnis, marginalisierte und weniger privilegierte Menschen zu inkludieren, ernst. Zum anderen kann er sowohl als Angebot als auch als Politikum nicht nur für Schwule, Lesben und Bisexuelle eine (Wieder-)Annäherung an Kirche allgemein und an die EKHN im Besonderen bedeuten. Und nicht zuletzt ist anzunehmen, dass andere Landeskirchen diesem Beispiel folgen werden.

Die ELKWü orientiert sich in ihrem Umgang mit homosexuellen Menschen an einem Schriftverständnis, das die ablehnenden Aussagen zu Homosexualität in der Bibel verbaliter in ihre kirchliche Praxis transferiert. Der Wahrheitsgehalt der Bibel und ihre vielen Aussagen zu menschlichem Begehren, zu Liebe und Gemeinschaft können bei der Beurteilung von gleichgeschlechtlichen Partnerschaften nicht auf die ablehnenden Aussagen zu Homosexualität reduziert werden. Vielmehr geht es darum, eine biblische Mitte zu finden, die zum Maß-

---

70 Lebensordnung (s. o. Anm. 37), Abschnitt 258.

71 Trauung und Segnung jetzt weitgehend gleich (s. o. Anm. 36), 2.

stab einer Lebensgemeinschaft, die es zu unterstützen gilt, erhoben werden kann. Einen kleinsten gemeinsamen Nenner hat die EKD-Familienschrift gefunden in Gen 2,18, »Es ist nicht gut, dass der Mensch allein sei.«

In der ELKWü wird dem Kirchenmitglied mit einem traditionellen Schriftverständnis mehr Freiheit und Daseinsberechtigung eingeräumt, auf Kosten des schwulen Pfarrers oder der lesbischen Pfarrerin, die ihre (Glaubens-)Überzeugungen gegebenenfalls hinten anstellen sollen. Diese Ordnung legt fest, welche Christen privilegiert und welche ausgegrenzt werden. Darüber hinaus führt die ELKWü als Begründung für das Verbot des gemeinsamen Bewohnens des Pfarrhauses homosexueller Paare an, dass sich manche Kirchenmitglieder daran stören könnten und dadurch keinen persönlichen Zugang zu ihrem Pfarrer oder ihrer Pfarrerin finden könnten.[72] Ein unvoreingenommener Zugang bedeutet, sowohl auf das gute Miteinander von Gemeindemitgliedern und Pfarrern zu vertrauen und beide dazu zu ermutigen, aufeinander zuzugehen. Es sollte beiden ihre soziale Kompetenz nicht per se abgesprochen werden. Neben Gemeindemitgliedern, die sich an homosexuellen Pfarrerinnen und Pfarrern stören, werden diejenigen ignoriert, die selbst schwul oder lesbisch sind.

Dass es allgemein immer Pfarrer gibt, zu denen (manche) Gemeindemitglieder keinen Zugang finden, hat mit der sexuellen Orientierung nichts zu tun. Das Unvorhersehbare, Überraschende und nicht Berechenbare, das eine menschliche Beziehung und ein menschliches Miteinander ausmacht, findet in den Verlautbarungen der ELKWü keine Berücksichtigung.

Auch an dieser Stelle wird deutlich, dass Formen des Zusammenlebens mit Formen von Sexualität vermischt werden. Es kann angenommen werden, dass lesbischem, schwulem und bisexuellem Zusammenleben ganz bestimmte Sexualpraktiken zugeschrieben werden, die von der Mehrheit der württembergischen Synode als weniger ethisch korrekt oder weniger verantwortungsbewusst als diejenigen in heterosexuellen Beziehungen eingestuft werden. Dass es in gemischtgeschlechtlichen Beziehungen und Ehen normabweichendes Sexualverhalten gibt, wird bei der Einstellung von heterosexuellen Pfarrerinnen und Pfarrern nicht thematisiert.

Eine Akzeptanz wie in Röm 15,7 – »Darum nehmt einander an, wie Christus euch angenommen hat zu Gottes Lob« – findet hier nicht statt. Das gegenseitige Annehmen des Menschen in seiner Ganzheitlichkeit – wozu auch sein Begehren und seine Liebe gehören –, wie Jesus Christus es mit allen Menschen getan hat, kann hier nicht erwartet werden.

Für die Haltung der ELKWü stellt sich die Frage, wie es angesichts der Vielfalt biblischer Aussagen zu Lebensformen und der Bejahung der Liebe und (Mit-)Menschlichkeit als biblische Mitte zu Engführungen kommen kann, die gesellschaftliche Ausschlüsse reproduzieren.

Die Evangelische Kirche Österreich H. B. ermöglichte bereits vor der Einführung einer eingetragenen Partnerschaft eine Segnung – unabhängig von

---

[72] Vgl. Respekt und Besonnenheit (s. o. Anm. 43).

der standesamtlichen Eheschließung. Die Frage nach einheitlichen Institutionen zur Segnung von Partnerschaften ist heute aktueller denn je: Die Einführung einer Trauung, die allen Paaren offensteht, egal welchen Geschlechts und sexueller Orientierung würde dem Taufbekenntnis in Gal 3,28 gerecht werden.

Die Möglichkeit und Freiheit, sich für eine der zahlreichen Beziehungskonstellationen zu entscheiden, entspricht den heutigen Lebensumständen. Nicht zuletzt haben auch Heterosexuelle es den queeren Interventionen in Kirche und Gesellschaft zu verdanken, dass Raum und Recht geschaffen wurde für alternative Beziehungs- und Familienformen, die sich als gleichberechtigt, verlässlich und fair bewährt haben.

Die Erarbeitung einer Liturgie für Trau- und Segnungsgottesdienste,[73] die Lesben, Schwule, Bisexuelle wie Heterosexuelle, Trans*-Menschen wie Cis*[74]-Menschen, intersexuelle und heterosexuelle Menschen einschließt, wären und sind ein Gewinn für die evangelischen Kirchen. Mit dem Signal der Offenheit für gelebte alternative Lebens- und Liebesformen, für das Anerkennen der Vielfalt der Geschlechter kann Kirche den Ruf und die Selbstidentifizierung einer auf Freiheit und Liebe basierenden und am Menschen orientierten *ekklesia* vermitteln.

In vielen Gemeinden in Deutschland finden bereits sogenannte Queer-Gottesdienste statt.[75] Wenige evangelische und überkonfessionelle Freikirchen[76] richten sich explizit auch an homosexuelle Menschen und Trans*-Personen. Auch feministisch-theologische Ansätze finden hier oft ihre Berücksichtigung.

Konzepte und Vorlagen dieser Gemeinden könnten dazu dienen, auch für die Landeskirchen offizielle Liturgievorschläge anzufertigen. Dass die Zeit längst reif dafür ist, hat die EKD-Familienschrift unterstrichen: »Es ist nicht gut, dass der Mensch allein sei.« Und darum sollte er, der Mensch, in seiner jeweils individuellen Form zu leben und zu lieben unterstützt werden.

---

73 Alternativen und Ergänzungen zu den offiziellen Trauagenden gibt es einige. Wenige beziehen auch Segnungen gleichgeschlechtlicher Partnerschaften ein, darunter: Christian Schwarz (Hg.): GottesdienstPraxis. Trauung. Texte, Themen, Motive (Serie B. Arbeitshilfen für die Gestaltung von Gottesdiensten zu Kasualien, Feiertagen, besonderen Anlässen und Arbeitsbücher für die Gemeindepraxis). Gütersloh 2013; vgl. auch Wolfgang Schürger (Hg.): Segnung von gleichgeschlechtlichen Paaren. Bausteine und Erfahrungen. Gütersloh 2002.

74 Cis*-Menschen bezeichnet Menschen, deren Geschlechtsidentität mit dem Geschlecht übereinstimmt, das ihnen bei ihrer Geburt zugewiesen wurde. Erst durch die Etablierung der Begrifflichkeiten um Trans*-Menschen wurde dieser Begriff – als Gegenteil dazu – geprägt.

75 Eine nicht vollständige Übersicht über Queer-Gottesdienste findet sich auf der Homepage der HuK: https://www.huk.org/cms/front_content.php?idart=73 (letzter Zugriff: 17.06.2014).

76 Als Beispiel einer überkonfessionellen Queer-Gemeinde sei hier die MCC Köln genannt: http://www.mcc-koeln.de/ (letzter Zugriff: 17.06. 2014).

Predigt als Glaubensempfehlung

Zum praktisch-theologischen Leitbegriff der Kommunikation des Evangeliums[1]

Bernhard Kirchmeier

Zusammenfassung: Ich versuche in diesem Artikel, ein Verständnis von Predigt als Glaubensempfehlung im Kontext der Rede von der Kommunikation des Evangeliums bzw. im Rahmen der Frage nach praktisch-theologischen Leitbegriffen insgesamt zu plausibilisieren. Die angestellten Überlegungen sind Teil meiner Dissertation, deren Schwerpunkt auf methodisch strikt strukturierten semantischen Analysen zeitgenössischer Predigtmanuskripte liegt, die m. E. aber nicht auf hermeneutische Überlegungen dieser Art verzichten kann, wenn man den Analysen nicht unbewusst bestimmte Vorverständnisse einschreiben will.

Ausgangslage

Wenn in der gegenwärtigen homiletischen Literatur bedauert wird, dass es bis heute keine Untersuchung zur Frage gibt, welcher Glaube in Predigten eigentlich empfohlen wird,[2] *dann* impliziert das *in nuce* bereits ein Verständnis von *Predigt als Glaubensempfehlung*. Detaillierte Überlegungen zu einem solchen Predigtverständnis findet man in der gegenwärtigen Literatur allerdings nicht, sodass auch seine hermeneutischen Prämissen und Konsequenzen bislang weitestgehend im Dunklen liegen.

Die These lautet: Es ist nicht nur sachgemäß und im Kontext zeitgenössischer Theoriebildung plausibel, Predigt als Glaubensempfehlung zu verstehen, sondern Analysen, die auf einem derartigen Verständnis basieren, können auch einen gewichtigen Beitrag für die Wahrnehmung der Predigtpraxis und ihre Kritik leisten.

Ich werde diese These darlegen, indem ich mich in einem ersten Schritt dem heute prägenden praktisch-theologischen Leitbegriff der »Kommunikation des Evangeliums« widme. Ich werde seine Genese kurz skizzieren, seiner Verwendung bei zwei Vertretern nachspüren und dabei einige Problemfelder aufzeigen. In einem zweiten Schritt bestimme ich das Verhältnis der »Kommu-

---

[1] Die Überlegungen dieses Artikels wurden im Rahmen des Scientific Advisory Boards der Evangelisch-Theologischen Fakultät Wien am 04.11.2013 erstmals vorgetragen.

[2] Wilfried Engemann: Einführung in die Homiletik. Tübingen ²2011, 425.

nikation des Evangeliums« zur Rede von der »Kommunikation des Glaubens« und porträtiere letztere als potentielle Alternative. In einem dritten Schritt werde ich das Verständnis von »Predigt als Glaubensempfehlung« als spezifische Fokussierung dessen darstellen, was mit beiden Leitbegriffen in den Blick gekommen ist, und seine Leistungsfähigkeit beurteilen.

1. Kommunikation des Evangeliums als Leitbegriff

Mit der dialektischen Theologie hat sich ein Verständnis von Predigt als *Verkündigung des Wortes Gottes* durchgesetzt, das z. T. bis heute die Predigtpraxis prägt. Unter diesem Leitbegriff konnte sich eine hohe theologische Wertschätzung des Predigtamtes bei gleichzeitiger Geringschätzung der menschlichen Kompetenzen der Amtsperson etablieren. Der Prediger wurde als theologisch notwendiges Predigt*vehikel* zum einen wichtig, zum anderen als Predigt*person* mit eigenen Erfahrungen und Wünschen ein ärgerliches Hindernis bei der Verkündigung des Wortes Gottes. Ausdruck hierfür ist die Forderung, als Prediger hinter sein Zeugnis zurückzutreten. Über den Verkündigungsbegriff wurde einerseits *de facto* die Machtposition von Predigern als Amts- und Autoritätspersonen gegenüber den angesprochenen Hörenden gestärkt; andererseits wurde über den Begriff des *Wortes Gottes* das predigende Subjekts *prinzipiell* disqualifiziert und theologisch als Predigthindernis zugunsten des Postulats der göttlichen Selbstmitteilung im Offenbarungsgeschehen Predigt diskreditiert.[3] Die Predigt wurde auf diese Weise zu einer unmöglichen Möglichkeit[4] – mit schwerwiegenden Folgen für die Predigtpraxis. In der zeitgenössischen Homiletik hat die Rede von der *Verkündigung des Wortes Gottes* ihre Stellung als Schlüsselbegriff nahezu gänzlich verloren.[5] Stattdessen fungiert der theologisch und empirisch weiter gefasste Begriff der *Kommunikation des Evangeliums* als neuer Leitbegriff.

Die Rede von der Kommunikation des Evangeliums wurde von Ernst Lange in den homiletischen Diskurs eingebracht. Lange betont mit seinem Leitbegriff nicht zuletzt das »prinzipiell Dialogische« im Predigtgeschehen gegenüber ei-

---

[3] Vgl. hierzu die Problemanzeige bei Engemann 2011 (s. o. Anm. 2), 34.

[4] »Wir sollen als Theologen von Gott reden. Wir sind aber Menschen und können als solche nicht von Gott reden. Wir sollen beides, unser Sollen und unser Nicht-Können wissen und eben damit Gott die Ehre geben. Das ist unsere Bedrängnis. Alles andere ist daneben Kinderspiel« – Karl Barth: Das Wort Gottes als Aufgabe der Theologie (1922). In: Karl-Josef Kuschel (Hg.): Lust an der Erkenntnis. Die Theologie des 20. Jahrhunderts. München/Zürich 1986, 93–110 (hier: 93); sowie: »Nur in der tiefen Einsicht kann gepredigt werden, dass eigentlich nicht gepredigt werden kann.« – Eduard Thurneysen: Die Aufgabe der Predigt (1921). In: Gert Hummel (Hg.): Aufgabe der Predigt (WdF 234). Darmstadt 1971, 105–118 (hier: 107).

[5] Vgl. Engemann 2011 (s. o. Anm. 2), 437.

nem zu einseitig verstandenen Verkündigungsbegriff.[6] In der programmatischen, jüngst erschienenen »Praktischen Theologie« von Christian Grethlein ist die Kommunikation des Evangeliums mittlerweile nicht nur zum inhaltlichen Fluchtpunkt der Darstellung, sondern auch zum formalen Strukturprinzip geworden. Predigt wird bei Grethlein als Kommunikation des Evangeliums verstanden, die sich u. a. durch Pfarrerinnen und Pfarrer oder auch Ehrenamtliche in der Sozialform Kirche im Modus des Lehrens und Lernens ereignet.

Traditionellerweise ist »Evangelium« der terminus technicus für die »Botschaft von Jesus Christus, als dem Heil der Welt«[7]. Als solche kann sie aber immer nur im Rahmen bzw. als Resultat personaler, situativer und (primär) mündlicher[8] Kommunikation gedacht werden.[9] Diese Einsicht prägt die Definition des Evangeliumsbegriffs bei Christian Grethlein, der Evangelium als die *kommunikative Rekonstruktion* des christlichen Grundimpulses, der mit dem Wirken und Geschick Jesu gegeben ist, bestimmt.[10] Kommunikation ist dabei als »ein mehrfach komplexes Geschehen der *Verständigung von Menschen*«[11] bzw. – semiotisch betrachtet – als Prozess, der sich durch (menschliche) Personen auf der Basis von Zeichen unter den Bedingungen unterschiedlicher Situationen ereignet,[12] im Blick. Der Rede von der »Kommunikation des Evangeliums« bei

---

6 »Wir sprechen von Kommunikation des Evangeliums und nicht von ›Verkündigung‹ [...], weil der Begriff das prinzipiell Dialogische des gemeinten Vorgangs akzentuiert und außerdem alle Funktionen der Gemeinde [...] als Phasen und Aspekte ein- und desselben Prozesses sichtbar macht« – Ernst Lange: Kirche für die Welt. Aufsätze zur Theorie kirchlichen Handelns. Hrsg. von Rüdiger Schloz. München/Gelnhausen 1981, 101.

7 Ulrich H. J. Körtner: Reformatorische Theologie im 21. Jahrhundert (ThSt/Neue Folge 1). Zürich 2010, 66. Der Gehalt der Botschaft wird in der Literatur unterschiedlich akzentuiert. Evangelium ist nach Gustav Wingren »die Botschaft von Christi Tod und Auferstehung und die Verheißung der Zukunft, die in dem damit errungenen Sieg Christi gegründet ist« – Gustaf Wingren: Die Predigt. Eine prinzipielle Studie (Theologie der Ökumene 1). Göttingen ^{2}1959, 174.

8 Vgl. Koester Helmut: Art. Evangelium. I. Begriff. In: RGG^{4} 2 (1999), 1736.

9 »Dass das Evangelium durch einzelne Glieder der Gemeinde kommuniziert wird, also durch konkrete Personen [...], ist die dem Evangelium einzig angemessene Art, Christus zu bezeugen« – Wilfried Engemann: Personen und Zeichen im Prozess der Kommunikation des Evangeliums. Praktische Theologie als Theorie der Lebensäußerungen der Gemeinde. In: Ders. (Hg.): Personen, Zeichen und das Evangelium. Argumentationsmuster der Praktischen Theologie (APrTh 23). Leipzig 2003, 37–50 (hier: 43); – »So sehr das Evangelium seinem Wesen nach mündliche Rede ist, so sehr bedarf es doch nach reformatorischer Überzeugung der schriftlichen Bezeugung« – Körtner 2010 (s. o. Anm. 7), 61.

10 Vgl. Christian Grethlein: Praktische Theologie. Berlin/Boston 2012, 324.

11 Grethlein 2012 (s. o. Anm. 10), 156; zur hermeneutischen Begründung des Kommunikationsbegriffs, vgl. ebd., 143–157.

12 Vgl. Engemann 2003 (s. o. Anm. 9), 42–49; sowie Wilfried Engemann: Kommunikation des Evangeliums als interdisziplinäres Projekt. Praktische Theologie im Dialog mit außertheologischen Wissenschaften. In: Grethlein Christian/Schwier Helmut (Hg.): Praktische Theologie. Eine Theorie- und Problemgeschichte (APrTh 33). Leipzig 2007, 140–185.

Christian Grethlein liegt ein Genitivus objectivus zugrunde, was jedoch nicht heißt, dass für ihn »Evangelium« eine feststehende, vorgegebene und in diesem Sinne »objektive Größe« wäre; vielmehr ist die Bedeutung von »Evangelium« für Grethlein fluid, partikular und kontextabhängig, weil sie immer erst bzw. immer wieder neu in zwischenmenschlichen, ergebnisoffenen Kommunikationsprozessen – freilich in (Rück-)Bezugnahme auf Jesu Wirken und Geschick[13] – generiert wird.[14] Grethlein will mit dem Evangeliumsbegriff einerseits die inhaltliche Anbindung der praktisch-theologischen Forschung an die theologische Theoriebildung sichern, andererseits zugleich mit dem Kommunikationsbegriff auch den Diskurs mit den Erfahrungswissenschaften ermöglichen.

Johannes Block begreift ein solches Verständnis von Kommunikation des Evangeliums aufgrund einer ihr immanenten Hermeneutik der Produktion in letzter Konsequenz als »Syndrom der Sünde«. Er versteht »Kommunikation des Evangeliums« als Genitivus subjectivus und macht daher die Rede im Sinne einer »Selbstkommunikation des Evangeliums« stark. Block fordert, dass alle praktisch-theologischen Methoden vor dem Hintergrund der »Selbstkommunikation des Evangeliums« auf Ihre Legitimität hin befragt werden sollten.[15] Block hat etwas als Evangelium im Blick, das sich selbst kommuniziert und »keiner [menschlichen] Vermittlung oder Übersetzung bedarf, weil es seine eigene Erfahrung in sich trägt«.[16] Ein derartiges Verständnis überfordert freilich den Erfahrungsbegriff, den Evangeliumsbegriff und v.a. auch den Kommunikationsbegriff (!) und muss notwendigerweise dazu führen, dass die für das Predigtgeschehen konstitutive personal-menschliche Dimension (wieder) ins Hintertreffen gerät oder gar negiert wird, was einem gravierenden Rückfall hinter wesentliche homiletische sowie kommunikationstheoretische Einsichten gleichkommt.

Ingolf Dalferth, der ebenfalls von der den Glauben provozierenden »Selbstkommunikation des Evangeliums« spricht – genauer: von »Gottes Selbstkommunikation als Evangelium«[17] – hat den Problemhorizont solcher Rede anders als Block m. E. deutlich vor Augen; schließlich qualifiziert er sie als »explikatives Urteil des Glaubens, der responsorisch das nennt, dem er sich *seinem eigenen Verständnis zufolge* verdankt«.[18]

---

13 Vgl. Grethlein 2012 (s. o. Anm. 10), 169.

14 Vgl. Grethlein 2012 (s. o. Anm. 10), 156f.

15 Vgl. Johannes Block: Die Krisis der Praxis. Der Komplex der Sünde als methodologisches Kriterium der Praktischen Theologie. In: Michael Meyer-Blanck (u. a.) (Hg.): Sündenpredigt (ÖSP 8). München 2012, 189–204 (hier: 200–203).

16 Block 2012 (s. o. Anm. 15), 203.

17 Vgl. Ingolf U. Dalferth: Malum. Theologische Hermeneutik des Bösen. Tübingen 2008, 334–337 (beide Zitate: 337).

18 Dalferth 2008 (s. o. Anm. 17), 335 (Hervorhebungen von B. K.); das zeigt, dass Dalferth nicht ein vorinterpretatives Offenbarungsereignis im Blick hat. Vgl. dazu auch Urteil bei Ulrich H. J. Körtner: Rez. zu »Evangelische Theologie als Interpretationspraxis« von Ingolf U. Dalferth. In: ThLZ 130/4 (2005), 452f.; Körtner hält zudem fest, dass

Wenn Block den Begriff allerdings nicht als Chiffre für die Dimension des *extra nos im Rahmen der Selbstdeutung von Glaubenden* zu verstehen gibt, sondern stattdessen das Evangelium als ein sich selbst kommunizierendes absolut setzt und damit nicht nur isoliert, sondern auch gegen hörende und predigende Menschen als unverzichtbare Bestandteile jedweder Kommunikation des Evangeliums ausspielt, begeht er m. E. einen schwerwiegenden Kategorienfehler. Man muss einer derartigen Sicht dann jene Kritik entgegnen, die Gustav Wingren bereits in den 1950ern gegenüber einigen Anhängern Karl Barths geäußert hat: Man setzt hier letztlich das Wort (im Falle Blocks: das Evangelium) dem Menschen als solchem antithetisch entgegen.[19] Positiv kann ich die Rede von der »Selbstkommunikation des Evangeliums« bei Block nur insofern würdigen, als er damit den Gedanken eines *extra nos* verteidigt, der – wer wollte das leugnen? – die Kommunikation des Evangeliums durch glaubende Personen prägt; schließlich *deuten* sich Glaubende als *von Gott immer schon gedeutet* und bringen genau das auch – etwa in der Predigt – zur Sprache.[20]

2. Zur Kommunikation des Glaubens

2.1 Zur Verwendung des Begriffs

Der Begriff der »Kommunikation des Glaubens« hat keinen praktisch-theologischen Vertreter, der ihn zum zentralen Ausgangpunkt seiner Reflexion macht und zudem auch hermeneutisch klärt. Dennoch begegnet man dem Begriff innerhalb der Fachliteratur an durchaus prominenten Stellen. Dies will ich nun exemplarisch zeigen:

Die Dissertation von Thomas Micklich wurde jüngst unter dem Titel »Kommunikation des Glaubens« publiziert. Bei Wilfried Engemann findet sich der Begriff ebenfalls, wenngleich dessen Homiletik insgesamt unter dem Vorzeichen der »Kommunikation des Evangeliums« steht: In seiner Homiletik findet man dennoch ein ganzes Kapitel zu den »Herausforderungen der homiletischen Glaubenskommunikation« sowie ein Unterkapitel zur »Kommunikation des Glaubens als Bekenntnis«.[21] Auch Karl-Fritz Daiber hat versucht, »Predigt unter den gegenwärtigen Bedingungen der Kommunikation des Glaubens«[22] zu untersuchen, wobei auch er einen anderen Leitbegriff – nämlich denjenigen der »Religion« (Predigt als religiöse Rede) – gewählt und die »Kommunikation des

sich die Überlegungen Dalferths insgesamt durch einen Wechsel der Sprachspiele auszeichnen: Er verwendet einerseits semiotische Begrifflichkeiten, andererseits religiöse Metaphern, was seine Überlegungen in eine gedankliche Spannung bringe.

19 Vgl. Wingren 1959 (s.o. Anm. 7), 18 (Fn 4).

20 Wo dies geschieht, wird Evangelium (als »Grund des Glaubens«) explizit kommuniziert und nicht mehr nur implizit.

21 Engemann 2011 (s.o. Anm. 2), 424–432.

22 Karl-Fritz Daiber: Predigt als religiöse Rede. Homiletische Überlegungen im Anschluss an eine empirische Untersuchung (Predigen und Hören 3). München 1991, 270.

Glaubens« davon nicht hinreichend unterschieden hat. Zuletzt sei Peter Cornehl genannt, der gezeigt hat, dass selbst Ernst Lange neben dem Begriff der »Kommunikation des Evangeliums« auch denjenigen der »Kommunikation des Glaubens« geprägt und beide Begriffe weitgehend synonym verwendet hat.[23]

2.2 Eine Verhältnisbestimmung

Wie verhält sich der Begriff der Kommunikation des Glaubens zur Kommunikation des Evangeliums? Der Zusammenhang von Glauben und Evangelium kann zunächst folgendermaßen beschrieben werden:

1. Das Evangelium (εὐαγγέλιον) konstituiert als (Heils-)Botschaft (κήρυγμα) den Glauben. Wo Evangelium kommuniziert wird, kommt man – im besten Fall – zum Glauben.[24] – Es handelt sich dabei um eine Grundeinsicht des Christentums, von der bereits die nachösterliche Verkündigung des frühen Christentums geprägt ist. Das belegt nicht zuletzt die Tatsache, dass Paulus das Evangelium primär in der Absicht verkündigt, Glauben zu provozieren und der Römerbrief[25] mit mehrmaligen Verweisen auf das Evangelium als Grund des (gelebten) Glaubens.[26] Damit ist das Verhältnis aber noch nicht hinreichend bestimmt.

2. Das Evangelium führt schließlich nicht nur zum Glauben, sondern es kommt auch immer erst *aus dem Glauben* (Röm 1,17). Das Evangelium liegt stets in Gestalt des Glaubens vor und ist Ausdruck persönlichen Glaubenslebens. Bereits Paulus spricht mancherorts ausdrücklich von »seinem Evangelium« (Röm 2,16; 16,25) und muss sogar – widerwillig – einsehen, dass es auch das Evangelium anderer gibt (2Kor 11,4; Gal 1,6). Im Laufe der Zeit, als der Begriff Evangelium zu einer Gattungsbezeichnung wurde, sprach man schließlich vom Evangelium nach Johannes, nach Lukas, nach Matthäus und nach Markus, deren Verständnis sich bekanntlich erheblich voneinander unterscheidet. Die Predigt des Evangeliums entspricht aber schon bei Paulus in letzter Konsequenz der Predigt des Glaubens (μἀκοὴ πίστεωξ Gal 3,2.5).[27]

Evangelium als Ausdruck persönlichen Glaubens – ein solches Verständnis legt auch die systematisch-theologische Literatur nahe: *Ingolf Dalferths* These ist, dass das Evangelium zunächst schon allein dadurch kommuniziert wird, dass (1) christlich Glaubende ihren Glauben in bestimmter Weise leben; dann auch dadurch, dass (2) christlich Glaubende ihr Leben selbst als Glaubensleben verstehen und es als solches ausdrücklich (für andere) zur Sprache bringen; erst zuletzt wird Evangelium auch dadurch kommuniziert, dass (3) christlich Glaubende das Evangelium sprachlich als *Grund* ihres (gelebten) Glaubens

[23] Vgl. Peter Cornehl: Der evangelische Gottesdienst. Biblische Kontur und neuzeitliche Wirklichkeit (Bd. 1). Stuttgart 2006, 33.

[24] Vgl. Ferdinand Hahn: Theologie des Neuen Testaments (Bd. 1). Tübingen ^{2}2005, 268.

[25] Röm 1,1.9.16; 2,16; 10,15f.; 11,28; 15,16 und 19f.

[26] Vgl. Eduard Lohse: Rechenschaft vom Evangelium. Exegetische Studien zum Römerbrief (ZNW Beihefte 150). Berlin 2007, 56; sowie Hahn 2005 (s.o. Anm. 24), 271.

[27] Ferdinand Hahn hält es für sachgemäß, die paulinische Formulierung μἀκοὴ πίστεωξ als »Predigt des Glaubens« zu übersetzen. Vgl. Hahn 2005 (s.o. Anm. 24), 268.

verstehen und auf diese Weise in Bezug auf den Glauben selbstreflexiv eine begriffliche Unterscheidung (nicht: Trennung) bzw. eine inhaltliche Spezifizierung des eigenen Glaubens vornehmen und diesen *dergestalt* sprachlich artikulieren. Erst durch die soeben genannte Symbolisierung und Interpretation des Glaubens durch Glaubende wird das Evangelium auch explizit und nicht mehr nur implizit als Evangelium kommuniziert.[28] – Vor diesem Hintergrund ist das Evangelium als ein *Teilbereich* bzw. als eine vom glaubenden Subjekt nachträglich sprachlich spezifizierte *Dimension* christlichen Glaubens fassbar, die sich in Formulierungen wie z. B. »Grund des Glaubens« oder »Gegenstand des Glaubens« niederschlägt. Christian Grethleins etwas mysteriöse, weil nicht näher bestimmte Rede vom Evangelium als *Mitte oder Zentrum christlichen Glaubens*[29] kann m. E. vor diesem Hintergrund verständlich werden. Der Begriff Evangelium bringt im Rahmen der Selbstdeutung von Glaubenden den Gedanken eines *extra nos* zur Geltung und dient – soziologisch gesprochen – den christlich Glaubenden auf diese Weise als Identitätsbegriff, mit dem sie ein Spezifikum ihres Glaubens auszudrücken versuchen. Kommuniziert wird das Evangelium, indem Menschen ihren Glauben zur Darstellung bringen – einfach so, indem sie leben, oder auch indem sie dieses Leben mehr oder weniger differenziert thematisieren.

Wenn das Verhältnis von Glauben und Evangelium auf diese Weise bestimmt wird, dann konfligieren die Begriffe »Kommunikation des Evangeliums« und »Kommunikation des Glaubens« keineswegs. Die Rede von der »Kommunikation des Evangeliums« fokussiert vielmehr das, was auch in der Rede von der »Kommunikation des Glaubens« im Blick ist, auf den Aspekt des *Woher?* oder *Worauf?* dieses Glaubens, der sich Glaubenden erst im Nachdenken über diesen Glauben erschließt und insofern als Teilbereich desselben zu verstehen ist. Es handelt sich bei der »Kommunikation des Glaubens« demnach insgesamt um den weiter gefassten Begriff.

Das geläufige Verständnis vom Evangelium als »Froher Botschaft« zeigt i. Ü. eindrücklich, dass das Evangelium auch *strukturell* am Glaubensbegriff partizipiert. Froh ist die Botschaft ja nicht an und für sich, sondern nur, indem sie von Menschen auch als froh erlebt bzw. angeeignet wird. Oder anders: Die Heilsbotschaft von Jesus Christus kann nicht schon dann im eigentlichen Sinne als Evangelium bezeichnet werden, wenn die Botschaft bloß einen Ausdruck findet, sondern erst, wenn sie – in der Sprache der Konkordienformel – »nicht strafet noch schrecket, sondern wider das Schrecken des Gesetzes die Gewissen *trö-*

---

28 Vgl. Dalferth 2008 (s. o. Anm. 17), 336.

29 »›Evangelium‹ führt inhaltlich in die Mitte des christlichen Glaubens. [...] Evangelium als Zentrum christlichen Glauben erschließt sich Menschen in Form von Kommunikation« – Grethlein 2012 (s. o. Anm. 10), 9f.

stet (solatur), [...] wieder *aufrichtet* (erigit)«[30], d. h. als *rechtfertigende* Botschaft[31] einen bleibenden Eindruck bei den Hörenden hinterlässt. Wie der Glaube die (eher) »objektive« Dimension eines Bildes – traditionellerweise spricht man von der fides quae creditur – und die (eher) »subjektive« Dimension eines Verhaltens – herkömmlicherweise als fides qua bezeichnet – umfasst, so trifft dies auch auf das Evangelium als Teilbereich bzw. als Kern oder Grund dieses Glaubens zu, indem es zugleich einerseits als Botschaft von *Jesus Christus* im Blick ist, andererseits als eine Botschaft, zu der sich Menschen freudig *verhalten.*

3. Predigt als Glaubensempfehlung

Wie komme ich von der »Kommunikation des Evangeliums« bzw. der »Kommunikation des Glaubens« zu einem Verständnis von Predigt als Glaubensempfehlung? Und: Was kann dieser Begriff leisten? – Ich weise zunächst nachdrücklich darauf hin, dass es sich bei der Rede von »Predigt als Glaubensempfehlung« nicht um eine (abschließende) Definition des Predigtbegriffs handeln kann, sondern um einen Ausdruck, der eine *bestimmte Perspektive* auf das Phänomen Predigt ermöglicht; eine Perspektive, die die Predigtkultur produktiv herausfordert, indem sie als mögliche Basis für ihre Kritik dient. Wie bereits vorhin gezeigt wurde, weitet der Glaubensbegriff gegenüber dem Evangeliumsbegriff den Blick. Glauben kann dabei nicht auf eine Matrix aus Glaubenswahrheiten oder auf einen puren Vollzug reduziert werden. Ich spreche daher auch vom Glaub*en* als der Substantivierung eines Verbs und nicht von »Glaube«. Glauben im christlichen Sinn bezeichnet die *lebensweltliche Existenz eines Menschen*, die wesentlich von der Relation von Bild(ern) einerseits – fides quae – und Verhalten(sweisen) andererseits – fides qua – geprägt ist und in einem Verweiszusammenhang mit Jesus Christus steht. Solcher Glauben artikuliert sich in der Predigt und ist daher auch als Inhalt des homiletischen Kommunikationsprozesses zu bestimmen. Einem derartigen Predigtverständnis liegt also u. a. die Einsicht zugrunde, dass man im Rahmen der Kanzelrede nicht bloß mit der fides quae als Verkündigungsinhalt zu rechnen hat, sondern ebenso

---

[30] Bekenntnisschriften der evangelisch-lutherischen Kirche (BSLK). Hrsg. vom Deutschen Evangelischen Kirchenausschuss im Gedenkjahr der Augsburgischen Konfession 1930. Göttingen [12]1998, 791, 25–31; an anderer Stelle heißt es: »Denn das Evangelium und Christus ist je nicht geordnet und gegeben zu schrecken noch zu verdammen, sondern die, so erschreckt und blöde sind, zu trösten (consolationem capiant) und aufzurichten (erigantur)« – ebd., 956, 19–23; oder: »Dann alles, was tröstet, die Huld und Gnade Gottes den Übertretern des Gesetztes anbeut, ist und heißet eigentlich Evangelium, eine gute und fröhliche Botschaft [...]« – ebd., 958f., 31ff.

[31] Vgl. hierzu auch Michael Beintker: Art. Evangelium. III. Dogmatisch. In: RGG[4] 2 (1999), 1742.

auch mit der fides qua creditur.[32] Über das in einer Predigt nahegelegte Menschenbild, Gottesbild und Weltbild sowie die damit korrelierenden Verhaltensweisen, die in Form von Sprachbildern, Leitbildern oder Körperbildern nahegelegt werden, wird ein konkretes Glaubensleben porträtiert – und auf diese Weise auch Evangelium kommuniziert. Die Analyse dieser Bilder trifft das Herz einer Predigt, die als Glaubensempfehlung verstanden wird. Im Rückgriff auf die vorhergehenden Kapitel kann kritisch gefragt werden: Wie kann eigentlich eine Predigtpraxis *sachgemäß* und *essentiell* – gerade auch hinsichtlich ihrer Anthropologie – analysiert und kritisiert werden, wenn deren zentraler Inhalt nicht ein konkreter Glauben ist, sondern die kommunikative Rekonstruktion des christlichen Urimpulses, der in letzter Konsequenz als Geschehen extra nos zu verstehen ist? Können sich an der Kritik einer so verstandenen Predigtkultur im Grunde nicht nur – wenn überhaupt – Theologen *wesentlich* beteiligen, weil Vertreter nicht-theologischer Disziplinen mit einer derartigen Zentralkategorie wenig anzufangen wissen? Und mehr noch: Wäre nicht das, was als (rekonstruierter) christlicher Urimpuls in den Blick kommen würde, nicht ohnedies als persönlichkeitsspezifisches Credo des Predigers zu qualifizieren, als Teil eines konkreten Glaubenslebens? Ein Verständnis von Predigt als Glaubensempfehlung ermöglicht es, bei der Analyse und Kritik der Predigpraxis von außertheologischen Beiträgen zu profitieren, weil damit konkrete Menschen-, Gottes-, und Weltbilder und ebenso konkrete damit korrelierende Verhaltensweisen im Blick sind, die auch auf Basis psychologischer, philosophischer, soziologischer und kultur-anthropologischer Fragestellungen analysiert werden können. Zudem nimmt sie ernst, dass Evangelium immer nur in Gestalt des Glaubens als eine Dimension desselben vorzufinden ist.

Mit der Verwendung des Empfehlungsbegriffs im Rahmen homiletischer Theoriebildung rückt die appellative Dimension der Kanzelrede deutlich in den Fokus. Allen Empfehlungen ist schließlich gemein, dass der/die Sprechende eine *positive Veränderung* einer Situation im Blick hat. Genauer: Wer eine *Empfehlung* ausspricht, legt etwas explizit oder implizit als *wünschenswert* nahe, weil er/sie meint, dass dadurch bestimmte als wünschenswert beurteilte *Wirkungen* erreicht werden können.[33] Eine Empfehlung kann sprachlich dabei sehr unterschiedlich ausgedrückt werden. Das Spektrum reicht von der vehementen Empfehlung im Imperativ (»Überwinden Sie doch Ihren Stolz!«), über die vorsichtige Empfehlung als Frage (»Warum überwinden Sie nicht Ihren Stolz?«) bis hin zur unpersönlichen Empfehlung mit ›man‹ (»Man überwindet besser seinen

---

32 Anders das Diktum von Rudolf Bultmann: »Wir haben doch die fides quae creditur zu verkündigen, nicht die fides qua creditur!« – Rudolf Bultmann: Zur Frage der Christologie. In: Ders.: Glauben und Verstehen. Gesammelte Aufsätze (Bd. 1). Tübingen [9]1993, 85–113 (hier: 99).

33 Vgl. Viktor J. Vanberg: Wettbewerb und Regelordnung (Untersuchungen zur Ordnungstheorie und Ordnungspolitik 55). Hrsg. von Nils Goldschmidt / Michael Wohlgemuth. Tübingen 2009, 25.

Stolz.«).[34] Eine Empfehlung existiert allerdings nicht nur auf der Satzebene als Sprechakt, sondern auch als Textfunktion.[35] Ein Verständnis von Predigt als Glaubensempfehlung fokussiert die homiletische Fragerichtung insgesamt auf die Frage, welcher Glaube in Predigten eigentlich *nahegelegt* – und das heißt letztlich: *bezweckt* wird. Die Frage lautet dann aber auch: Ist dieser Glaube *Selbstzweck* oder erfüllt er auch *selbst* einen *Zweck*? Oder anders: Welche als wünschenswert beurteilte Wirkungen hat die predigende Person mit ihrer Glaubensempfehlung eigentlich im Blick?

Zwei Positionen wenden sich gegen ein solches Verständnis. *Der erste Einwand* besagt: Predigt ist kein Appell. Dem kann entgegnet werden, dass bereits die kommunikationstheoretischen Überlegungen von Friedemann Schulz von Thun zeigen, dass *jede* Aussage eine appellative Funktion hat. Der Sprecher veranlasst den Hörer, indem er spricht, *immer* auch dazu, »bestimmte Dinge zu tun oder zu unterlassen, zu denken oder zu fühlen,«[36] hat also eine Veränderung der Situation im Blick. Wird Predigt als Kommunikation verstanden, so kann (selbstredend) auch ihre appellative Funktion untersucht werden, die im Empfehlungsbegriff besonders deutlich zutage tritt; dennoch gefährdet der Empfehlungsbegriff das »prinzipiell Dialogische« des Predigtgeschehens, dessen Garant seit Langem der Kommunikationsbegriff ist, nicht. Empfehlungen setzen nicht notwendigerweise ein asymmetrisches bzw. autoritäres Rollenverhältnis voraus.[37] *Der zweite Einwand* lautet: Die Frage nach dem Zweck des Glaubens ist nicht legitim. Dem kann entgegnet werden, dass zwar die Frage nach dem Zweck des Glaubens in der Christentumsgeschichte tatsächlich immer wieder argumentativ zurückgewiesen wurde, aber dennoch eine theologische Kardinalfrage bleibt; denn erst durch sie wird einsichtig, was bei einem Leben aus Glauben eigentlich auf dem Spiel steht.[38] Die Leistungsfähigkeit des Empfehlungsbegriffs liegt nicht zuletzt darin, dass er die Frage nach dem *Wozu?* ins Zentrum rückt. Will man die Frage nach dem Zweck ausklammern, müsste man in meinen Augen konsequenterweise auch jene Reflexionsperspektive, die mit dem Kommunikationsbegriff in die Praktische Theologie Einzug gehalten hat, aufgeben.

---

34 Vgl. Axel Hering/Magdalena Matussek/Michaela Perlmann-Balme: Deutsch als Fremdsprache. Übungsgrammatik für die Mittelstufe. Ismaning 2009, 152.

35 Man denke nur an das Empfehlungsschreiben im Kontext von Bewerbungsprozessen, das sich aus unterschiedlichsten Sprechakten zusammensetzt.

36 Friedemann Schulz von Thun: Miteinander reden. Störungen und Klärungen (Bd. 1). Reinbek bei Hamburg [44]2006, 29.

37 Vgl. auch Gyde Hansen: Übersetzung von Direktiven Sprechakten in Gebrauchsanweisungen und Bedienungsanleitungen. In: Rodica Superceanu/Daniel Dejica (Hg.): Professional Communication and Translation Studies. Proceedings of the 6th International Conference, 3–4 April 2009. Timisoara 2009, 77–86 (hier: 79).

38 Vgl. Wilfried Engemann: Lebensgefühl und Glaubenskultur. Menschsein als Vorgabe und Zweck der religiösen Praxis des Christentums. In: WzM 65/3 (2013), 218–237 (hier: 222f.).

Gebet als Interaktion

Videobasierte Analysen und theologische Synthesen zur gelebten Religion im Sonntagsgottesdienst[1]

Christian Walti

In einer der wirkungsmächtigsten Studien zum Gebet, der Monographie *Das Gebet* (1918) von Friedrich Heiler, lässt sich nachlesen:

> »Das Gebet ist ursprünglich eine spontane Affektentladung, ein freies Ausschütten des Herzens. Im Laufe der Entwicklung wird es zu einer feststehenden Formel, die der Menschen affekt- und stimmungslos, herz- und gedankenlos rezitiert.«[2]

Verschiedenste liturgische Reformbestrebungen, darunter auch diejenigen, welche sich seit den ersten Jahrzehnten des 20. Jahrhunderts auf die römisch-katholische Liturgie auszuwirken begannen, zielten darauf ab, den ursprünglichen Affekt, die innigste Mystik von Gebeten wiederzuentdecken.[3] Zu Recht wurde die subjektivistische Tendenz einer Suche nach ursprünglicher Affektivität bereits durch Mitstreitende in der *Liturgischen Bewegung* kritisiert.[4] Besonders problematisch wird das heiler'sche Verständnis des Gebetes aber dann, wenn Kirchen mit kaum ausgeprägten Gebetstraditionen in liturgische Reformprozesse eintreten. Sind in ihnen nicht alle Gebete »spontane Affektentladungen«? Sind sie dadurch näher bei dem, was in hochliturgischen Traditionen durch »Formeln« zerstört wurde? – Wohl kaum!

Im folgenden Beitrag berichte ich aus einem liturgischen Feld, das sich durch eine besonders ausgeprägte Normfreiheit auszeichnet. In meiner empirischen Studie untersuche ich Sonntagsgottesdienste in reformierten Kirchgemeinden in der Deutschschweiz. Meine Studie wagt sich an empirische De-

---

[1] Vortrag im Rahmen des Juniorsymposions »RELIGIÖS: empfehlenswert? praktisch?« an der Universität Wien am 11.04.2014.

[2] Friedrich Heiler: Das Gebet. Eine religions-geschichtliche und religionspsychologische Untersuchung. München 1918, 150.

[3] Vgl. insbesondere Ildefons Herwegen: Kirche und Seele. Die Seelenhaltung des Mysterienkultes und ihr Wandel im Mittelalter. Münster 1926; vgl. kritisch dazu Marc Breuer: Rituelle Inklusion. Die »Liturgische Bewegung«. In: Religiöser Wandel als Säkularisierungsfolge. Hrsg. von der Sektion Religionssoziologie der Deutschen Gesellschaft für Soziologie. Wiesbaden 2012, 349–435, online unter: http://link.springer.com/chapter/10.1007/978-3-531-19168-3_8.

[4] Besonders nachhaltig und ausgewogen durch Romano Guardini: Ein Wort zur liturgischen Frage. Mainz 1940.

tailbeobachtungen der Interaktion in diesen Gottesdiensten mit der erklärten Absicht, ihre gegenwärtige Situation möglichst nahe an der Realität der »gelebten Religiosität« der reformierten Kirchgemeinden beschreiben zu können. Diese Beschreibung soll aber nicht bloß Faktisches abbilden, sondern auch die Diskussion nach der liturgischen Norm und damit die theologische Frage nach der *lex orandi* einer solchen Kirche neu stellen. Ganz besonders gilt dies, wenn sich der Fokus auf die rituelle Kerngattung des Gottesdienstes, das Gebet, richtet.

In den folgenden Ausführungen werde ich zuerst kurz die methodologische und theoretische Ausgangslage meiner Arbeit beschreiben (Abschnitt 1), dann anhand pointierter Beispiele die Rahmung von Gebetssequenzen in reformierten Gottesdiensten analysieren (Abschnitt 2) und schließlich zu einer theologischen Synthese der Beobachtungen ansetzen (Abschnitt 3), welche in einige knappe Thesen zu liturgischen Reformprozessen unter den Bedingungen der »liturgischen Freiheit« münden (Abschnitt 4).

1. Das Szenario der reformierten Liturgie in der Deutschschweiz und meine Arbeit

1.1 Liturgische »Freiheit« als Herausforderung für eine normativ argumentierende Liturgiewissenschaft

Die Gottesdienstlandschaft der Deutschschweizer Landeskirchen erscheint auf den ersten Blick aussergewöhnlich heterogen. Mit der sogenannten »Gottesdienstordnung« im Reformierten Gesangbuch (RG 150) liegt zwar ein dramaturgisches Schema vor, verbindliche liturgische Texte oder gar eine Agende mit ausführenden Bestimmungen fehlen aber.

Das, was tatsächlich in einem reformierten Gottesdienst geschieht, kann also – auch bei einer sehr strikten Einhaltung der vorhandenen Vorgaben – nicht als ein durch Normen determiniertes Phänomen angesehen werden. Historisch lässt sich diese Ausgangslage mit kirchenpolitischen Entwicklungen seit der Aufklärungszeit in Verbindung bringen, wie es Alfred Ehrensperger in seinen umfangreichen Studien zu lokalen liturgischen Traditionen in verschiedenen Landesteilen der Schweiz dargestellt hat.[5] Eine empirische Erforschung dessen, was in den Gottesdiensten faktisch geschieht, fehlt jedoch bislang.

Die These meiner Arbeit ist allerdings, dass gottesdienstliche Praxis primär nicht als normengeleitet, sondern als durch die Teilnehmenden an der Interaktion selbst geordnete Praxis verstanden werden muss. Damit strebe ich zunächst eine rein sozialanthropologische Beschreibung des Gottesdienstes an,

---

5 Vgl. Alfred Ehrensperger: Die Theorie Des Gottesdienstes in der späten Deutschen Aufklärung (1770-1815). Zürich 1971.

welche ihn als Interaktionsritual mit einer »Interaktionsordnung« (Goffman[6]) zu verstehen versucht. In einem zweiten Schritt kommt der so empirisch ermittelten Interaktionsordnung dann aber auch eine theologische Bedeutung zu: Sie steht für eine empirische »*theologia prima*« (Fagerberg[7]), welche zum Ausgangspunkt von Kritik und Reformprozessen gemacht werden kann.

1.2 Das Dissertationsprojekt »Interaktionsritual Gottesdienst«

In meinem Dissertationsprojekt versuche ich daher folgende Fragen zu beantworten: (1) Welche faktisch gültige Interaktionsordnung bestimmt das liturgische Handeln in einem reformierten Gottesdienst? (2) Wie müssen liturgische Reformprozesse ausgehend von dieser Interaktionsordnung gestaltet werden?

Während die erste Fragestellung die deskriptive Absicht meines Projektes umschreibt, zielt die zweite Fragestellung auf eine fundamentalliturgische Rückspeisung empirischer Erkenntnisse. Die Empirie wird in meinem Projekt also nicht unmotiviert erforscht, sondern soll dazu dienen, liturgiewissenschaftliche Diskurse über die Reform des Gottesdienstes zu informieren.

1.2.1 Theorie: Mikrosoziologisches Ritualverständnis (Randall Collins)

Als theoretischen Bezugsrahmen verwende ich die Ritualtheorie von Randall Collins, die er in seinem Hauptwerk *Interaction Ritual Chains*[8] ausführt. Es handelt sich um ein mikrosoziologisches Modell von Sozialität, das rituelle Prozesse in sein Zentrum stellt. Collins orientiert sich an Emile Durkheim und Erving Goffman und richtet seine Aufmerksamkeit auf Details der Interaktionsabläufe in faktischen sozialen Situationen.

Gemäß Collins hat ein Ritual verschiedene Voraussetzungen (»Zutaten«) und verschiedene Effekte:[9]

1. Körperliche Kopräsenz bzw. gegenseitige Wahrnehmung bei den Teilnehmenden
2. Abgrenzung gegenüber Nicht-Teilnehmenden
3. Einen geteilten Fokus der Aufmerksamkeit der Teilnehmenden
4. Eine geteilte emotionale Grundstimmung der Teilnehmenden

Durch diese Zutaten kann sich eine Dynamik ergeben, bei welcher das rituelle Kollektiv, die kopräsent versammelte Gruppe und die Gegenstände oder Sachverhalte, die in ihr fokussiert werden, mit besonderer Bedeutung verknüpft

---

6 Vgl. Erving Goffman: The Interaction Order. American Sociological Association, 1982 Presidential Address. In: American Sociological Review 48/1 (1983), 3.

7 Vgl. David W. Fagerberg: What Is Liturgical Theology? A Study in Methodology. Chicago 2003.

8 Randall Collins: Interaction Ritual Chains (Princeton Studies in Cultural Sociology). Princeton (N.J.) 2005.

9 Vgl. Collins 2005 (s. o. Anm 8), 48.

werden. Dieser Effekt erzeugt eine Emotion, die in den Empfindungen der Individuen nachhallt und unter ihnen eine gewisse Solidarität erzeugt. Es ist eine länger anhaltende Emotion, die jedoch mit zunehmendem Abstand zur rituellen Situation abnimmt. Gegenüber dem in der Praktischen Theologie oft herangezogenen Ritualmodell von Victor Turner[10] bietet das Modell von Collins insbesondere zwei Vorteile für die empirische Erforschung von Gottesdiensten: (1) Es sichert die Vergleichbarkeit von Gottesdiensten mit anderen sozialen Gattungen, unabhängig von bestimmten Inhalten: auch Phänomene, die nicht explizit »christlich« oder »religiös« kodiert sind, lassen sich als Rituale beschreiben. (2) Verschiedene Ausprägungen von Ritualität lassen sich in einer Interaktion beobachten und eruieren; es handelt sich um kein »On-Off-Modell« von Ritualität. – Allerdings handelt es sich um ein soziologisches Modell von Ritualität, das per se noch keine theologischen Aussagen über ein Geschehen zulässt. Eine theologische Synthese muss dieser Einschränkung unbedingt Rechnung tragen.

1.2.2 Methode: Interaktionsanalyse

Zur Analyse der Gottesdienste bediene ich mich Techniken, die von Sozialanthropologen und Linguisten in der sogenannten *Ethnomethodologie* entwickelt wurden. In der Ethnomethodologie wird der Versuch unternommen, gewöhnliche Interaktionen in empirischer Beobachtung auf ihre Regelhaftigkeit zu untersuchen. Dabei wird davon ausgegangen, dass hinter jeder Form der Interaktion eine interaktionale Ordnung liegt, die von allen an der Interaktion Beteiligten gemeinsam aufrecht erhalten wird.[11] Abweichungen von dieser Ordnung werden wiederum ordnungsgemäß durch Ausgleichshandlungen (Entschuldigungen, Sanktionen usw.) bedacht.

Eine Interaktion wird überdies als Sequenz von verschiedenen Beiträgen oder Handlungszügen analysiert, wobei zu jedem Zeitpunkt jeweils ein Teilnehmender die Handlungsleitung innehat. Die grundlegende Frage der Sequenzanalyse ist: Wie folgt ein Handlungszug auf den ihm direkt vorangehenden?

Zur Analyse von Handlungssequenzen haben sich einige analytische Begrifflichkeiten als hilfreich erwiesen, die ich in aller Knappheit hier einführen möchte:

(1) *first pair-part und second pair-part:* Mit first und second pair-part sind zwei Bestandteile eines konventionalisierten Handlungs- oder Redeübergangs von einer Person auf eine andere bezeichnet. So beispielsweise in einem Begrüssungsritual zwischen zwei Freunden:

Anna sagt: »Hallo Bertram, wie geht's?«
Bertram sagt: »Hallo Anna, gut und dir?«

---

[10] Vgl. hierzu Petra Bahr: Ritual und Ritualisation. Elemente zur Theorie des Rituals im Anschluß an Victor Turner. In: Praktische Theologie 2 (1998), 143–58.

[11] Harvey Sacks, der Begründer der Konversationsanalyse prägte hierfür den eingängigen Grundsatz: »There is order at all points.« – Harvey Sacks: Lectures on Conversation. Oxford (u. a.) 1995, xlvi.

Der Beitrag von Anna wird als »first«, der Beitrag von Bertram als »second pairpart« bezeichnet. Der Anschluss des second an den first ist stark konventionalisiert, eine abweichende Antwort impliziert meistens einen Rahmenbruch, weshalb der Anschluss in einem Begrüssungsritual kaum als ›authentische‹ Gefühlsäußerung bezeichnet werden kann.

(2) *Transition relevance place* (TRP): Mit TRP wird der Moment bezeichnet, in welchem der Übergang der Handlungsleitung von einer Person auf eine andere gemäß der Interaktionsordnung erfolgen soll. Meistens wird dieser Moment durch den ersten Sprechenden oder Handelnden durch ein Schlusszeichen (etwa das Absinken des Sprechtones zum Redebeitragsende) markiert.

1.2.3 Methodik, Datensorten und Sample

Die Basis meiner Analysen bilden Videoaufzeichnungen von Gottesdiensten. Ich habe dreizehn Sonntagsgottesdienste aus vier reformierten Gemeinden aufgezeichnet. Hinzu kamen noch je zwei Gottesdienste aus einer römisch-katholischen und einer charismatisch-evangelikalen Gemeinde. Die Aufzeichnungen wurden begleitet von teilnehmender Beobachtung des Geschehens, vor und nach dem Gottesdienst, und ethnographischer Arbeit in den Gemeinden. Bei der Analyse und Auswertung der Daten ging ich jeweils von den Videoaufnahmen aus und analysierte sie detailliert im Hinblick auf die auf ihnen sichtbaren Interaktionen.[12] Die Aufnahmen wurden zunächst grob in Sequenzen unterteilt und katalogisiert. Schließlich wurden vergleichbare Passagen der Gottesdienste ausgewählt – ich entschied mich für die Gottesdienstanfänge sowie rituell besonders dichte Momente im zweiten Teil der Gottesdienste.

2. Charakteristika der Interaktionsgattung »Gebet« im reformierten Gottesdienst

Im Folgenden möchte ich die Interaktionsgattung des Gebetes näher betrachten. Ich beschränke mich dabei auf die Rahmengestaltung eines Gebetes, da in ihr zunächst das, was ein »Gebet« ausmacht, interaktional hergestellt werden muss. In gleicher Art und Weise muss zum Abschluss des Gebetes verdeutlicht werden, dass nun ein anderes Interaktionsgenre (z. B. eine Ansprache) folgt und die Gebetshaltung wieder aufgelöst werden kann.

2.1 Gebetsansage und Gebetshaltung

Ein erstes Beispiel zeigt eine stark verkürzte, in den reformierten Gottesdiensten aber sehr geläufige Ansageform.

---

12 Vgl. Hubert Knoblauch: Die Video-Interaktions-Analyse. Sozialer Sinn. In: Zeitschrift für hermeneutische Sozialforschung 1 (2004), 123–38.

a) Deklarative Ansage
↑wir ↓be<u>*ten*</u>. [Anis-E, 0:35:28.1–0:35:34.1; siehe hierzu Abbildung 1 und Abbildung 2][13]

Die Pfarrperson phrasiert diese konstative Aussage deutlich (hoher Ton bei ›wir‹, tiefer Ton bei ›beten‹). Zusätzlich bildet sich die Prosodie durch seine Blickrichtung ab: Während er bei ›wir‹ noch direkt zur Gemeinde blickt, schaut er bei der zweiten Silbe des Wortes ›beten‹ hinunter auf sein Manuskript, wo sein Blick bis zum Ende der Gebetssequenz verbleibt (im Transkript markiert durch Unterstreichung). Abschliessend führt die Pfarrperson ihre Hände, nachdem sie mit der linken Hand noch kurz das Mikrophon am Lesepult zurechtrückt, vor ihrem Bauch zusammen. Bei den restlichen Teilnehmenden wird die Ansage nur vereinzelt durch die Einnahme einer bestimmten Haltung beantwortet. Einige Teilnehmende nehmen direkt im Anschluss an den TRP eine Haltung mit vornüber gesenktem Kopf ein. Andere Teilnehmende verändern ihre Haltung nicht und blicken weiterhin aufrecht sitzend auf die Pfarrperson.

[Abbildung 1: Anis-E, 0:35:28.1]

[Abbildung 2: Anis-E, 0:35:30.2]

Anders erfolgt die Rahmung der Interaktion beim folgenden Beispiel aus einer anderen Gemeinde.

b) Ansage mit intrinsischer Sekundierung
lasst uns be<u>ten</u>. [Dime-A2, 0:10:38.5–0:10:46.7; siehe hierzu Abbildung 3 und Abbildung 4]

Auf der verbalen Modalität äußert die Pfarrperson hier eine Anweisung im Adhortativ, was zwar archaisch wirkt, aber den illokutionären Aspekt explizit verbalisiert. Wie bei den oben beschriebenen Ansagen, wird auch hier die Prosodie zur Markierung eines deutlichen TRP eingesetzt. Ebenfalls korrespondiert

13 Die hier indizierten Kürzel und Zeitangaben beziehen sich auf die Videoaufnahmen der jeweiligen Gottesdienste in den untersuchten Gemeinden. Im Rahmen der Veröffentlichung meiner Dissertation werden die besagten Passagen auf einem Server zum Live-Streaming zur Verfügung gestellt. Die Leser des vorliegenden Beitrages müssen sich hier mit den Verbaltranskripten, einigen Standbildern und meinen Beschreibungen begnügen.

diesem Umstand die Blickführung, die noch vor dem Absenken des Sprechtons auf das Manuskript fokussiert und dort verbleibt.

[Abbildung 3: Dime-A2, 0:24:27.9]

[Abbildung 4: Dime-A2, 0:24:29.8]

In diesem Beispiel ›beantworten‹ die meisten der Teilnehmenden die Ansage der Pfarrperson jedoch durch einen deutlich sichtbaren ›second‹. Sie erheben sich. Hinten links befinden sich allerdings zwei jüngere Gemeindeglieder (Kreis im zweiten Bild), welche diesen *second* erst mit einiger Verzögerung vollziehen.

c) Ansage mit expliziter Aufforderung
mer bätte mitenand (.) und ich bitte sie dadezue u:fzstah.*
Wir beten miteinander. Und ich bitte Sie dazu aufzustehen. [Burg-B, 0:28:13.6–0:28:27.6]

Die Verhaltensaufforderung wird hier direkt mit der Konjunktion ›und‹ an die Gebetsaufforderung angehängt. Die zweite Aufforderung wird – ähnlich wie bei den Liedansagen beobachtet – durch das Hilfsverb ›bitten‹ moduliert. Durch ›dazu‹ wird die zweite Aufforderung mit der ersten in zweierlei Hinsicht verbunden: Es wird deutlich, dass es einen zeitlichen Zusammenhang zwischen Aufstehen und Beten gibt und das Aufstehen so zum Beten dazukommt; es wird aber auch deutlich, dass es einen instrumentellen Zusammenhang zwischen beiden Handlungen gibt. Das Aufstehen verhilft dem Beten. Auch prosodisch und mit der Blickführung bindet die Pfarrperson beide Aufforderungen zusammen, indem sie den Ton und ihren Blick erst zum Ende der zweiten Aufforderung senkt.

Auffällig ist, dass eine Teilnehmende die Illokution bereits nach dem Wort ›dazu‹ antizipiert und damit beginnt, sich nach vorne zu beugen, um sich zu erheben (markiert mit »*«). Die meisten Teilnehmenden bewegen sich aber erst, nachdem die Pfarrperson ihre Worte beendet hat.

d) Beten ohne Ansage
lebe:ndiger go:(d). [Anis-D, 0:52:45.8–0:52:57.3]

Als sich die Vikarin in diesem Beispiel nach einigen Sekunden des Schweigens seit der Moderation durch die Pfarrperson erhebt, nehmen die meisten Teilnehmenden sie in den Fokus. Auch als die Vikarin zu sprechen beginnt, nehmen die Teilnehmenden keine besondere Haltung ein. Einige blicken anschliessend wieder von ihr weg zu anderen Teilnehmenden im Kreis. Andere nehmen nach der Anrede oder im späteren Verlauf des Gebetes eine vornübergebeugte Haltung ein.

2.2 Abschluss des Gebets

Ähnliches gilt auch für den Abschluss der Gebete. Hier gibt es Schlussformeln, die neben der prosodischen Markierung (Sprechton unten) den TRP markieren können, wie etwa im folgenden Beispiel.

e) Formel mit rituellem Signal »amen«
dies bitten wir dich, dreieiniger gott, durch (.) jesus christus, unseren herrn. (.) amen. [Dime-B, 0:24:54.8–0:25:03.3]

Von den restlichen Teilnehmenden wird hier aber insbesondere das abschließende »amen« als Signalwort für einen TRP erkannt. Sie lösen ihre Gebetshaltung im Stehen erst auf, als dieses Wort fällt. Wie wichtig das Signalwort »amen« für die Konstitution des TRP ist, zeigt sich schließlich im folgenden Beispiel, in welchem dieses durch ein anderes Wort ersetzt wird:

f) Ausbleiben des rituellen Impulses
MEIne seele erhebt gott, (.) und MEIN GEIST jubelt über ihn, meinen retter. (.) hallelujah. [Burg-B, 0:30:46.0-0:31:11.5; siehe hierzu Abbildung 5 und Abbildung 6]

[Abbildung 5: Burg-B, 0:30:49.0]

> Nun drehen ungefähr zeitgleich zwei weitere Teilnehmende (Kreise) ihre Köpfe nach links aus und verlassen damit ihre nach vorne gebeugte Haltung. Die Hände der beiden bleiben aber noch vor dem Körper verschränkt (es handelt sich also um eine teilweise Aufhebung der Haltung).

Unmittelbar nach dem ›Hallelujah‹ sehen wir eine Teilnehmende, die ihren Kopf vor sich senkt und so die Gebetshaltung einnimmt. Dies lässt sich dadurch erklären, dass sie das Ende des Gebetes wie alle anderen mit dem »Auftauchen« aus der Gebetshaltung beenden möchte. Da die anderen frühestens im Anschluss an das Endsignal die Gebetshaltung auflösen und sie erst dann wieder sehen könnten, könnte ihre vorgängige »Abweichung« von der Haltung damit u. U. verborgen bleiben. Das möglichst lange Verbleiben in der Gebetshaltung ist solange ordnungsgemässer bis eine überwiegende Vielzahl der Teilnehmenden die Haltung aufgelöst hat – dann würde das Verbleiben in der Gebetshaltung auffällig, da nun die anderen Teilnehmenden einen visuell wahrnehmen können. Um nicht aufzufallen, ist also ein mehr oder weniger präzises Einhalten des Endzeitpunkts des Gebetes nötig. Da man in der Haltung über keine (oder bei offenen Augen nur sehr beschränkte) visuelle Wahrnehmungswahrnehmung verfügt, sind die Teilnehmenden auf ein akustisches Signal angewiesen.

In diesem Fall fehlt ein konventionelles Signalwort und deshalb folgt eine längere Sprechpause ohne kollektive Aktivität. Die Rolle des Signals übernehmen hier zwei Geräusche, die vermutlich durch Bewegungen im Orchester auf der Empore links verursacht werden. Es ist bezeichnend, dass die ersten Teilnehmenden, die ihre Gebetshaltung auflösen, zunächst den Blick nach vorne links (zur vermeintlichen Quelle des Geräusches hin) drehen. Da die Geräusche aber wenig deutlich (und im reformierten Gottesdienst keine konventionalisierten Signale zur Auflösung) sind,[14] verbleiben die Teilnehmenden grundsätzlich noch in der Gebetshaltung, lösen diese jedoch ansatzweise auf: Sie gehen zunächst in eine ›halbe‹ Gebetshaltung (Blick oben, Hände vor dem Körper verschränkt, Schultern gesenkt), und zeigen damit an, dass sie intentional beide Verhaltensweisen (Gebet und Auflösung des Gebets) unterstützen wollen. Eine solche ›halbe Haltung‹, die Aussenorientierung zulässt, aber den Vollzug des Rituals dennoch unterstützt, ist bezeichnend für extrinsisch rituelles Verhalten.

[Abbildung 6: Burg-B, 0:30:51.9]

[14] Klopfgeräusche (durch den Prälaten oder Gebetsvorsteher) zeigen in einigen römisch-katholischen Konvikten das Ende der Stille beim Stundengebet an; dort gehört dieses akustische Signal zum rituellen Wissen der mehrheitlich intrinsisch Teilnehmenden.

Da in diesem Beispiel das Gebet im Stehen erfolgt, gehört zur Auflösung der Gebetshaltung auch das Sich-Setzen. Da offenbar kein Signal dazu folgt, verbleiben die Teilnehmenden in einer ›halben‹ Gebetshaltung, bis erste Teilnehmende deutlich ihr Sich-Setzen anzeigen. Wie bereits bei den Eingangshandlungen beobachtet, wird das Sich-Setzen durch ein Ausdrehen des Oberkörpers und einen Blick hinter sich auf die Sitzfläche angezeigt. Im Falle des Mannes in der Mitte (Kreis) erfolgt dies »zu früh«, weshalb er den Kopf nochmals zurückbewegt, ehe er im Zuge einer von den vorderen Reihen ausgehenden kollektiven Bewegung sich in gemächlicher Weise setzt.

2.3 Charakteristika des Gebetes im Hinblick auf die Interaktionsordnung des reformierten Gottesdienstes

Aus den erfolgten Beobachtungen können in aller Vorläufigkeit einige Charakteristika der Interaktionsordnung des reformierten Gottesdienstes hergeleitet werden, die ich auf die folgenden drei Begriffe verdichte:[15]

(1) *Interaktionsorientierte Anweisungen*: Die rituelle Rahmung erfolgt durch eine Ansage, in welcher die Gattung des Gebets deklarativ eingeführt wird. In gewissen Fällen verbindet sich mit dieser Ansage auch ein expliziter Hinweis auf die ordentliche Gebetshaltung. Wo die Anweisung nicht oder nur unvollständig erfolgt, ist es für Teilnehmende schwierig den *first* von P zu sekundieren.

(2) *Interaktionsorientierte Prosodie*: P setzt bei der Aussprache der Anweisung, der Gottesanrede und beim Ende des Gebetes durch deutliche Tonführung und Rhythmisierung der Prosodie klare Zeichen, dass sein Handlungsbeitrag (*first pair-part*) abgeschlossen ist und ein *second pair-part* von den restlichen Teilnehmenden erwartet wird. Damit konstituiert er einen TRP (transition relevance place), der den Fokus der Interaktion von ihm weg weist auf andere Teilnehmende.

(3) ›*Sekundierungspausen*‹: Zum Verlauf des Gebetes gehören an mehreren Stellen bewusste Sprechpausen von P. Diese dienen dazu, den TRP zu markieren, bei welchem die Handlungsleitung von P (ihr *first pair-part*) sekundiert werden kann. Z.B. wird nach der Anweisung zum Gebet eine Gebetshaltung eingenommen, oder es soll nach der Gottesanrede das nonphänomenale Gegenüber im Gebet imaginiert werden.

Für Gebete im reformierten Gottesdienst bedeutet dies zweierlei: Gebete sind abhängig von ihrer interaktionalen Rahmung und können nicht ohne eine solche vollzogen werden. Die Handlungsleitung dieser Rahmung liegt bei der Pfarrperson, ihr kommt die Rolle zu, die *firsts* zu geben und die *seconds* der Gemeinde zu antizipieren.

---

[15] Freilich sind diese Charakteristika an weiteren Elementen des Gottesdienstes zu erhärten, was ich im größeren Spannungsbogen meiner Dissertation zu unternehmen beabsichtige.

3. Fundamentalliturgische Implikationen empirischer Liturgik

Das Ziel meiner Arbeit ist keine sozialanthropologische Beschreibung des reformierten Gottesdienstes, sondern eine liturgiewissenschaftliche Synthese liturgischer Empirie. Es gilt für sie also dasselbe, was Alexander Schmemann für die historische Liturgiewissenschaft in den 1960er Jahren forderte: »The theological synthesis is the elucidation of the rule of prayer as the rule of faith, it is the theological interpretation of the rule of prayer.«[16] – Was ist also die theologische Bedeutung der empirisch rekonstruierten Interaktionsordnung? Zunächst sollen die theologischen Grenzen der sozialanthropologischen Beschreibung des Gottesdienstrituals aufgezeigt werden.

3.1 Das Interaktionsritual als Basis des Gebets

Zunächst stellt sich aus interaktionstheoretischer Perspektive das Gebet als kollektives Handeln dar. Es geht im gottesdienstlichen Beten nicht um die direkte Kommunikation zwischen Einzelnen und einem transzendenten Gegenüber, sondern die Interaktion ist gleichsam ›dreigliedrig‹:[17] Der Vorbetende steht der Gemeinde gegenüber und Gott wird als nonphänomenaler Teilnehmender als beiden gegenüberstehend angesehen. Die Interaktionsordnung zwischen den kopräsenten phänomenalen Teilnehmenden ist für die Interaktionsordnung des Gebets entscheidend. Wenn die Interaktionsordnung greift, stellt sich durch die gemeinsame Fokussierung auf den nonphänomenalen (mit Sinnen nicht wahrnehmbaren) Teilnehmenden, die gemeinsame Haltung und Aufmerksamkeit auf die gesprochenen Worte auch eine gemeinsame Emotion unter den Teilnehmenden ein. Es kommt zu einem Moment der gegenseitig bestätigten Kopräsenz, welche als »Gemeinschaft« und bisweilen als erhebendes Glücksgefühl erlebt werden kann. Auch wenn sich die Gefühlsamplituden im reformierten Gottesdienst in Grenzen halten, stellt sich bei gelungener Interaktion im Gebet so etwas wie eine »kollektive Efferveszenz« (Durkheim[18]) ein, die in den

---

[16] Alexander Schmemann: Introduction to Liturgical Theology, übers. von Asheleigh E. Moorhouse. In: The Library of Orthodox Theology. Leighton Buzzard 1975, 17.

[17] Meyer-Blanck spricht von einer »Dreieckskommunikation«; vgl. Michael Meyer-Blanck: Liturgische Rollen. In: Handbuch der Liturgik. Hrsg. von Hans-Christoph Schmidt-Lauber/Michael Meyer-Blanck/Karl-Heinrich Bieritz, Göttingen 2003, 779.

[18] Der Ausdruck »effervescence collective« (im Dt. als »kollektive Erregung« übersetzt) findet sich bei Durkheim lediglich in einer Fussnote; vgl. Emile Durkheim: Die elementaren Formen des religiösen Lebens. Frankfurt a. M. 1981, 312. Dennoch hat er sich zur Bezeichnung des von Durkheim hervorgehobenen rituellen Phänomens in der Literatur durchgesetzt.

Teilnehmenden als eindrückliches bzw. erhebendes Gefühl nachhallt und eine gewisse Solidarität unter ihnen stiftet (»Emotional Energy«).[19]

Im Anschluss an Durkheim ist das Transzendente an einem Gebet also in den Kräften, die in der Interaktion erlebt werden, angelegt. Das »Göttliche« entspricht einem Gefühl, das während der Interaktion durch die gegenseitige Bestätigung und den gegenseitigen Abgleich, und die Wahrnehmungswahrnehmung unter den Teilnehmenden an einem Ritual entsteht. Aufgrund solcher Überlegungen kommt Marcel Mauss, der Neffe Durkheims, in seiner frühen Studie zum Gebet (»La prière« von 1909) zur These: »C'est le rituel qui reste la base même de la prière la plus individuelle.«[20]

Ohne die rituelle ›Basis‹ der geteilten Fokussierung in einem rituellen Kollektiv entsteht keine sozial geteilte Bedeutung und somit kein Erlebnis von Transzendenz, das sozial relevant und bedeutungsvoll wäre.

3.2 Theologische Anfragen an das Durkheim'sche Ritualmodell

Eine wesentliche theologische Kritik an Durkheims Ritualverständnis war stets, dass er dieses kollektive Erleben bzw. die von ihm hinter solchen Erlebnissen rekonstruierte soziale Faktizität mit der Transzendenz identifizieren würde.[21] Das Kollektiv bedingt das Erleben von Transzendenz: Gott ist im Grunde nichts anderes als die im Kollektiv wirksame Macht. Theologisch ist dies freilich kaum nachvollziehbar – insbesondere, wenn Gott als identisch mit dem Kollektiv ver-

---

19 Vgl. Randall Collins: The Micro-Sociology of Religion. Religious Practices, Collective and Individual (ARDA Guiding Paper Series). Hrsg. von The Association of Religion Data Archives at The Pennsylvania State University. Pensylvania 2010, 3; online unter: http://www.thearda.com/rrh/papers/guidingpapers.asp.

20 Marcel Mauss: La Prière (1909). Chicoutimi 2002, http://www.uqac.uquebec.ca/zone30/Classiques_des_sciences_sociales/index.html. [=Textreproduktion von Marcel Mauss, Oeuvres. Fonctions Sociales Du Sacré (Bd. 1). Paris 1968, 357–477].

21 Diese These hat die Durkheim-Rezeption in der Theologie und auch in den Religionswissenschaften nachhaltig erschwert. Schon aus der Sozialanthropologie stammende Ritualtheoretiker der jüngeren Ritual Studies (namentlich Ronald L. Grimes, Catherine Bell, Roy Rappaport, im deutschsprachigen Raum Axel Michels) verweisen in ihren Arbeiten oft nur auf Victor Turner und Mary Douglas, und kaum auf Durkheim. Während Douglas in ihren Arbeiten explizit auf Durkheim Bezug nimmt, sind die Referenzen bei Turner nur spärlich vorhanden. Die englischen Soziologen Smith und Alexander haben darauf hingewiesen, dass sich »virtually every major theme of Durkheim's later work« bei Turner nachweisen lässt; vgl. Philip Smith/Jeffrey C. Alexander: Introduction. The New Durkheim. In: The Cambridge Companion to Durkheim. Hrsg. von Philip Smith/Jeffrey C Alexander. Cambridge 2005, 11f., online unter: http://cco.cambridge.org/extract?id=ccol9780521806725_CCOL9780521806725A001. Dies verwundert nicht, da Turner bei den ausgewiesenen Durkheim-Kennern Alfred Radcliffe-Brown, Meyer Fortes und Edmund Leach studiert hat; vgl. Daniel Šuber: Émile Durkheim. Klassiker der Wissenssoziologie (Bd. 12). Konstanz 2012, 125.

standen wird. Damit die in der Interaktion erlebte Transzendenz dem *einen* Gott, »der Himmel und Erde gemacht hat« (Ps 121,2; Ps 124,8) entspricht, darf sie nicht alleine und hinreichend durch das Handeln des Kollektivs bedingt sein.

Die Interaktionsordnung der reformierten Gottesdienste sieht daher eine eigentümliche und für sie charakteristische Kombination zweier transzendenter Komponenten im Gebet vor: Gott ist in dieser Ordnung nicht nur ein *Interaktionseffekt*, sondern wird zugleich zum *Teilnehmenden an der Interaktion*, in dem er direkt angesprochen wird. Seine Nonphänomenalität (er ist weder sichtbar noch hörbar) wird durch die Einnahme einer geschlosseneren Haltung und seine direkte Anrede als Leerstelle in der Interaktion sichtbar angezeigt. Die Pfarrperson spricht stellvertretend für die restlichen Teilnehmenden *firsts*, welche mit *seconds* durch den nonphänomenal teilnehmenden Gott rechnen. Zugleich ist Gott aber nicht einfach nur in Kopräsenz mit den Teilnehmenden, sondern auch als Kraft des Kollektivs unter den (phänomenalen) Kopräsenten erfahrbar. Ontologisierend könnte man sagen: Gott *ist* die interaktionale Rahmung des Gebets.

3.3 Gott unter und mit den Teilnehmenden

Das gottesdienstliche Gebet, hier am Beispiel der reformierten Interaktionsordnung gezeigt, ist so nicht nur *transzendierende Interaktion*, sondern auch *Interaktion mit einer Transzendenz*. Mit der altkirchlichen Formel könnte man sagen: Gott wird somit zwar im gemeinsamen Handeln der Teilnehmenden, d.h. *unter* den Betenden, erfahrbar, wird aber zugleich auch als Gegenüber der Betenden angesprochen und ist so *mit* den Betenden anwesend. Der amerikanische Liturgiker Gordon Lathrop hat darauf hingewiesen, dass die theologische Leistung der christlichen Liturgien darin besteht, durch gezielte Verknüpfungen (»Juxtapositionen«) von unterschiedlichen Verhaltensweisen, Texten und räumlichen Gestaltungen, eine Ordnung der Interaktion zu konstituieren.[22] Die Ordnung bzw. »Ordo« (Schmemann[23]) des reformierten Gebetes legt, so verstanden, nahe, dass das liturgische Handeln selbst zwar ein kollektives Handeln ist, aber mehr als dies: es gelingt nur dann, wenn Gott als Teilnehmer zur Interaktion hinzutritt. Inwiefern dies auch für die Gebete anderer Konfessionen gilt, kann ich hier der Kürze halber nicht zeigen.[24] Ich möchte aber darauf hinweisen, dass auch diese – in anderer Akzentuierung – versuchen, die Ansprechbarkeit Gottes als nonphänomenalen Teilnehmenden mit dem kollektiven Verhalten zu verknüpfen.

---

22 Vgl. Gordon W. Lathrop: Holy Things. A Liturgical Theology. Minneapolis 1998, 49.

23 Vgl. Schmemann 1975 (s. o. Anm. 16), 28–39.

24 In meiner Dissertation untersuche ich neben den reformierten Gemeinden auch zwei Anbetungsgottesdienste charismatischer Prägung und einen zweitvatikanischen römisch-katholischen Gottesdienst.

4. Schluss

Ich habe versucht, die im gottesdienstlichen Gebet reformierter Gottesdienste sichtbare Interaktionsordnung empirisch zu rekonstruieren. Dabei wurde deutlich, wie Rahmenhandlungen versuchen, einen Fokus der Interaktion zu etablieren, der nicht-phänomenal ist. Die Bedeutung der situationsbezogenen, nahen Interaktion zwischen den Teilnehmenden ist dabei eine notwendige (*allerdings nicht hinreichende*!) Bedingung für die situationsunabhängige Interaktion zwischen den Teilnehmenden und Gott. Theologisch habe ich dies folgendermaßen zu deuten versucht: Gott ist hier sowohl der *im* Gebet Angesprochene als auch die Kraft, die sich in der gemeinsamen Gebetshaltung durch die Wahrnehmungswahrnehmung unter den Teilnehmenden einstellt. Man könnte den reformierten Gott in Anlehnung an Michael Meyer-Blanck als ›distanziert nahen‹ Gesprächspartner der Gottesdienstinteraktion charakterisieren.[25] Die Juxtaposition der kollektiven rituellen Organisation des Fokus der Interaktion und eines nonphänomenalen Gegenübers ist dabei eine notwendige (*allerdings nicht hinreichende*!) Bedingung dafür, dass Gott sich als Gott im Gottesdienst zeigen kann.

Meine knappen Beobachtungen führen zur noch knapperen These in Bezug auf gegenwärtige liturgische Reformbestrebungen: Initiativen und didaktische Programme, die etwa im Ausgang der Liturgiereform des Zweiten Vatikanums eine verstärkte Partizipation von Gemeindegliedern oder in Fortführung des *performative turns* in den Kulturwissenschaften eine stärkere Präsenz der Liturgen beabsichtigen, müssen der genuin theologischen Bedeutung der gottesdienstlichen Interaktionsordnung Rechnung tragen. Die Forderung nach ›mehr Teilnahme‹ versucht die Teilnahme Gottes als notwendigen Bestandteil der Gottesdienstinteraktion zu sichern. Und die Forderung nach ›mehr Präsenz‹ intendiert eine Fokussierung der Interaktion auf die *Hier-und-Jetzt-Zeit* des Vollzuges, um die Interaktion von der Kopräsenz Gottes abhängig zu machen.

---

25 Vgl. Michael Meyer-Blanck: Inszenierung des Evangeliums. Ein kurzer Gang durch den Sonntagsgottesdienst nach der erneuerten Agende. Göttingen 1997, 60.

Waiting for Jesus in Missouri

Mormon[1] City and Zion Planning in the Age of Jackson?

Robert C. Kahlert

Introduction

Our utopias date us. The very perfection of the vision – and the logical inability to change anything about it later – forces us to select that above which no better can be conceived, and possibly raise it a notch. This would suffice if we could hold on to the a-chronia that utopia demands.[2] Sadly, time waits for no one, and the limits of what we can conceive are exposed.

The enormous height and the jewelled splendor of the walls of the New Jerusalem in Revelations 21f fail to explain why fortifications are needed at all. Thomas More's city of Amaurot sports fire-retarding roof tiles, but lacks in sanitation: the refuse is ditched in the space between the houses.[3] In Sir Francis Bacon's New Atlantis, the sophisticated methods of empirical research are applied to almost any question except whether the distinction between nobles and commoners is a useful one.[4]

---

1 It is important to understand that »Mormons« is an external label, derived from one of the key documents, the *Book of Mormon* (= BoM), published in March 1830, which was in the past often meant and taken as derogatory, as was its variant »Mormonites«. When the church was organized in April 1830 (see Dan Vogel [ed]: Early Mormon Documents, Volume 1, Salt Lake City 1996, 92 [Fn 82]) –, its members called themselves »Church of Christ«, following a verse from the BoM (3 Nephi 27:8). Unfortunately other movements, such as the Campellites, also laid claim to that semantic space; the self-description of practicing members as simply the »Saints« has the same problem. To avoid confusion, the name was extended to »Church of the Latter Day Saints« in 1834 (see H. Michael Marquardt / Wesley Walters: Inventing Mormonism, Salt Lake City 1994, 156) and to »Church of Jesus Christ of the Latter Day Saints« (LDS for short) in 1838. In the present age, members seem to have come to terms with this label, if the name of the world-reknown Mormon Tabernacle Choir and the website mormon.org (visited April 17th, 2014) are any indication. This paper uses »Mormon« and »Mormon Church« here in the modern non-derogatory sense to refer to any congregation that traces its ancestry to the founding event in April of 1830.

2 The partial exception is Thomas More's Utopia, which developed into the perfect community over a period of 1760 years; cf. Thomas More: Utopia, Book 2: Of their Towns. In: Susan Bruce (ed): Three Early Modern Utopias, Oxford 1999.

3 More 1999 (see above, note 2).

4 Francis Bacon: New Atlantis, London 1660, 23f. and 41. The nobles form a hierarchy of mostly meritocratic standards; their heraldry is simplified to acceptable virtues; and the wearing of the sword, the noble status symbol *par excellence*, is limited.

For the student of religious anthropology, utopian vistas are a god-sent, as they snapshot what seemed good, desirable and important for a particular community about their spatial organization. The blind spots, oversights and omissions, as the example of Amaurot showed, are no less informative.

Among the more recent attempts at utopia building are the Zion and city planning activities of the early Mormons in Independence, Missouri in the 1830s under the guidance of their prophet, Joseph Smith Jr. That particular example has a lot to recommend it: First, it is enticingly well documented. Not only do we possess the original plans for Zion as well as the instructions that described the intended implementation; these sources are now accessible in digital form on the Internet, courtesy of the Joseph Smith Jr. Papers project. Furthermore, as the early Mormons were pushed out of the vicinity of their stake for Zion into the newly established »ghetto county« of Caldwell in Missouri,[5] they had the opportunity to revisit the design and apply it to lay out communities, such as Far West and Adam-ondi-ahman. We possess some of the plans for these communities as well, allowing us to track the changing thinking. Finally, the rapid transformation process[6] that Jacksonian America was undergoing at the time brings out the obsolescence more swiftly.

The remainder of this paper is structured as follows: First, we will look at the original Plat of Zion that Joseph Smith Jr. and the members of his church cabinet drafted. In order to understand the assumptions of everyday life underpinning the design, we will look at how the city of Palmyra, in Wayne County, Upstate New York, developed from pioneer settlement into flourishing town to support these everyday life assumptions.

Palmyra is no arbitrary choice: Joseph Smith Jr spent his teenage and early manhood years there, 1816 to 1831. According to Mormon orthodoxy, it was there he received the Golden Plates that formed the basis of his translation of the Book of Mormon. How the Smith family experienced the urban fabric of Palmyra will give a corrective angle to the above mentioned description. Equipped with an understanding of the Zion plat and of everyday life in Palmyra, we will appreciate how Zion was meant to differ from cities such as Palmyra. That difference, this paper argues, was Joseph Smith Jr.'s theological response to socio-economic developments in Palmyra during the 1820s and 1830s. That response found expression in the Book of Mormon. But responding to these developments crossed the denominational aisles, and other religious and moral texts from Upstate New York commented on these developments. Appreciating the Book of Mormon's stance will bring out the utopian character of community planning in Zion. In conclusion, we will see how the Mormons came to recognize the

5 Todd M. Compton/Leland Homer: Fire and Sword. A History of the Latter Day Saints in Northern Missouri, 1836–39. Sandy (UT). 2010.

6 Daniel W. Howe: What God Hath Wrought. The Transformation of America, 1815–1848, Oxford 2007.

impracticality of that stance themselves, and allude to how the city design for Far West or Nauvoo differ in that regard.

The Plat of Zion

When constituting as the new Church of Christ in upstate New York in 1831, the Mormons were embedded into an existing landscape of townships and villages. The founding members had experienced specific settlement patterns in upstate New York, Pennsylvania and other parts of New England, but were still hoping to become part of the communities they were currently living in: Harmony, Pennsylvania; Manchester, Palmyra and Colesville, New York.[7] With the eviction and subsequent gathering of the church members in Kirtland, Ohio, the question of how to settle arose; both in the new place and in the future Zion that the Mormons hoped to build in Missouri.[8]

The church presidency's response was the the so-called Plat of Zion, a document that reflects a revelation from June 1833, about how the city into which Jesus Christ was expected to return should be laid out. Like many revelations, the plat was both novel yet couched in terms of urban design that Joseph Smith Jr., as well as the co-signatories of the explanation, Sidney Rigdon and Dr. Frederick G. Williams, would have been familiar with.[9]

In his magisterial *The Mormon Village* (1952), Lowry Nelson observed that the three prevalent rural settlement types of 19th century North America were: the line village, mostly found in French Canada and the Arcadian-settled areas of the Mississippi bayous (19); the farm village, mostly found in New England (7-11); and the isolated farmsteads of the Middle West and West (4). The majority of the early Mormon decision makers hailed from areas that followed the farm village pattern.[10]

However, as the initial group cohesion of the pioneer settlement gave way (10), the periphery of the villages would exhibit the isolated farmstead pattern.[11] The key disadvantage of the isolated farmstead settlement was that it optimized for the local work pattern of the families. Social and economic interactions out-

---

7 Marquardt/Walters 1994 (see above, note 1), 153ff.

8 In Kirtland, Ohio, the Mormons bought the Peter French farm in April of 1833; the Plat of Zion was sent to Missouri that same June. Brandon S. Plewe et al: Mapping Mormonism. An Atlas of Latter-Day Saint History, Provo (UT) 2012, 30; Lowry Nelson: The Mormon Village. A Pattern and Technique of Land Settlement, Salt Lake City 1952, 25f.

9 Pro-Mormon commentators have emphasized that the plat »was never canonized as a revelation from the Prophet«, e.g. Plewe 2012 (see above, note 8), 44.

10 Val D. Rust: Radical Origins. Early Mormon Converts and their Colonial Ancestors, Urbana/Chicago (University of Illinois Press), 2014, esp. the map of Rowley, Massachusetts, 32.

11 Cf. *pars pro toto* the settlement pattern in the map of Palmyra in Plewe 2012 (see above, note 8), 16.

side the family setting required travel, often over bad or non-existent roads (11). This was too socially divisive, insufficiently urban for the Church presidency; as Church historian Brigham H. Roberts paraphrased Joseph Smith Jr:

> [T]he farmer and his family [...] will enjoy all the advantages of schools, public lectures, and other meetings. His home will no longer be isolated, and his family denied the benefits of society.[12]

Nelson concluded:

> In summary, the Plat of the City of Zion is held to be an invention of Mormonism; a crystallization resulting from the ideologies of millennialism, communism and nationalism which they derived from the social environment of the early nineteenth century, and the Old and New Testaments. (38)
> They [i.e. Smith, Rigdon and Williams, RCK] drew undoubtedly upon the rectangular survey method of the federal government, the New England town, and their knowledge – of city layouts. (40)

The document that records the Plat of Zion consists of the drawing of the plat; a description surrounds the plat on all sides and is signed by Smith, Rigdon and Williams. The document came with a letter, whose date in late June 1833 – either 23rd or 25th, the readings differ – provides a *terminus ante quem* for the plat document. The plat is designed for a city of 1 square mile, with streets running due north-south and due east west, intersecting at right angles (38).

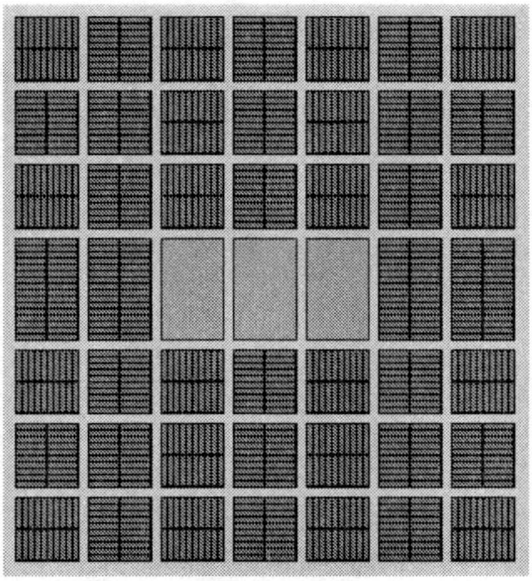

[Figure 1: Reconstruction of the Plat of the City of Zion (1833)]

[12] Quoted in Plewe 2012 (see above, 8), 44; they mistakenly attribute the quote to Joseph Smith Jr directly.

The plat has a north-south orientation, north on top, south on the bottom. The plat has three tiers, with the top and bottom tiers mirror images of each other. The city blocks in the middle tier are rectangular in shape, containing 32 lots at half-acre size; the other city blocks are supposed to be squares, with 20 lots at half-acre size. Such a mix of block sizes is not characteristic for mid-western towns and an innovation. The streets are extremely wide, 8 rods or 132 feet. The three rectangular lots in the center are reserved: the left one for public buildings, schools, offices and open spaces; the middle and the right block are for Church buildings such as temples or administrative offices. The lots designed for housing are laid out in alternating patterns, to keep houses from facing each other across the streets. Each lot can have only one house and each house must be set back 25 feet from the street. While the lots are large enough to provide for the needs of a subsistence frontier community, allowing for orchards and workshops, the farm infrastructure itself, such as the barns and corrals and the wheat fields, were intended to be located outside, to the north and the south of the city. At the planned sized, such a city could have housed 20,000 people in the limit. The notes suggest that similar cities should be placed to the east and the west at a distance to accommodate additional people, which would allow for adequate farmland, forming a band of plats like pearls on a necklace.[13]

With a basic understanding of the history and background of the Zion plat, and a quick look at its organization, the question arises how this community organization differs from the towns and villages that the Mormons were coming from. In order to compare and contrast the designs, we require a basic understanding of what everyday life looked like, both at the town center and at the village periphery, in Jacksonian America. In order to give contour to the question, the exposition will focus on Upstate New York, where Joseph Smith Jr lived out his teen and early adulthood years.

Everyday Life in Upstate New York

Everyday life in Jacksonian America was a complex amalgamation of contexts and influences. The task is simplified by breaking the matter down along the dimensions of center and periphery, the small-town urban and the pioneer lifestyle. At the beginning of the 19th century, the east Coast regions such as Connecticut – and to a lesser degree Vermont – had been settled for close to 120 years. Regions such as the area between the Finger Lakes and Lake Ontario in Upstate New York, the Genesee region, were just being transformed into cultivated land. Here, land speculators had purchased huge tracts of land – the Holland Purchase, the Phelps and Gorham Purchase, and the Morrison Reserve – which

---

13 For a summary of the plat with different emphasis, see Plewe 2012 (see above, note 8), 44.

the local land agents, operating from Canandaigua, were now endeavoring to sell to groups, families and individuals.

Pioneer Life in Upstate New York

The settlers that moved into the Phelps and Gorham Purchase during the 1800s found forests, streams and abundant wildlife that only housed small groups of Indians and trappers.[14] In their eyes it was a paradise: huge forests populated with deer (192); lakes with huge flocks of ducks and wild geese (399); streams teeming with salmon, bass, pickerel and speckled trout (266). There was both land aplenty and trees to use for building materials. Of course, this paradise was a bit of a fixer-upper: Panthers (that is, mountain lions) (375); bears (401; 418); packs of wolves (191; 209); and timber rattlesnake colonies along the river banks (412) initially made for difficult neighbors.

The pioneers had come in small groups, usually of males, bringing with them guns, tools and, if possible, seeds (221). The important part was to get enough infrastructure – a hut (379) of some form,[15] and a minimal agriculturally productive area (382) – put into place so that enough food could be grown and enough shelter made available to make it into the next spring. Fish, waterfowl, and deer (380) complemented the diet until the first harvest was ready. Maple trees provided syrup (273). Alternatively, the pioneers hunted for trade goods, such as pelts of beaver and fox (383); or prepared deer hams and skins (409); smoked or dried fish. Any surplus was bartered away for any momentary lack (380), as far away as Boston (353) or across Lake Ontario into Canada (411).

Once this minimal infrastructure was in place – and some never completed that stage, remaining deer hunters and trappers indefinitely – it was possible to

---

14 The following description is almost entirely drawn from the reminiscences that O. Turner collected; cf. O. Turner: History of the Pioneer Settlement of the Phelps and Gorham's Purchases and Morris Preserve, Rochester 1851. This is legitimate if one keeps in mind the limitations of the source: The contributors' families were the »winners« of the pioneer settlement; those that had encountered difficulties had moved away and could not be interviewed 40 years later. Because of the generational turnover, some of the contributors had only been children at the time of the events narrated and might have never experienced them directly. Furthermore, the narratives are replete with thrilling, sensational or humorous anecdotes, especially with respect to bear encounters, where witnesses clearly indicate that they are only relating the most entertaining ones. Finally, they are narrated with moralistic intent, celebrating the hardiness of the pioneers and deploring the soft ways of the successor generation who mistake »a healthful breeze« or »to black their own boots« for hardship (ibid, 220f.).

15 In their most basic form, the log huts were simple single story constructions, with a single room that served as kitchen, living area and bedroom. More elaborate huts either had a cellar-like cool room under the baseboards, for keeping stores cold, or a garret for sleeping quarters. Upstairs apartments separated the parental room from the children's. Given the limited space, siblings slept together in a single bed into their teens.

bring in the Missus and the children (379); farm animals (380); and vegetable and fruit tree seeds (405). A variety of transport was available to haul in the belongings such as clothes, the minimal furniture and household goods: batteaux (388) for the water ways; horse and ox carts (380), and sleds (382) in the winter time – a preferred time for moving, since it was an agriculturally inert season anyway and the snow and ice smoothed over the rutted paths.

The wife and the children meant additional labor in terms of agriculture and the necessities of life, freeing the men to extend the family holdings and thus provide economic security. Bartering was expensive (411); it was preferable to be self-supporting; and if there was a surplus to trade with, even better.

While the husband would continue to hunt and fish as necessary, he was primarily responsible for getting more land cleared, fenced[16] and under cultivation. In the remaining time, he would improve the existing buildings (347), or build new ones: pens for sheep and pig, with high walls to keep out the wolves (409); chicken coops (406); barns and workshops (381); bedroom extensions to the log house for the growing family. Some were able to set up saw mills and grist mills (389), powered by the plentiful streams, which provided for additional income. Whiskey distilleries converted excess grain into a lighter yet higher-prized trade good (383). Others produced potash by burning plant matter (279), an important component for soap and gunpowder. Finally, the husband was also responsible for physical security, going out even in the dark of the night (191) to confront the local apex predators that threatened the livestock or the family.

While the older boys and young men assisted the father in his tasks, the younger ones were responsible for supervising the animals (191). Since there were no pastures, horses, cows, sheep and pigs were allowed to roam the woods freely during the day for sustenance, then brought back into their pens and corals at nightfall. The boys accompanied the animals and alerted the adults if predators were nearby. The boys also took on time-consuming, off-farmstead tasks, such as taking the grains to a mill for gristing using a pack horse[17], running errands (214) or relaying messages to neighbors.

The wife was in charge of all forms of food processing, the only type of food that, in the absence of refrigeration, would keep. Fruit was preserved, sauced (191) or baked into pies; legumes and beans dried; meats and fish dried and smoked. The wife tended the kitchen garden, where vegetables were grown, as well as the fruit orchards. If the family had cows (211), the milking, butter churning and possibly the manufacture of cheese (225 Note) would have also been under her supervision. The wife was responsible for clothes and shoes,

---

16 The classical split-rail fencing of Upstate New York, where sections of a tree are hewn into long rails and stacked in a zigzag pattern on the side of the fields, has the advantage that the logged trees do not have to be moved very far.

17 Cf. Eber D. Howe: Autobiography and Recollections of a Pioneer Printer. Painesville (OH), 1878, 4, who speaks of a »two to ten miles« journey, involving two to three bags of wheat at a bushel each, thus too heavy for the children to lift themselves: should they slide off the horse, they had to wait for a grown-up to happen by.

either from deer skin (192) or from wool (211); linen had to be imported. In all of these tasks, she was assisted by her daughters to the extent they were available and old enough, and by the male family members during the evenings (191). In the absence of the men, the women were in charge of defending the homestead against the apex predators (192), though they avoided confronting them directly. Finally, the wife gave birth to additional family members. In the isolation of the frontier, sometimes Indian squaws were the only other women available to assist in that life-threatening task (426 Note).

Though children were essential farm labor, parents were conscious and desirous of the need for schooling. The men pooled their resources and labor to build block house schools; the community collected funds to employ teachers; and the children attended these during the winter months, often walking 2-3 miles each way in the snow (193). The quality of these schools must have varied considerably; Eber D. Howe remembers the Scotch drunkard that taught at his.[18] The use of the birch to urge »some tardy loiterer along the flowery path of knowledge«,[19] as Washington Irving put it, seems to have been ubiquitous.[20]

What news and information traveled in these dispersed settlements came from chance or trade encounters. Trappers and traders formed the wide-ranging part of this information exchange, while the local population traveled as far as the outmost service point, such as the mill, they required. In an area with but a smattering of inns, hospitality was a key component, and the boarding of travelers (417) must almost be counted among the local entertainments. Given the restricted mate options, it is not surprising that some of these encounters[21] ended with permanent ties.[22]

In the process of fixing up their Eden, the pioneer settlers had a profound impact on their ecological context. The apex predators were sorely tempted by the livestock. Bears were especially interested in the cows (191) and pigs (409); probably the same was true for the panthers. Wolves had a preference for sheep (191; 409). Foxes and birds of prey targeted the chickens (375). However, the settlers were better equipped for the resulting confrontations with their guns and steel tools (198). It did not help that many of the apex predators wore valuable pelts (409). The communities explicitly supported the elimination of what they perceived as threats: in a time where a farm laborer earned roughly $1 a month (plus room and board), bounties for wolf skins started at $2 (170) to $5 (402) and ran as high as $20 – when the state,

---

18 Howe 1878 (see above, note 17), 2.

19 Washington Irving: The Legend of Sleepy Hollow. In: The Works of Washington Irving, vol 1. New York 1907, 479.

20 Howe 1878 (see above, note 17), 2.

21 Cf. The Women's Society of the Western Presbyterian Church: Palmyra, Wayne County, New York/ Rochester 1907 [hereafter PWCNY], 8.

22 Similarly, Joseph Smith Jr.'s marriage to Emma Hale of Harmony, Pennsylvania, came about through a boarding engagement; cf. Linda King Newell/ Valeen Tippetts Avery: Mormon Enigma. Emma Hale Smith. Urbana-Chicago 1994, 16–19.

county and local bounties were added together (191). Farmers hired trappers to take out entire packs (191; 532); and any bear that could be killed safely was (198). At the transition times to hibernation, in late fall and early spring (412), men would take their canoes up the creeks to the rattlesnake dens and slaughter them by the hundreds (425) as the reptiles were sluggishly basking on the banks in the sun.[23]

The pioneers also shifted around the fish stocks, moving pickerel from Lake Ontario into some of the local creeks, which decimated the trout population (375). Among the unintended consequences of settlement was the introduction of feral pigs (265 Note). These feisty creatures were quite capable of dealing with the bears, wolves and panthers (426) that still remained, and were considered the scourge of the rattlesnakes by naturalists.[24] Eventually, the pioneers had to take on this evil that they had introduced and hunt them as well. Other species simply followed the newcomers, because they could adapt to their lifestyles and the changes they caused in the predator pool: »The crow, the grey squirrel, the quail, came in with civilization. New species of birds have been coming in almost yearly. The opossum is a new comer.« (381)

DEVELOPING URBAN LIFE IN PALMYRA

The sources do not allow to trace out in gapless detail the complex process of how these small agglomerations acquired enough families and homesteads to reach critical mass, to borrow the metaphor from nuclear engineering, to become a village or a town. Clearly much of this process had to do with population size and the availability of a class of people who provided primarily goods and services, treating agriculture as a secondary concern,[25] which in turn had to do with the quality of the transportation infrastructure. Once these conditions were in place, the inhabitants could undertake the legal steps to organize the township and apply for legal recognition.[26]

In the 1790s and 1800s, the Palmyra community was still struggling to get the basic infrastructure in place; a few families were working the land around

---

23 It is unclear whether the pioneers ate rattlesnake meat, as people in the American Southwest do to this day; they did however prepare medicines from rattlesnake oil; Turner 1851 (see above, note 14), 425.

24 Edward Holbrook: North American Herpetology. Philadelphia 1838, Volume 2, 84 [= 1842, Volume 3, 13].

25 The owners of the slave-girl Isabella, later known as Sojourner Truth, were so focused on their fishing and tavern that they neglected their farm; *but they had a farm.* Olive Gilbert: Narrative of Sojourner Truth. New York 1853, 28f.

26 Palmyra, formerly known as Swift's Landing after the pioneer settler John Swift, was incorporated in 1796; PWCNY (see above, note 21), 9.

pioneer founder John Swift's original homestead.[27] Every lack and every surplus required transportation over long distances (381; 387). Consequently, each need that could not be met locally was an enormous drain on their resources and energies. Not surprisingly, in their pioneer reminiscences, we find an exhausting enumeration of infrastructure »firsts«, be they industrial – various mills (389) and carding machines (384) – or trade-related – the first tanner, saddler (PWCNY, 15), blacksmith (387), doctor (387; PWCNY, 11), lawyer (388), school teacher (PWCNY, 9), tavern (PWCNY, 11) or emporium (PWCNY, 12) or store owner (PWCNY, 12) – or social: the first school (PWCNY, 30), graveyard (PWCNY, 37) and church (PWCNY, 36).

Socially, all that hard work was remembered as almost paradise-like in its egalitarian situation. »There was no aristocracy.« (384) The community members had to and did support each other (383), and the population was small enough to make everyone familiar with everybody. The raising of a frame house (383), the husking of corn (384), the celebration of the July 4th with its militia parades,[28] all those became the equivalent of holidays and expressions of the community. And the proximity made new forms of interactions possible: instead of direct barter or cash, which was still rare, people, like elsewhere in the United States, valued their goods and services in dollars and then issued their own notes (275). These accounts were tracked in balance books.[29] It was this barter system of dollar-encoded obligations that allowed the community to get by with one saw mill or carding machine.

At this stage of the development, the pioneer memories exhibit an odd sort of lacuna. We learn little about the second and the third instance of the various professions and infrastructure elements. Some of the later professions are oddly disqualified from the communal memory: the first tailors, cart- and wainwrights or the lottery salesmen receive no mention. This is not a temporal problem: the first printer, in 1817, and the first banker, in 1830, are commemorated. It could have been the weakening of the community spirit, given the population rise. By 1810, over two thousand souls inhabited the greater Palmyra area.[30]

27 Swift's original log cabin and storehouse had anchored the road network, forming the basis for the intersection of what would become Main Street and, with the arrival of the Erie Canal in 1822, Canal Street.

28 Prior to settling Palmyra, John Swift had been a soldier in the Revolutionary Army. As such, he was a natural choice to command the town militia, an insurance against the Indians and their British allies in Canada. Maybe unsurprisingly, Swift died a general during the War of 1812.

29 See for example Dan Vogel (ed): Early Mormon Documents, Volume 3. Salt Lake City 2000, Part L.5. Gain C. and Cains C. Robinson Account Books, 1920–1830, 432–44.

30 Using household numbers rather than population numbers could sharpen some of the arguments; as Christopher Clark has shown for Massachusetts in his book: The Roots of Rural Capitalism. Western Massachusetts, 1780-1860. New York/London 1990, 137, average household sizes shifted dramatically between the decades of the 19th century, thus preventing any straightforward estimation of household size from population numbers.

The land agents continued to bring in new settlers, to sell all the land for which they were responsible. As a consequence, the various religious denominations began to build their own meeting houses – the Baptists in 1808 (PWCNY, 48), the Methodists after 1811 (PWCNY, 51). Schools were divided along political orientations, Democratic or Republican (PWCNY, 31). Competition probably developed between the additional stores and professionals.

On November 26th, 1817, Timothy C. Strong published the first edition of the *Palmyra Register*, providing weekly snapshots of the concerns of at least some of the community members. The differentiating responsibilities within the community came across clearly in Strong's first editorial:

> The farmer, the merchant, the mechanic and the professional man [i.e. the man that is trained in a profession, RCK], have each a duty assigned, a talent committed (2 col 1).

Among the economic issues Strong raised was the construction of the Erie Canal; here, the unconvinced were goaded with the amount of flour that could be shipped to market this way (2 col 2). The advertisement sections were dominated by the fine foods, clothes and tableware now available; material rewards for the hard work. No more tea made of hemlock or chocolate made of dried evans' root, as had been the case for the pioneers (387).

The legal section, on the other hand, showed the negative side of the account system of debits: Among several others, Dr. Gain Robinson, the community doctor for the last seventeen years; co-owner of the drugstore; teacher of the next generation of physicians – be it Alexander McIntyre, the co-drugstore owner and allopath, or Durfee Chase, the homeopath – was now subject to a writ of *fieri facias*, or fi-fa for short (2 col 3); the sheriff had to sell off Robinson's prime real estate, with Mud creek access, to meet his obligations.[31] No wonder that his drugstore partner Dr. McIntyre called in the outstanding debts at the end of the drugstore's advertisement (2 col 5), with the promise of discounts for immediate payment.

And so the double-edged sword of economic boom was revealed: The engine of economic growth brought in goods and services in quantity and quality, as well as the dispossessed from the bad harvests of the last years, while the sheriff sold off the land holdings of the ones who had failed to keep pace and stumbled economically.

---

[31] Stephen Durfee, son of Palmyra pioneer Gideon Durfee, noted that the cash requirement for taxes was an undue burden on the notes and accounts debt system, and attributed an unnecessary amount of land sales to this hard constraint; Turner 1851 (see above, note 14), 383.

The Smiths come to Palmyra

When the family of Joseph Smith Jr. arrived in Palmyra in the winter of 1816, they had already seen significant oscillations in their economic fortunes. Father Joseph and mother Lucy (née Mack) had started married life with significant capital – a farm and $1000 in cash – in the late 1790s in Tunbridge, Vermont.[32] They had tried their hand at a variety of economic ventures: landlordism; farming; running a dry goods store selling wares from Boston; and the export of ginseng root to China. Though the failure of the export business took down their store as well, they recovered – until the typhoid epidemic of 1813 left all of their children sick[33] and the medical bills consumed all their savings.

The after-effects of a volcanic eruption – Tambora on Sumbawa in 1815[34] – dashed their last hopes when their crops failed for the third year in a row during the famous »year without summer« of 1816. The household's move to Palmyra required their last savings. Thus the Smith family joined the economic exodus that depopulated Vermont at that time. Unlike many others, though, they did not move on to the frontier lands in Ohio and Indiana, where land was to be had for cheap[35], but went to booming Palmyra.[36] Not only had Palmyra seen a good harvest even in 1816;[37] the family had a general preference for an urban environment.

For the first two years, they rented a house on Main Street[38] in downtown Palmyra, most likely at the intersection of Main with Stafford.[39] Joseph Smith Sr opened a »cake and beer store« off of East Main Street,[40] where they sold-

32 Lucy Smith: Biographical Sketches Of Joseph Smith The Prophet And His Progenitors For Many Generations. Liverpool/London 1853, 45–70.

33 There is a suspicion that the very signs of economic recovery, that Hyrum Smith was able to visit the academy at Hanover, precipitated the medical catastrophe: Hyrum probably contracted the disease there; cf. Smith 1853 (see above, note 32), 60.

34 Vogel 1996 (see above, note 1), 270 (Fn 65).

35 Fawn Brodie: No Man Knows my History. The Life of Joseph Smith, the Mormon Prophet. New York ^{2}1995, 11.

36 The US census data shows how the town grew by leaps and bounds. For 1810, according to the Population schedules of the US Census for Oneida and Ontario Counties, NY (roll #33), Palmyra had 2189 inhabitants; the 1820 schedules for Ontario County, NY (roll #62) indicate 3734 inhabitants, a 70% increase. One year after the Erie Canal reached Palmyra, in 1823, when Wayne County was created, the Western part of Palmyra was spun off as the township of Macedon; the 1830 schedules for Wayne County, NY (roll #117) for Macedon and Palmyra sum to 5155 inhabitants, another 40% increase, of which Palmyra township housed 3276.

37 Henry O'Reilly: Settlement of the West. Sketches of Rochester. Rochester (Alling) 1838, 367.

38 Marquardt/Walters 1994 (see above, note 1), 117.

39 Cf. map in Plewe 2012 (see above, note 8), 16f.

40 From the map in Plewe 2012 (see above, note 8), 16f., the shop was either on Mill or Throop Street.

snacks that were easy to produce: gingerbread, pies, boiled eggs, root-beer.[41] During local festivities, such as military training days or the July 4th celebrations, the Smiths used a handcart to peddle their wares to the crowds. The Smiths augmented their income with labor and crafts: Lucy Smith painted and sold oilcloth; the elder sons and Smith Sr. hired themselves out to the locals as day laborers.[42]

By 1818 the family had located an »unimproved piece of land, mostly covered with standing timber«[43], two miles outside the village. They built a pioneer-style log house, located at the intersection of Stafford Street and the Palmyra and Manchester, Ontario, county line. They immediately started to clear the land and make other »improvements«. Legally, they were squatting on land that was managed from Canandaigua on behalf of minors of Nicholas Everston living on the East Coast.

When a new land agent was assigned in 1820, they articled for the acquisition of the 100 acres farm and made the down payment.[44]

Until their eviction in 1829, the Smiths lived on and worked the land, including building a new frame house, as a retirement place for the parents, starting in 1825. How diligent and effective the Smiths were in their decade long efforts was controversial. All sources seem to agree that they cut and sold cord wood; raised wheat, produce and fruits; produced large quantities of sugar and molasses from the maple trees on the property; and manufactured and sold black-ash baskets and birch brooms.[45]

Their failure may have been influenced by the wheat prices.[46] The lack of seeds after 1816 meant that wheat continued to fetch good prices in 1817 and 1818; perhaps Joseph Smith Sr. included that knowledge in his calculus to switch focus from the store to the farm. The good prices continued until 1820, when an abundant crop and the extensive recovery of wheat farming combined to lower the price. This was the year the Smiths made their down payment. The record crop continued in 1821, and prices stayed low. Then the Erie Canal connected first Palmyra in 1822 and then Rochester in 1823 to the shipping to the East. Prices recovered, possibly due to the heightened demand, staying good in 1824 as well. 1825 and 1826 were record harvests, with low prices, and the Smiths, who had invested energy and resources into the construction of the frame house, almost lost the farm, except for the intervention of pioneer descen-

41 Pomeroy Tucker: The Origin, Rise, and Progress of Mormonism. New York 1867, 12.

42 Notice that the category of wage or day laborer did not fit in T.C. Strong's taxonomy of the community labor pool.

43 Tucker 1867 (see above, note 41), 12.

44 Marquardt/Walters 1994 (see above, note 1), 5.

45 Tucker 1867 (see above, note 41), 14; Donald L. Enders: The Joseph Smith, Sr., Family. Farmers of the Genesee. In: Susan Easton Black/Charles D. Tate Jr. (ed): Joseph Smith. The Prophet, the Man. Provo (UT) 1993, 213–225.

46 O'Reilly 1838 (see above, note 37), 362–364.

dant Lemuel Durfee.[47] The crop of 1827 was unremarkable, but the crop of 1828 a disaster. By 1829, the farm was lost and the Smiths were back in their log hut.

Interpreting Economic Tides

The Smiths were not the only ones who were economically disappointed at that time. Things had been going well for Palmyra as Erie Canal construction was still working its way toward the borough. Then in 1822, with the connection made, Palmyra was the funnel into which the goods from the Genesee flowed to the East. This windfall was temporary. When the canal's connection with Rochester, and thus Lake Erie and the Canada trade, was in place in 1823, the growth engine of Palmyra started to sputter. The Genesee trade went East directly via Rochester now, bypassing Palmyra as an intermediary. This change in transportation routes effected a change in regional economic circumstances, which in turn elicited responses from the participants that fit into their respective religious and moral frameworks.

The Proud Victor

The population census shows how Rochester overtook Palmyra.[48] In 1820, Rochester was half the size of Palmyra with 1,502 citizens. Then in 1821 work on the aqueduct for the Erie Canal began: by 1822 the population had risen to 2,700 residents, plus another 430 canal laborers.[49] By 1823, Rochester was connected to the canal. For 1825, we have two census points: in February, 4,274, and in August, 5,273, a growth rate of almost 1,000 souls for that year alone. In 1830, five years after the completion of the canal, Rochester had 9,207 inhabitants; the thousand-souls-per-year rate had continued unabated. Another decade of that rate, and by 1840, the population had doubled to 20,191. By 1850, though the greater Palmyra area had 6,727 citizens, with the majority

---

47 Marquardt/Walters 1994 (see above, note 1), 113.

48 Turner 1851 (see above, note 14), 623.

49 The argument pursued here in general brackets the disruptive nature of the canal construction and operation to the social fabric of the Genesee country. The workers in Rochester amounted to a sixth of the total population. For forcing the canal through the Cayuga swamps, 2,000 workers were required, a significant number of whom died from the fevers; cf. William Darby: Darby's Edition of Brooks' Universal Gazetteer. Philadelphia 1823, 714 (col 2). Once the canal was operational, the movement of crooks was no less simplified than the transport of goods, with predictable consequences for the locals – what Carol Sheriff termed »fresh oysters and sour deals«; cf. Carol Sheriff: The Artificial River. The Erie Canal and the Paradox of Progress. New York 1997. The operators of the mule groups pulling the boats, the hoggees, were a segregated social group, and the general acceptance of the »canawlers«, as they were called, was low.

of the growth occurring on the Macedon side, Rochester was six times as large with 36,403 souls.

Or take the statements of the American geographer William Darby. When Darby undertook his research trip for *Darby's Edition of Brooks' Universal Gazetteer*, published in Philadelphia in 1823, the Erie Canal ended 8 miles south of Rochester, at Heartwell's Basin in Pittsford (714 col 1). Though Darby glossed Palmyra as »flourishing« (719 col 1), he already predicted that Rochester was »unquestionably destined to become one of the greatest inland manufacturing and commercial sites in the United States« (719 col 1). Five years later, when Darby's *View of the United States* from 1828 was published in Philadelphia, Rochester had eclipsed all other towns in New York State, excepting New York City and the capital Albany, in population (571). Another five years later, in Darby's *New Gazetteer of the United States*, published in Hartford, Connecticut in 1833, Palmyra was noted for »an academy, factories, several churches« and »considerable trade« (392 col 2), as having good soil and access to the Erie Canal, as well as to Mud Creek, which though not navigable provided water power for some mills. But Rochester was »the most populous and important village in the state« of New York (476 col 2). »The river is now lined on both sides with flour mills, many of them of immense size, and constructed in the most substantial manner, being abundantly supplied with water power, from the river.« (477 col 1) In 1832, Rochester had turned $1.16 million worth of wheat into 240,000 barrels of flour. And the other numbers for 1832 validated Darby's manufacturing prediction from 1823 equally: $166,000 worth of leather goods; $112,000 worth of woolens; $46,000 worth of iron goods; $45,000 worth of soap and candles; over $40,000 worth of boat building. And the civic infrastructure was impressive as well: over 100 wholesale and retail stores, five weekly newspapers, and one daily. Darby's admiration is palpable in these figures.

The people of Rochester knew that they were experiencing something economically exceptional. In 1838, writing his pean to Rochester, Henry O'Reilly gave his enthusiasm free reign:[50]

> The suddenness of its rise, the energy of its population, the excellence of its institutions, the whole character of its prosperity, render Rochester prominent among the cities that have recently sprung into existence [...]. Individual enterprise, fostered by free government, has here most happily improved the bounties with which Heaven has prodigally endowed the land. Population and even business may have increased occasionally elsewhere in ratios perhaps as remarkable; but in few, very few cases, if any, will it be found that the progress in those points has been accompanied by the perfection of social institutions to the degree in which they are now already beheld at Rochester (23).

50 O'Reilly 1838 (see above, note 37), 23.

O'Reilly then devoted significant space (23-26) to iterating through the entries in Williams' *Universal Gazette* to pull out the well-known cities of the Old World – Oxford, Cambridge, Perth, Pisa, Maastricht, Grenoble, Tours, Arles, Portiers, Salamanca, Bergen, Halle, Darmstadt, Lubec – that equalled Rochester in size of population, or to comment on the cities that Rochester had then surpassed in size.

> It may be observed that these comparisons have reference merely to population. In enterprise, intelligence, and business – in moral, religious and intellectual character – in the qualities chiefly requisite to promote social prosperity and public welfare – what European town of equal size, be its antiquity what it may, can be properly placed in juxtaposition with the City of the Genesee? (27)

This »victory lap« of commercial success and moral superiority struck O'Reilly as supremely important:

> ... it seems to us that it is only by such comparisons that we can become fully sensible of the blessings with which our Republic is endowed. The American [...] who examines not the condition of things social and political in the Old World, can never entertain that strong sense of his advantages which is seemingly necessary to render him fully || grateful to Heaven and to a virtuous ancestry for privileges unequalled under the best forms of government which human ingenuity has devised in other lands. (27f)

Thus, the successful people of Rochester, in the reconstruction of Henry O'Reilly, felt themselves as playing out a logical system of enterprise, intelligence and business, in a God-given setting that had been readied for them by their virtuous ancestors.

The Disappointed Second

For the second place people in Palmyra, who saw themselves as possessing enterprise, intelligence and business acumen, and certainly as God-fearing and endowed with virtuous ancestors, the interpretative problem was a very difficult one, given the backwater into which their town had slumped.

In 1950, Whitney R. Cross issued a warning for all socio-economic analysis applied to the Burned-over District in general:

> The relationship of the Burned-over District enthusiasms to specific sociological conditions could easily be overdrawn. Religious zealots were in no conscious fashion motivated by calculations of their social and economic interests. They found direct inspiration in the Bible and aimed at some kind of millennium within their own time. [...] No rigid determinism can be applied to men who sought always the right

> and never the expedient, according to insights which were invariably individualistic. Still, they lived within an environment whose influence they could scarcely escape, however much they might disregard it. (74)

Thus, without reducing any of these events to the economic circumstances, it remains important to note that the next round of revivals took place in Palmyra from 1824 to 1825, and that the work on the Book of Mormon began in 1827. I currently have no records for the 1830s and 1840s to show that capture the sentiments of being passed by; most likely they will be found in the newspapers of Palmyra from these time periods, in journals, letters and memoirs. The narratives gathered for Turner's *History of the Pioneer Settlement*, published in 1851, primarily showed traces of nostalgia for the glorious past, its collaborative setup, and the willingness of sacrifice; and the main daemon indicted there was whiskey, not economic deflation.[51]

But in 1857, in his Thanksgiving address, the Presbyterian minister Dr. Horace Eaton explicitly had to address the fact that there was buyer's remorse afloat in his Palmyra congregation. His sermon targeted the local elite, the descendants of the pioneer settlers, as the title, Early History of Palmyra, suggests.[52] The ancestors of his listeners had had opportunities to go elsewhere, to places that had since blossomed, while Palmyra had slumbered. For a God whose hand was visible in history, even in the history of this town, that situation required some explaining. Eaton's argument bears quoting in full.[53]

> The visit of William Hopkins to Long Island, just at the right time, doubtless diverted from many of you the possession of the land upon which Cincinnati now stands. The father of John Hurlburt offered his son the choice of lands in Rochester or Palmyra; he preferred the same number of acres in Palmyra. Pardon Durfee, too, contemplated purchasing the site of Rochester; but when, on a survey of the country, he was attacked with fever and ague, he came home to Palmyra in disgust. (24)

Eaton consoled his listeners with the moral superiority of their situation, and, interestingly enough, also with their virtuous ancestors.

> Let not the greed of gain count these decisions unfortunate. You might have rode as millionaires; but it may well be questioned whether the industrious principles and virtuous competency received from your fathers, are not a safer inheritance than the indulgence and dangers of overgrown wealth. [...] My hearers, you have a goodly heritage. The Lord hath dealt bountifully with you. (24)

---

51 Turner 1851 (see above, note 14), 383.

52 With the exception of the famous Durfee clan, of course, who were Quakers, not Presbyterians.

53 Horace Eaton: The early history of Palmyra. A Thanksgiving sermon, delivered at Palmyra, N.Y., November 26, 1857. Rochester 1858.

From the fact that the published form of the sermon came down to the present, one cannot deduce much about how consoled the members of Eaton's congregation felt. And one wonders how many noticed the irony of the book having been published in Rochester.

At the Bottom of the Heap

The reaction from the point of view of the lower end of the socio-economic distribution must have been decidedly different. The descendants of the pioneers were frustrated with not having become millionaires; families like the Smiths had just wanted to keep their farms. The weakness in the prices and the trade possibilities had left the upper echelon with merely »a goodly heritage«; but it had crippled the chances of the lower levels, many of which would subsequently be forced to move on. If God was to be found in history, then what would their reaction be?

The Smiths themselves, as the reminiscences of Lucy Smith and William Smith show, knew that they had been doing a great job of clearing and fencing the property, improving the land by adding a cooper shop and other buildings.[54] Clearly, Lemuel Durfee was willing to purchase the farm in February of 1825 from the Everston land agent[55], and Joseph Knight Sr. and Josiah Stowell were willing to contract with the Smiths for wheat in 1827. But the contemporary logic of virtue and industry brought the people of Palmyra to attribute the failure of the poor to the individuals themselves. The Smiths had lost the farm in 1829, and that required an agentive explanation, not one involving the wheat prices in Rochester. Thus, when testimonials were gathered against the Smiths for Eber D. Howe's *Mormonism Exposed* of 1834, or pioneer son Pomroy Tucker drew upon his personal interactions with the Smiths for his *Origin of Mormonism* in 1867, the well-established members of the community interviewed gave the standard explanations: the Smiths were drunks; and they were not willing to work hard, but rather given to treasure hunting. Never mind the fact that community pillar, Dr. Gain Robinson, had drinking problems too.[56] Ignore the fact that wealthy Pennsylvanian farmer Josiah Stowell had engaged the Smiths to treasure hunt a Spanish silver mine for him.[57]

The look from the bottom up took a different tack, by embracing a different sentiment that was floating around in the community's discourse.

---

54 The evidence is summarized in Enders 1993 (see above, note 45), 213–225.

55 Marquardt/Walters 1994 (see above, note 1), 122.

56 Vogel 2000 (see above, note 29), 433, reports that Dr Robinson was disciplined in 1828 by the Presbyterian Church for intemperance.

57 Marquardt/Walters 1994 (see above, note 1), 121.

> There was general prosperity in the early settlement; all were friendly; mutual dependence made us so; and struggling with the hardships of pioneer life, there was a fellow feeling, a sympathy for each other's misfortunes, but little of which exists now [in 1851].[58]

The problem, according to that sentiment, was the loss of the initial unity of social egality –»there was no aristocracy in those days«[59] – and support that had existed in the community, at that pristine point in time.

In the developed days of Palmyra, however, that social contract was no longer valid. The economic strata had differentiated and the lower stratum could not rely on the upper to put sympathy before gain. Joseph Smith Jr saw this very early in his career; his mother recalled that one of his arguments for not participating in the revivals of 1824-1825 was the discrepancy between the degree of respect the church members commanded and their social consciousness with respect to those less fortunate.[60]

Such separation into social and economic classes is glossed critically in the Book of Mormon[61] and tied to the effects of trade[62] as a cause of differential prosperity. Consider Helaman 6 or 3 Nephi 6 as examples.[63] In Helaman 6, the Nephites are entering a period of peace and prosperity through trade.

---

58 Stephen Durfee reminiscence, quoted in Turner 1851 (see above, note 14), 383.

59 Mrs Eden Foster reminiscence, quoted in Turner 1851 (see above, note 14), 384 (Note).

60 Lucy Smith used the story as an example of early prophetic abilities of her son. In her narrative, Joseph Smith Jr. predicted that the successful businessman Henry Jessup, also known as Deacon Jessup, in spite of his eminent position in the Western Presbyterian Church of Palmyra, would foreclose on a poor widow with infant children if she owed him as much as a cow. »At that time this seemed impossible to us, yet one year had scarcely passed when we saw Joseph's supposition literally fulfilled.« – Smith 1853 (see above, note 32), 91; The background information on Dean Jessup follows Vogel 1996 (see above, note 1), 307f. (Fn 106).

61 My approach interprets the BoM as substantially representing the theological opinions and sensibilities of Joseph Smith Jr., couched in the religious context of Upstate New York. Whether this is due to his original authorship or to his role as the translator of an ancient record is a separate matter and does not affect the argument advanced here. However, literary primitivism is in general unsustainable, given its ahistorical assumptions, whether applied to the Bible or to the BoM.

62 The following exposition uses the materials referenced in Allen J. Christenson: Nephite Trade Networks and the Dangers of a Class Society. In: Monte S. Nyman/Charles D. Tate, Jr. (ed), The Book of Mormon: Helaman Through 3 Nephi 8, According To Thy Word. Provo (UT) 1992, 223–240, though it considerably differs from Christenson's conclusions.

63 In the orthodox chronology of the Book of Mormon, Helaman dates to 29–23 bc and 3 Nephi 6 to 26–30 ad. They form a temporal continuity because the prophet Nephi, the declared author of 3 Nephi, is the son of the prophet Helaman.

> And it came to pass that the Lamanites did also go whithersoever they would, whether it were among the Lamanites or among the Nephites; and thus they did have free intercourse one with another, to buy and to sell, and to get gain, according to their desire. And it came to pass that they became exceedingly rich, both the Lamanites and the Nephites; and they did have an exceeding plenty of gold, and of silver, and of all manner of precious metals, both in the land south and in the land north. (Helaman 6, 8f)

But the riches make the people wicked; the chief judges are murdered, and the terrible gang called Gadianton's robbers and murderers begins to trouble the Nephites. Through a terrible war, the robbers are suppressed and peace is restored. But then trade returns, and the riches return, and with it the class divisions.

> And it came to pass that there were many cities built anew, and there were many old cities repaired. And there were many highways cast up, and many roads made, which led from city to city, and from land to land, and from place to place. (3 Nephi 6, 7f)

> But it came to pass in the twenty and ninth year there began to be some disputings among the people; and some were lifted up unto pride and boastings because of their exceedingly great riches, yea, even unto great persecutions. For there were many merchants in the land, and also many lawyers, and many officers. And the people began to be distinguished by ranks, according to their riches and their chances for learning; yea, some were ignorant because of their poverty, and others did receive great learning because of their riches. (3 Nephi 6, 10-12)

This time, the whole church is destroyed, that is, the religious community is torn asunder, and only a few carry on the true belief.

> Now the cause of this iniquity of the people was this – Satan had great power, unto the stirring up of the people to do all manner of iniquity, and to the puffing them up with pride, tempting them to seek for power, and authority, and riches, and the vain things of the world. (3 Nephi 6, 15)

Fortunately, new prophets are then raised that preach against the elites of high priests and legal experts to get the people to return to God.

To be clear, the question of trade, wealth and social class is not the main focus of the Book of Mormon; the work is far-ranging, discussing, in Alexander Campbell's famous words, »every error and almost every truth discussed in N[ew] York for the last ten years«, including »infant baptism, ordination, the trinity, regeneration, repentance, justification, the fall of man, the atonement, transubstantiation, fasting, penance, church government, religious experience, the call to the ministry, the general resurrection, eternal punishment, who may baptize, and even the question of freemasonry, republican government, and the rights of man«.[64]

Planning for Zion

In the summer of 1833, three years after the publication of the Book of Mormon and two years after the move from Palmyra, New York, to Kirtland, Ohio, Joseph Smith Jr. and the other members of the church presidency were planning the plat for the new Zion, to be built in Independence, Missouri.

The model that Joseph Smith Jr. had in mind was inspired by the experiences of the community in Palmyra. In his view, their well-knit society of supportive pioneer agriculturalists had been sacrificed, for pride and gain, to the engines of economic growth – the Erie Canal – and to the engines of class differentiation: trade and manufacturing. The utopian community of Zion would have none of these elements.

Joseph Smith Jr. designed a plat that contained family farm homesteads, churches, public buildings and nothing else. There was no main street to be lined with shops, nor a general store to convert the surplus into cash and social cachet. There was no academy; only space for public schools. There were no manufacturing companies; all professions were to be carried out from the homesteads, just as Joseph Smith Jr. had done when making barrels in the cooper workshop on the family's Palmyra farm. And most decidedly, there was no access to routes of trade. No highways or overland roads lead into or out of the settlement proper. There was no creek, river or other form of moving water; even if that meant foregoing water power, and thus grain or saw mills, fuller or carding machines.

The Plat of Zion suggests that at this very point in Joseph Smith Jr's theological thinking, he preferred a form of egalitarian agricultural primitivism to the class-inducing professionalization and economic integration, whose boom and bust effects he had witnessed in Palmyra during the formative years of his boyhood and adult life. This was in line with the United Firm, the economic program the Church had been practicing in Kirtland, Ohio.[65]

It would turn out to be a lesson that Smith Jr. could not sustain. Though the equi-sized division of lots would continue into the plats of Far West, Adam ondi-Ahman and Nauvoo, the claim that all were equal at that socioeconomic

---

64 Alexander Campbell: Delusions. An analysis of the book of Mormon with an examination of its internal and external evidences, and a refutation of its pretenses to divine authority. Boston 1832, Section: Internal Evidence, Point #7, 13.

65 It is possible that the elimination of outside trade that the United Firm entailed was also designed to limit the influence of non-Mormons on the community; cf. Marvin S. Hill: Quest for Refuge. The Mormon Flight from American Pluralism. Salt Lake City 1989, 38.

level had to be abandoned. The need for shops and the demand for goods that were not produced locally was simply too great. It is instructive that the division of that prime real estate, the downtown shopping district, is one of the most worked-over aspects of the plats we have for Far West. More and more shops were pressed into that small space.

And with Nauvoo, a re-plat of a frontier city ominously named Commerce, the focus on trade along the Mississippi River came to the fore, with separate docks and the warehouse district. The amount of commerce moving along the Mississippi made the Erie Canal look like Mud Creek. This time Joseph Smith Jr embraced the developments wholeheartedly. After the harrowing experiences of the Mormon War of Missouri, Joseph Smith Jr and his congregation were ready to live the urban life to the fullest.

Joseph Smith Jr first had a large house, then moved into a hotel.[66] He bought fine horses for his wife Emma[67] and had the church provide him with his own steamboat.[68] As general of the local militia, he supervised parades.[69] With a population that swelled to twelve thousand by 1844, Joseph Smith Jr was as if in charge of his own Rochester. Except, with its lack of manufacturing and focus on professionals, it was not like Rochester at all, but like Palmyra, all over again.[70]

CONCLUSION

Utopias as concretization of religious and political programs give shape to how people want their lives to be. By studying their arrangements and comparing and contrasting them to their authors' past, we can bring out the things their authors wished to change.

The Zion plat of 1833, drafted by the Mormon Church Presidency in Kirtland, Ohio, gives equal space to the members of an egalitarian social order. The plat captures a noton of agricultural self-sufficiency, professionalism and social cohesion that was akin to pioneer romanticism. Yet, this notion was becoming rapidly outdated in the Upstate New York area they had just left behind. The twin engines of economic modernization in the Northern part of the United States were trade and manufacturing. Manufacturing and trade had propelled Rochester from a hobble to the third largest city in New York in two decades. These developments came at the high cost of social upheaval, disenfranchise-

66 Newell/Avery 1994 (see above, note 22), 160.
67 Newell/Avery 1994 (see above, note 22), 142.
68 Newell/Avery 1994 (see above, note 22), 258.
69 Newell/Avery 1994 (see above, note 22), 139.
70 It is for this reason that the population comparison between Nauvoo and Chicago, which is gladly offered by Mormon apologetics, is so unhelpful. Even if the twelve thousand citizens of Nauvoo in the 1840s was three times as large as Chicago, which had counted 4,470 in the 1840 US Census, in 1850 Chicago was at 29,963 – and most likely due to manufacturing.

ment and class separation, dissolving the pioneer social support network rapidly. The authors of the Plat of Zion rejected these developments, giving their design an anti-modern slant. Specifically, the authors rejected the the social cost of these economic developments. Joseph Smith Jr. had himself had lived these costs in the economic bubble-town of Palmyra during the formative years of his boyhood and early adulthood, as a day laborer's son.

Processing these experiences in theological or moralistic ways was a common behavioral pattern in Upstate New York. The people of Rochester could bask in their God-given economic glory. The pioneer families of Palmyra tried to come to terms with their economic second place status through the dangers of moral corruption. The processing of social critic Joseph Smith Jr. found shape in how the Book of Mormon rejected trade-fueled class divisions as inappropriate for God's people.

The resulting tension between economic possibility and social consequences was however not subdued by fiat. As the Mormons repeatedly implemented their community visions in Missouri and Illinois, and experimented with alternate economic organization patterns, those tensions resurfaced in unmitigated force.

The Hungarian Bonhoeffer

Reflections on Zsigmond Varga

András Szerdi

»Because, my brothers and sisters, there are, and were, and will be many lords who want to close the open Door with the words of power« – In Memory of the Hungarian Bonhoeffer Zsigmond Varga (1919-1945)[1]

Introduction

The Second World War was the biggest dead end of the humankind. Many people were killed in the battles, in the death camps and we can add more and more to the list of this tragedy. In this paper I am going to commemorate one Hungarian loss of the War, a young reformed pastor: ifj. dr. Zsigmond Varga[2]. In Hungary he is remembered as the Hungarian Bonhoeffer, because he died in a death camp, Mauthausen, in 1945, like Dietrich Bonhoeffer (1906–1945). He is an important link between the University of Debrecen, including the separated (1949) Debrecen Reformed Theological University, and the University of Vienna, because Zsigmond Varga was a student of both Institutes and both preserve his memory. This statement can be clearly illustrated by numerous facts, for example Varga's portrait on the fifth floor of the Faculty of Evangelical Theology in Vienna or his embossment at the Debrecen Reformed Theological University. Not only the universities, but the Reformed Church in Austria reminds us of his martyrdom with a memorial in the Downtown Reformed Congregation of Vienna.[3] Of course we could add many more, but these examples show that both institutions among many others respect and keep his memory.

1 Finanziert durch ein Stipendium der Aktion Österreich-Ungarn.

2 Ifj. dr. Zsigmond Varga's prefixes in English refers junior and his doctoral degree in humanity. During this paper I am going to refer him without these prefixes and to distinct his father, sen. Dr. Zsigmond Varga.

3 The memorial states: »Zsigmond Varga Pfarrer der Reformierten Ungarn in Wien *1945 in Gusen/Mauthausen – Ernst und Gisella Pollach große Wohltäter unserer Pfarrgemeinde *1942 in Theresienstadt. Ihre Namen stehen für unserer Kirche, die in den Konzentrationslagern der Nationalsozialisten ermordet worden sind. ›Wir aber gehören nicht zu denen, die zurückweichen und verloren gehen, sondern zu denen, die glauben und das Leben gewinnen.‹ Hebräerbrief 10/39. Evangelische Pfarrgemeinde H. B. Wien Innere Stadt 2005«.

In this paper I aim to introduce Zsigmond Varga to the readers. First, I am going to present an overall picture about on the one hand, the historical background of Debrecen and Hungary in the time of Zsigmond Varga, and on the other hand, the main stations of his life and studies. Subsequently one of his sermon manuscripts follows in English translation. Hopefully this manuscript will bring the personality and thought of Zsigmond Varga closer to the reader. This sermon may also serve as a mirror to meet with the theological viewpoints of Zsigmond Varga. Finally, I will analyse this sermon and give some aspects to understand it in the context the Reformed Church in Hungary during the Second World War and to describe his preaching style.

1. The life of Zsigmond Varga

1.1 Context: The general historical background of Debrecen and Hungary in the first decades of the 20th century

Debrecen was and is (one of) the greatest centres of Protestantism in Hungary.[4] The protestant churches even from the sixteenth century established schools in order to assure the purity of the Christian teaching, for example in 1538 in Debrecen. The Debrecen Reformed College became the largest educational institute with almost six hundred subsidiary institutions in cities and villages in the Great Hungarian Plain with a unified teaching program and methods in the eighteenth and nineteenth century on every level of education from the elementary to the highest level. At first the theological education meant the only

---

4 See to the historical background of the University of Debrecen Elemér Kocsis (chief-ed.): A Debreceni Református Kollégium története. Budapest, 1988; and Károly Fekete: »A Debreceni Református Kollégium nagy korszaka az akadémiai tagozatok megerősödéséig«. In: THSZ 1 (2013), 33–41; Károly Fekete: Református Teológiai Akadémia / Hittudományi Egyetem. In: János Barta/István Orosz (eds.): A Debreceni Egyetem története. 1912–2012, Debrecen 2012; further interesting details can be found in Botond Gaál: A természettudományok oktatása és művelése a Debreceni Kollégiumban. Debrecen ^{2}2012; Béla Levente Baráth: Hegymegi Kiss Áron Tiszántúl millennium kori püspöke: Egy 19. Századi református egyházkormányzó életútjának ismertetése. Budapest 2012; and Béla Levente Baráth: The Changes of the Situation of the Reformed Hungarian Minority in the Transtibiscan Region, in the 20. Century. In: Ábrahám Kovács/Béla Levente Baráth (eds.): Calvinism on Peripheries. Religion and Civil Society in Europe. Budapest 2009. For the financial background of the Reformed Colleges see an interesting parallel Richárd Hörcsik: A Sárospataki Református Kollégium gazdaságtörténete. 1800–1919. Sárospatak-Miskolc 1996; István Rácz: Az ország iskolája. A Debreceni Reformáus Kollégium gazdasági erőforrásai. Debrecen 1995; and the related chapters of Kocsis 1988 (see above). For the background of the intellectual history, see Ábrahám Kovács: Hitvédelem és egyháziasság. A debreceni református ortodoxia vitája a liberális teológiával. Budapest 2010.

higher level education, but slowly more and more faculties were added, like the humanities or the law and the College earned the right for doctoral education as well. The legislation established the third Hungarian Royal University in Debrecen with the article XXXVI of 1912. The University started to work with five faculties (Theology, Humanities, Law, Medicine and Science) from 1914, of course the First World War caused problems.

Between the two world wars the development of the university was significant. The challenges of the post-war history in the 1920s and 1930s meant a real and present danger for every university of Hungary. The public life became enticed more and more by the radical nationalism. One manifestation of this trend was the organized demonstrations at the universities by radical nationalist groups, for example repeatedly in Debrecen in 1928, 1932, 1933–34 and 1940. As a contrast to this trend the professors and deans of the Reformed Theological Faculty, like Sándor Csikesz, Béla Vasady, Imre Révész, Márton Pákozdy, as the most important personalities of this era rejected the radical nationalism and those student demonstrations. They translated and published many German-language works, mainly from Karl Barth and works about the struggles of the Confessing Church. Peregrines, exchange students returned to Hungary from Germany bringing the main theological themes of the Confessing Church to the Hungarian Church and universities. In this time at the University of Debrecen the professors of the Faculty of Theology represented the resistance against the radical nationalism.

We can see from this short description the main trends of the Hungarian society, and also the intellectual attitude of the members of Theological Faculty. These conditions are playing an important role to understand the situation of the students, especially the theological students among them Zsigmond Varga.

1.2 The story of Zsigmond Varga[5]

Zsigmond Varga was born into an Aaronic family in Debrecen, on 09.09.1919. His father, Zsigmond Varga (1886–1956) was a reformed pastor and famous professor of History of Religion, rector in the 1930s at the University of Debrecen. His mother, Mária Erdős was a descendant of the famous Erdős family, a family who was strongly connected to the Reformed Church and to the Faculty of

[5] Zsigmond Varga's walk of life was published first by his father, id. Dr. Zsigmond Varga: A Krisztusban szolgálatában megdicsőült ifj. Dr. Varga Zsigmond okleveles református lelkész emlékezete. Debrecen 1949. (= in the appendix: Albert Stein: Zsigmond Varga zum Gedächtnis. Gedenkrede anlässlich des Tages der antifaschistischen Universität am 26. November 1980 in der Evangelisch-Theologischen Fakultät. Hrsg. von Peter Karner. Wien 1981). This work gives a very precise and thorough picture of Zsigmond Varga with many quotes from his letters and dissertations; this is why this is the standard work. Many letters, articles and dissertations in manuscript from Zsigmond Varga can be found in the Archive of the Transtibiscan Reformed Church District,

Theology. Therefore, the background of Varga's family was a strongly Calvinist with very active church relations. This background supported the development of a very strong evangelistic identity for Varga.

His talent became apparent early in his childhood. During the studies in elementary and secondary schools in the Debrecen Reformed College, he won many awards. After the graduating he started to attend the Theological Faculty in Debrecen from 1937. His gift became obvious in a row of essays and dissertations during his graduate studies. Furthermore, he was a very active member of the student community and proposed a new regulation for it which was approved later by the bishop.[6] For the academic year of 1941–42 he was elected ›senior‹, the head of the student government. Many devotional and student public life essays and articles were published by him in this period. In 1942, he earned his doctoral degree with summa cum laude at the Faculty of Humanities in Debrecen, the title of his thesis was »The world of the Hellenistic papyruses and ostracons and the New Testament«.[7] These examples should clearly illustrate his mentality and dedication to the scientific work and to the church.

After his doctoral degree and graduation, he continued his studies abroad; first in Switzerland: he spent the academic year 1942/1943 at the Faculty of Theology, in Basel. He got to know Karl Barth, Oscar Culmann, Walter Baumgartner, W. A. Visser 't Hooft and Emil Brunner. His stay in Switzerland was a very important time for him; he wrote about it in 1943:

> There is a country where no dirty village can be found and the peasants reach literacy, the civil and political level of the Danish example: this is the small four-million Switzerland. We considered it the top of Europe even in the age of peace, and if we say the same now, we think of not the geographical, but its intellectual position. Switzerland suffers in this war spiritual and in materials, but remains still peaceful and stands as a happy island in the midst of the stormy sea and Switzerland is grateful to the Almighty, that the danger, which enclosed her borders so many times, marched away.[8]

---

in Debrecen, further reports and letters in the Synod Archive of the Reformed Church in Hungary, in Budapest. Unfortunately, I could not find further sermons, letters, papers from his stay in Wien, in 1944, after his arrest, his apartment was bombed multiple times (see: Varga 1949 [see above], 18) and I could not find data about his manuscripts or sermons. They probably were destroyed. His father gives a further example about the losses of the original documents: In 1944 his family house was robbed and during this robbery the day-to-day diary of jun. Zsigmond Varga from Switzerland was destroyed. For a further data: jun. Zsigmond Varga's suitcase full with books was stolen during his travel to Vienna. – Varga 1949 (see above), 16-18. In 2005, the 60th anniversary of his death, a memorial volume was published with his essays, sermons, papers: Károly Fekete (ed.): Non videri, sed esse. Debrecen 2005.

6 Varga 1949 (see above, note 5), 3–4.

7 Varga 1949 (see above, note 5), 7.

8 Varga 1949 (see above, note 5), 10.

Many quotes could be listed here about his experiences in Switzerland.[9] He was very open and enthusiastic to become familiarized with the World Mission Movements and its practical life. This scholarship was an important station in his life. He considered this opportunity as a preparation for his doctoral thesis in Theology, therefore he spent his time in Basel collecting materials and improving his French.[10]

For the academic year of 1943–44 Varga was rewarded with a scholarship to the Faculty of Theology, in Vienna, and at the same time, he served in the Hungarian Speaking Reformed Congregation of Vienna. He held the mandate for the service very seriously: he made a missiological plan for keeping in touch with and inviting the Hungarians into the congregation.[11] He had the possibility to hold a short radio speech on Good Friday, Ascension Day and Pentecost as well; the manuscript of the first remained, because he attached it to his report about his service. Many positive letters were sent to him after these radio speeches.[12] Of course, he continued studies at the Faculty of Theology.[13] During the summer of 1944 he travelled to Germany and Switzerland, on the way back he visited Heidelberg where Martin Dibelius allowed him to use his private library. Furthermore, he visited Berlin and Stuttgart where he experienced the bombing of the German cities and the tragedy of the Second World War. This leads us to his arrest.

Zsigmond Varga was arrested in the autumn of 1944. Two surviving witnesses gave a full description about this event, therefore, it can be reconstructed quite exactly how and what happened. But before the arrest, Zsigmond Varga had already had a collision with the Gestapo. During his preaching, when he spoke about the hope for the quick end of the war, because of the civil casualties, a Gestapo officer stood up and interrupted him by realizing anti-Nazism statements and said: »I revoke the word from you«. Zsigmond Varga kept his calm and answered with a moderate attitude: »You have no right to do this; and besides, you cannot disturb our worship«. The story is considered to be authentic, because the Gestapo officer had shared it with a surviving witness.[14]

The accusation of Zsigmond Varga built on three main points. The first point says Zsigmond Varga was glad to see the bombarding of the German cities. One witness notes that everybody was glad, because everybody hoped for the close end of the war. The second point was that Zsigmond Varga listened to the news of the English radio broadcasting and distributed it. Finally, the third point stated that Zsigmond Varga presented an anti-National Socialist attitude

---

9 Many quotes can be found about his experiences about Swizterland, see: Varga 1949 (see above note 5), 10–17.

10 Cf. Varga 1949 (see above, note 5), 18.

11 For more information see: Varga 1949 (see above, note 5), 17 and Fekete 2005 (see above, note 5), 103-107.

12 See his Report to the Reformed Convent: cf. Fekete 2005 (see above, note 5), 104.

13 The copy of the original certification is in the appendix of Stein 1981 (see above, note 5).

14 Cf. Varga 1949 (see above, note 5), 20–21.

in his speeches and in his deeds.[15] With literally the last transport he was taken to the death camp of Mauthausen-Gusen in February of 1945. As a consequence of the circumstances of his imprisonment since October 1944, the transportation and the death camp, his medical condition started to deteriorate seriously and he died on 05.03.1945. The cause of his death was ›Heart-muscle-weakness‹ and ›Pneumonia‹.[16] One of his surviving companions in distress remembered Zsigmond Varga in a letter:

> »He was so good to me that in the hours of boredom he was always comforting me with the release. He said many times that the misery is actually a school to teach man to appreciate the bread and the neighbor. And he said also this is the only way for man and woman to be pious and holy, as Job who, even when his body was covered fully by burning wounds, was bearing the misery patiently.«[17]

The personality and mentality of Zsigmond Varga turns out from this short introduction. His dedication and seriousness is unquestionable, furthermore, we can realize the greatness of his personality in our protestant church tradition. In the next chapter a sermon follows which may help us to get to know the young Zsigmond Varga. Let us continue with the translation of his sermon.

2. A sermon from Zsigmond Varga

The manuscript of this sermon can be found in the Archive of the Transtibiscan Reformed Church District, in Debrecen and it is published in the Memorial Volume of the 60th Anniversary of Zsigmond Varga's death.[18] The sermon was submitted as Zsigmond Varga's final paper to the Debrecen Pastor-Training Institute (Second State-Exam) in 1943. By the reconstruction of his life, this paper was written after his Swiss scholarship, however his experiences were clearly vivid about the political and social events in Hungary.

> »Him that overcometh will I make a pillar«
> Text: Revelation 3, 7-13
>
> (7) And to the angel of the church in Philadelphia write: These things saith he that is holy, he that is true, he that hath the key of David, he that openeth, and no man shutteth: and shutteth, and no man openeth; (8) I know thy works: behold, I have

[15] Cf. Varga 1949 (see above, note 5), 19.

[16] Cf. Varga 1949 (see above, note 5), 20-22; and Appendix of Stein 1981 (see above, note 5).

[17] Varga 1949 (see above, note 5), 20.

[18] The signiture of the manuscript: TtREL II. 2.f. 34. – Fekete 2005 (see above, note 5), 135–139.

set before thee an open door, and no man can shut it: for thou hast a little strength, and hast kept my word, and hast not denied my name. (9) Behold, I will make them of the synagogue of Satan, which say they are Jews, but do lie; behold, I will make them to come and worship before thy feet, and to know that I have loved thee. (10) Because thou hast kept the word of my patience, I also will keep thee from the hour of temptation, which shall come upon all the world, to try them that dwell upon the earth. (11) Behold, I come quickly: hold that fast which thou hast, that no man take thy crown. (12) Him that overcometh will I make a pillar in the temple of my God, and he shall go no more out: and I will write upon him the name of my God, and name of the city of my God, which is new Jerusalem, which cometh down out of heaven from my God: and I will write upon him my new name. (13) He that hath an ear, let him hear what the Spirit saith unto the churches.[19]

(1) The church in Philadelphia received the most beautiful witness among the seven Asian churches.
(2) While to the others the Spirit complains of idolatry, heresy, stubbornness and all kinds of weakness, until then this tiny church is proved to be strong in spirit and faith, and the reward for her loyalty will not be cancelled, but it will be abundant at the second coming of the Lord.
(3) From this message of the Spirit we can read every important moment of a believing and struggling, a confessing and fighting church's life, the entire inside military march.
(4) Immediately the first point of the message is very remarkable and it points to the fundament or, if you like, to the middle and essence of the life of congregations or church. (5) The Holy, the Truth, therefore Christ, the Messiah tells his church personally what it now follows. (6) Christ speaks to the parts of his body in the Word by the Spirit. (7) The fundament, the cornerstone of the church yesterday, today and forever is the three times holy Lord (Rev. 4,8; 6,10), who chooses, elects and recruits his nation to be saved in Christ. (8) Holy, holy, holy is the Lord and there is nothing earthly, finite, impure inside of him[20], and opposite: He is the infinite goodness, wisdom, purity and grace, He is the king forever, the only leader, the victorious Lord who rides on his white horse to overcome[21]... (9) He is the right, in his right hand with the weapon of justice to pierce the heart of the serpent, and to clean the heart

[19] The biblical texts are from the King James Version Bible and in the footnotes of the sermon I will indicate the references to the biblical passages. I will add numbers to the sentences in order to make the analysis easier.

[20] In Hungarian there is only one personal pronoun for the singular third person, while in English or in German there are three to express the masculine, the feminine and the neutral. Therefore in Hungarian, the gender of God is not expressed in the personal pronouns. I follow the traditional masculine personal pronoun in reference to God, although in the same time, in my mind, I must note that the masculine personal pronoun cannot express the God' difference.

[21] Rev 19,11-13.

of man with his two-edged sword of his Word.[22] (10) Christ speaks to his nation with a royal claim, as the victorious does with the words of the leader who want to overcome together with his church, with his army. (11) His Word is order and He has the power of discipline. (12) According to Isaiah, the key of House of David which was given to Eliakim[23], the high priest, and now the Messiah possesses, because He is the son of David, who opens and closes the gate of heaven with omnipotence, because all power is given unto him in heaven and in earth[24]. (13) The keys, according to the Gospels, represent the judicial, disciplinary power of Christ in the life of the church for every time. (14) Without discipline there is no church, no congregation and the tiny church in Philadelphia could not have remained.

(15) The Spirit speaks not only about the keys, but about an open door, which is wide open and nobody can close it. (16) This open door is He, who is the Door, Who says: I am the door[25]. (17) In Christ the church lives, grows, and strengthens. (18) His death and resurrection are the two wings of the door which cannot be taken away, forbidden, closed from us, because God himself opened this Door, and wants us to belong to Him by Christ and to hurry stepping over this door entering the community of the elected, on the road to heaven.

(19) The church of Philadelphia needs to know that the only assurance and hope of her existence and growth is in the sticking to Christ more and more, confessing Him as the Lord and not permitting the emergence of other orders, but only God's orders. (20) Because, my brothers and sisters, there are, and were, and will be many lords who want to close the open Door with the words of power. (21) They think the door can be closed and they try to close it from inside and outside as well.

(22) And they are coming from every part of the world, from the east and from the west, as we would watch with the eye of Isaiah the mighty-armed terrible troops in the endless rows. (23) Different catchwords are written on their flags, on the one »Proletarian«, and on the other »Race« and »Blood«, then farther on »Socialism« and »Humanism« is seen and who can list whatever else? (24) They are in an offensive form with the claim for the assured victory in the belief that the idea what they want and fight for, is the greatest good, much more and better, than the Gospel. (25) These are those kinds of purposes for which are worth to live and to die, to bleed and to make sacrifices, to bear distresses and to work. (26) The Christianity is over, who cares about the invisible and unearthly matters, when the earthly existence and reality are hammering on the door of the hearts? (27) Who would need for the kingdom of heaven, when it is about right now to conquer this earthly kingdom and to furnish it for us in a brighter and a more comfortable way, waiting for the unforeseen well-being and progress.

(28) Oh, how much are those who attack and assail the eternal triumphal-door ... (29) They want to crush and beat in the citadel of the congregation from outside

22 Gen 3.

23 22, 20-22.

24 Mt 28, 16-20.

25 Jn 10,7.

with force and weapon. (30) A wholly new Babylon, the warm synagogue of Satan blusters and whines with demonic clomps in the world. (31) And against all of these and them, the nation of Christ has only one, but majestic weapon to resist the danger which threatens her existence: the Spirit. (32) Our power is the strength of the Spirit, the faith, the hope and the love for which we have to adhere in the time of trial which has already arrived, as the Holy Spirit had announced ahead. (33) The arsenal of the Christian people cannot become rusty in the time of this fight and struggle; redeem the time, because the days are evil.[26] (34) Let us stand therefore, having our loins girt about with truth,[27] and our feet shod with the preparation of the gospel of peace, above all, taking the shield of faith, wherewith ye shall be able to quench all the fiery darts of the wicked, and take the helmet of salvation, and the word of the Spirit, which is the word of God[28].

(35) We need to be aware of that the battle is here ultimately against God, the Word, Christ and the church! (36) They want to close the doors with force, the Door, Christ in order to silence His resounding calling voice to all labour and heavy laden[29] whose burdens are taking away and are reborn as valiant militants by Christ. (37) It is about not to preach the Gospel purely and freely to every nation and every folk.[30] (38) Something other should be spread under the title of Christianity and Gospel, which desecrates exactly these, and gets the sources of the Gospel to stop.

(39) And these forces, which want to close the open door, attacks from inside in abundance as well, my brothers and sisters! (40) Everything, which happens in the church not in accordance with the will and order of Christ, is against Christ! (41) Doubt, despair, defeatism, opportunism and the other powerlessness twist the door from its corner and the inside enemy gives a helping hand to the outside one.

(42) It is impossible that those, who are implanted into Christ by true faith,[31] and they are really the nation and charge of the good shepherd, do such an evil works and not bring forth fruits of thankfulness. (43) The Christian man and woman is characterized by that they want to become, in the crossfire of the world's disturbances and disasters, much stronger, much purer, much more generous and much more serviceable and they will become definitely to these kinds by accepting the spiritual gifts which are enough for everything. (44) We cannot stand for a moment by ourselves, but Christ is with us and he does not leave us alone, nor even in the vortex of grievous battles. (45) He leads, organizes, recruits his nation into an army and accomplishes the unity and makes alliances with Him and among each other in the great army of the church and in the troops of congregations. (46) With obedience for him we have won so far and will win thereafter.

(47) The battle of Christ is our battle, and it goes not against the world, but against

---

[26] Eph 5,16-17.

[27] The following part of the quoted biblical text is missing from the sermon: »and having on the breastplate of righteousness«.

[28] Eph 6,13-16.

[29] Mt 11,28.

[30] Mt 28,16-20.

[31] Heidelberg Catechism, Answer 64.

the evil which raises its head in the world. (48) Christ had come to save and redeem the man and woman from the torments of the sine, the wicked, the demon and the Satan, and this battle needs to be continued until the final victory. (49) As long as Satan falls like a lighting from heaven[32] and the sin and the evil lose their power completely which hold captive the human hearts. (50) We are part of this battle, because we are in Christ and Christ left this battle as a heritage by anointing us for the office of high priest, prophet, king and it means that we have to present ourselves as a living sacrifice of thankfulness to him and to fight with a free and good conscience against sin and Satan in this life, in order to reign afterwards over all creatures[33].

(51) It is what the tiny church in Philadelphia believed, acted in harmony with it and executed in its own life. (52) This is why the church became a strong castle despite of her tininess in the see of enemies and could stand in the crossfire of temptations with the great confession of the little strength: by keeping the words of God and confessing His name courageously. – (53) In this message of the Spirit which speaks through the church of Philadelphia to us and to every church of Christ, can be found every dignity and glory of the confessing church completely and perfectly. (54) In front of the radiant light of this heavenly power the Jews and the pagans prostrate, and all strength of hell shall not prevail against our strong faith.[34] (55) In contrast of every lie, violence and perfidy we have to confess the love of Christ in this world. (56) This is what the world, trapping in the seaweeds of catchwords, have been waiting for so long with the earnest expectation[35] and supplication, and in the lack of this waiting the world can just chase after the earthly mirages in bloody wars against each other.

(57) Because only one thing is sure in this world: the victory of Christ. (58) He is the victorious Lord, who had already overcome the sin and the death with his resurrection, and He wants us to overcome Satan again and again with Him and by Him. (59) The judgment of God echoes in this world and no earthly power can avoid the reckoning which has already set up in God's plan and providence. Christ returns. – (60) And because of nobody knows when Christ returns, therefore, we have to keep what we have, in order to be found as faithful servants[36] and stewards at the time of the Lord's returning. (61) In the interval, in which we live and serve, even fight in the church, between the glorious events of the resurrection of Christ and his second coming, let us make sure that no one could take away our crown.

(62) Everything which we have to suffer now, cannot compare to the glory in which the Lord will partake us, if we stay faithfully near to Him all times. (63) By storm und stress and by hard struggles the Lord purifies his nation, the church and sets us, his Church as beautiful pillars or bearers in his temple, in the cathedral of his royal city. (64) The Holy Mother Church as a victorious heavenly army will march

32 Lk 10,18.
33 Heidelberg Catechism, Answer 32.
34 Mt 16,18.
35 Rom 8, 19.
36 Mt 25,14-30.

into the glory of the Lord, when Christ appears and the kingdom of heaven appears face to face.[37]
(65) He that hath an ear, let him hear what the Spirit saith unto the churches. – (66) Did we hear what the Spirit said unto us? (67) It is not enough to hear once and then go away! (68) Let us keep it in our heart, my brothers and sisters, this wonderful message of the Spirit, and let us realize the unspeakable love of the Father which arrived to us in Christ, which will shine above every doom, death and struggle as the symbol of His covenant with us in faith, in suffering and in sacrifice: the heavenly rainbow! Amen

3. The Analysis of the Sermon

In this chapter I am going to give some aspects to the analysis of this sermon. First, I will give a short structural analysis, then I make some notions about the hermeneutical methods of Zsigmond Varga, finally I pick up some elements to make some general observation about the content of the sermon.

3.1 The Structure of the Sermon

First, we need to see the structure of the sermon. The first unit is based on the first three sentences (1–3). The author clearly signs it by starting new lines for the new sentences. These three sentences give an orientation of the sermon. The first and partly the second sentence expresses a positive approach, however, the second and third sentences give some suggestions to the context and content of the preaching: the idea of the »athleta Christi« and »Ecclesia militans«. Of course, later I will return to this thoughts, but let me continue with the structural analysis. The second unit (4–14) focuses on one aspect of the text, the key of David and this focus is developed in the reference to the doctrine of the only kingship or leadership of Christ. The third unit consists of the sentences 15–46. This is a really long unit, because it is obviously the main point of the sermon. First in this section the Door is the central theme (15–21), then the appearance of the foreign »ism«-s, the different ideologies (22–27). Next, a description comes about the attack of the outside enemy and outside work of the Christian church: the mission (28–38). Finally, this section ends with the description of the inside enemy and the inside work of the church: the communio sanctorum (39–46).

The fourth unit involves the section 47–6. The central topic of these paragraphs is the battle and suffering. On the one hand, in a strict sense the second and third parts of the previous unit and this unit are strongly connected from the aspect of the battles. On the other hand, the central topic of this unit is the

37 1 Kor 13,12.

victorious Christ and the victorious church. The final fifth paragraph (61–68) leads us to the central and main focus of the whole sermon: the covenant between God and the church. It is interesting that this thought appears in the introduction by saying that the »church in Philadelphia received the most beautiful witness« (1) and this church proved to be strong in spirit and faith (2). I think this structure and especially the introduction and the ending keep up and strengthen the military rhetoric in an indirect way with the reference of the covenant. After this short analysis of the structure let us continue with the hermeneutic aspects of this sermon and then with the content-analysis.

3.2 Hermeneutical Observations

Among the hermeneutic aspects, the most remarkable is that Zsigmond Varga respects and applies the rule of biblical text. The structure and the content follow the main themes of the biblical text. The main themes: compliment – introduction, key of David – second unit, open door – third unit, hour of temptation or trial – forth unit, glorification as the pillar in the temple of God – final unit. The rule of the text is a very typical reformed protestant attitude in the Hungarian context which was clearly followed and used by Varga.

A further hermeneutical aspect is the »scriptura interpres sui ipsius« or the principle »*sola Scriptura*«. This principle may not be clear at first sight, because in the text only the 7th sentence contains a clear reference to other biblical texts. But if we read the sermon with a close reading, we can find numerous references to other biblical texts. The sentences (3), (16), (33), (34), (36), (37), (42), (49), (54), (56), (60) and (64) represent direct or indirect quotes from the Bible, together with (42) and (50), sentences which are direct quotes to the answers of the Heidelberg Catechism, the 64th and 32th answers. If we look closely at the reference-material, we can say that the Gospels, especially the Gospel according to Matthew occurs the most often. And we can determine quotes from the Book of Genesis, Isaiah, Gospel of Luke and John, Paul's letter to Ephesus and Rome, and the Book of Revelation.

Some references could be an interesting brain-teaser. For example the reference to Isaiah 22, 20–22 in the context of the key of David could be an interesting question for the biblical scholars: Who was Eliakim? Eliakim appears as an officer of king Hezekiah (2Kings 18, 17–37, 19,2; Isa 22,20–20, 36,1–22, 37,2), he receives the key of David, but he was not a priest, not even a high priest. The name appears also in the list of Jesus' ancestors, Mt 1,13 and Lk 3,30. In the book of Nehemiah a priest called Eliakim was serving during the investiture of the walls, but he has nothing to do with the key of David. But the question remains who was Eliakim and why had it been important to make a clear reference for him, although his personality was not and is not obvious. To give another example, the reference to Eph 6,13-16 could also be tricky. These verses list the arsenal of the Christian people, but in the quote we can find a missing part from the Bible »and having on the breastplate of righteousness«. But these comments are only subsidiary and speculative notions.

More important is the character of his style. Zsigmond Varga uses the biblical quotes through the method of paraphrases.[38] We can notice the delicate modifications and the general changes as well of the biblical texts. It is really easy to find examples for the former one: almost every direct quote is used in this way. In my mind, the uses of the biblical text of Rev 3,7–13 imply the general changes of the text. It is still a sermon, but because of the extreme novelty of the preacher's social and political context and the already changed relation between the explication and application in the sermon – only a few notes were mentioned about the context of the text –, made further changing in the relation of the preaching form and the biblical kerygma. The result is a new dress for the eternal kerygma.

3.3 The Content of the Sermon

The whole sermon is radically Christ-centric. Christ is mentioned in the preaching almost thirty times directly. In this speech the main context of Christ are in connection with the military pictures, for instance Christ is the leader of the church, he organizes, recruits his nation, he is victorious, he holds a weapon etc. (see 3rd, 8th, 9th, 47-48th, 57th etc.). While in the third unit the church is described as a suffering entity because of the outside and inside enemy, the fourth unit changed this description. In this part Christ and the church become an initiator of the battle. First in the introduction Christ encourages his nation, after it in the second unit the main topic is the power of the keys, with other words the discipline of the army of Christ. In the third unit we got two descriptions about the attacks of the outside and the inside enemy: the nation of Christ needs to realize these dangers. Then in the fourth unit Christ is described as a victorious leader and the church will be victorious in Christ as well. Finally, the last paragraphs give an eschatological description about the union of the victorious Church with his leader, Christ. In the christological character of this sermon we can find a »pro« aspect of the sermon. Could we identify a »contra« aspect of it?

This question is rhetoric. The use of the words, the emphasized characters of the Christology and Christ, and the military pictures all together show the intellectual background of this preaching: the Barmen Declaration.[39] The ser-

---

[38] The paraphrases are a common method of the Reformers, for example Martin Luther and the Psalm 46: Mighty Fortress is our God. The Hungarian reformers liked to use this method to communicate the biblical ideas, see for example: András Szerdi: Huszár Gál reformátori működésének jelentősége különös tekintettel a zsoltárparafráisaira. In: Veronika Pálfi-Nagy/Tamás Pafkó/Márton Károly Nagy (szerk.): Lét- és önértelmezés a Biblia tükrében. Budapest 2012.

[39] The Barmen Declaration plays a really important role in the Reformed Church in Hungary. The whole church esteems highly and considers it on the levels of the confes-

mon was conceived in 1943, when the extreme nationalist party in Hungary became stronger day by day. A prominent politician of this extreme right wing party liked to call himself the National-leader in Hungary.[40] Contrasting to the propagandistic programmes, Zsigmond Varga makes it clear even in the 8th sentence: »... He is the king forever, the only leader, the victorious Lord who rides on his white horse to overcome ...«[41] We cannot forget the fact that in this time Zsigmond Varga was already really familiar with the theology of Karl Barth (it was after his studies in Switzerland, where he attended two of Barth's courses) and, of course, the professors of the Faculty of Theology in Debrecen provided an environment to study the most current events of the Confessing Church in Germany and to show a resistance in contrast of the political trends. In this sense we can recognize the »contra« of this sermon. In short, the sermon speaks contra any lords who want to close the Door (20). Of course, many further observations can be drawn, but this Christological fundament was and is the most important characteristic of this sermon.

Conclusion

Zsigmond Varga, a student of the University of Debrecen and the University of Vienna, represents the Christian idea of martyrdom in our age. His walk of life is very similar to Bonhoeffer; therefore we can call Zsigmond Varga with every right the Hungarian Bonhoeffer. His example clearly shows the Christian attitude. Toward a strong Christian identity, we must keep remembering our predecessors in the faith, especially when they needed to face the worst enemies and make enormous sacrifices. We need to learn and study about the life of the Bonhoeffers and the Vargas in order to strengthen our identity and to understand fully and deeply the actuality of Christianity, and to find the connections among the people and churches of Austria, Germany, Hungary and Switzerland and listen to our martyrs, »because, my brothers and sisters, there are, and were, and will be lords who want to close the open Door with words of power«.

---

sions. A few years ago it occurred to accept the Barmen Declaration as the third confessional documents of the Reformed Church near the Second Helvetic Confession and the Heidelberg Chatechism. To the early reception of the Barmen Declaration in Hungary, see: Fekete 2012 (see above, note 5) and to the theological understanding and reception in the 1950s see: Károly Fekete: A Barmeni Teológia Nyilatkozat. Vezérfonal a dokumentum tanulmányozásához. Budapest 2009.

40 German: Nationalführer. – There is no need for further explanation.

41 A further comment on the description of the one „who rides on his white horse«. It is a clear reference to the Rev 19,11-13 which speaks about Christ. But I must refer to the historical fact that between the two world wars the governor of Hungary, Miklós Horthy (1868-1957) was riding in Budapest on a white horse, in 1919 in order to stable the country. I do not think that Zsigmond Varga would have made a contrast this picture, but I think it relevant to mention this fact, because this belonged to the context of preaching.

Autorinnen und Autoren

Franziska Grießer-Birnmeyer ist Wissenschaftliche Mitarbeiterin am Lehrstuhl für Praktische Theologie (Homiletik, Liturgik und Poimenik) der Friedrich-Alexander-Universität Erlangen-Nürnberg und Prädikantin der Evang.-Luth. Kirche in Bayern. Grießer-Birnmeyer promoviert bei Prof. Dr. Martin Nicol zum Themenkreis »Sonntag und Sabbatical«.

Stefanie Lorenzen ist Wissenschaftliche Mitarbeiterin am Lehrstuhl für Religionspädagogik in der Fachrichtung Evangelische Theologie an der Universität des Saarlandes. Sie promovierte 2007 an der Ruprecht-Karls-Universität Heidelberg bei Prof. Dr. Peter Lampe im Fach Neues Testament. 2009 schloss sie das Referendariat für das Lehramt an Gymnasien und Gesamtschulen mit dem 2. Staatsexamen ab. Sie arbeitet an einer Habilitation im Bereich Religionspädagogik.

Robert C. Kahlert studierte Computer Science an der North Carolina State University und Evangelische Fachtheologie an der Evangelisch-Theologischen Fakultät der Universität Wien. Er promoviert bei Prof. Dr. Wolfgang Wischmeyer im Bereich Kirchengeschichte.

Bernhard Kirchmeier ist Assistent am Institut für Praktische Theologie und Religionspsychologie der Evangelisch-Theologischen Fakultät Wien. 2013 erhielt er den Würdigungspreis des Bundesministeriums für Wissenschaft und Forschung. Er promoviert bei Prof. Dr. Wilfried Engemann im Bereich Homiletik.

Katharina Payk ist Assistentin und stellvertretende Institutsvorständin am Institut für Praktische Theologie und Religionspsychologie der Evangelisch-Theologischen Fakultät Wien. Payk ist als freie Referentin (Prävention/Sexualpädagogik) in der AIDS-Hilfe Wien tätig. Sie promoviert bei Prof. Dr. Wilfried Engemann im Bereich der »Queer Theology«.

Thomas Scheiwiller studierte Geschichte, Theologie und Geographie in Bern und Tübingen. Er ist Herausgeber der Zeitschrift »Paralog – Journal für Religionswissenschaft und -philosophie« und studiert derzeit Evangelische Theologie auf Lehramt in Wien.

András Szerdi forscht als Stipendiat der Aktion Österreich-Ungarn (AÖU) an der Evangelisch-Theologischen Fakultät Wien. Er promoviert an der Reformierten Theologischen Universität Debrecen (Debreceni Református Hittudományi Egyetem) bei Prof. Dr. Károly Fekete im Bereich Homiletik.

Christian Walti ist Assistent am Lehrstuhl von Prof. Dr. David Plüss (Homiletik, Liturgik und Kirchentheorie) an der Universität Bern und Mitarbeiter am Kompetenzzentrum Liturgik. Walti ist ordinierter Pfarrer und im Bernischen Kirchendienst und in der Armeeseelsorge tätig. Er promoviert bei Prof. Dr. David Plüss im Bereich Liturgik.